# LOIRE-TAL

# INHALT

Dieppe
Fécamp
Aumale
Roye
PICARDIE
Rouen
Beauvais
HAUTE-NORMANDIE
Vernon
Évreux
PARIS
Versailles
Dreux
Brezolles
Eure
Tourouvre
Senonches
ÎLE-DE-FRANCE
Gallardon
Chartres
Bellême
Allonnes
Nogent-le-Rotrou
Illiers-Combray
Nemours
Brou
Allaines-Mervilliers
Puiseaux
Sens
Montmirail
Châteaudun
Chilleurs-aux-Bois
Ferrières
Montargis
Amilly
Coulmiers
Bouloire
Épuisay
Orléans
Morée
Châtillon-Coligny
St-Benoît-sur-Loire
Auxerre
Vendôme
Beaugency
Blésois und Orléanais
Seiten 124–149
Loire
Loire
Gien
Blois
Chambord
Sauldre
Clamecy
Léré
Souesmes
Tours
Amboise
Contres
CENTRE
BOURGOGNE
Bué
Mennetou-sur-Cher
Touraine
Seiten 94–123
Cormery
Neuvy-sur-Barangeon
Cher
Selles-sur-Cher
Sancergues
Saint-Épain
Montrésor
Bourges
Chârost
Nevers
Descartes
Nérondes
Berry
Seiten 150-165
Châteauneuf-sur-Cher
Villedieu-sur-Indre
âtellerault
Châteauroux
Charenton-du-Cher
Cher
Tournon-Saint-Martin
Saint-Gaultier
Le Châtelet
Indre
Moulins
Culan
Bélâbre
Sainte-Sévère-sur-Indre
Éguzon
AUVERGNE
Lussac-les-Châteaux
LIMOUSIN
Guéret
Bellac
0 Kilometer 40
N

INSPIRIEREN / PLANEN / ENTDECKEN / ERLEBEN

# LOIRE-TAL

# DAS LOIRE-TAL ENTDECKEN **6**



# DAS LOIRE-TAL ERLEBEN **64**



# REISE-INFOS **204**



Links: *Farbenprächtiger Wandteppich im Château de Chaumont* (siehe S. 142)
Vorherige Doppelseite: *Weinanbau in der Umgebung von Sancerre* (siehe S. 163)
Umschlag: *Château de Chambord spiegelt sich im Wasser* (siehe S. 130–133)

# DAS LOIRE-TAL **ENTDECKEN**

Blick über Château Royal d'Amboise

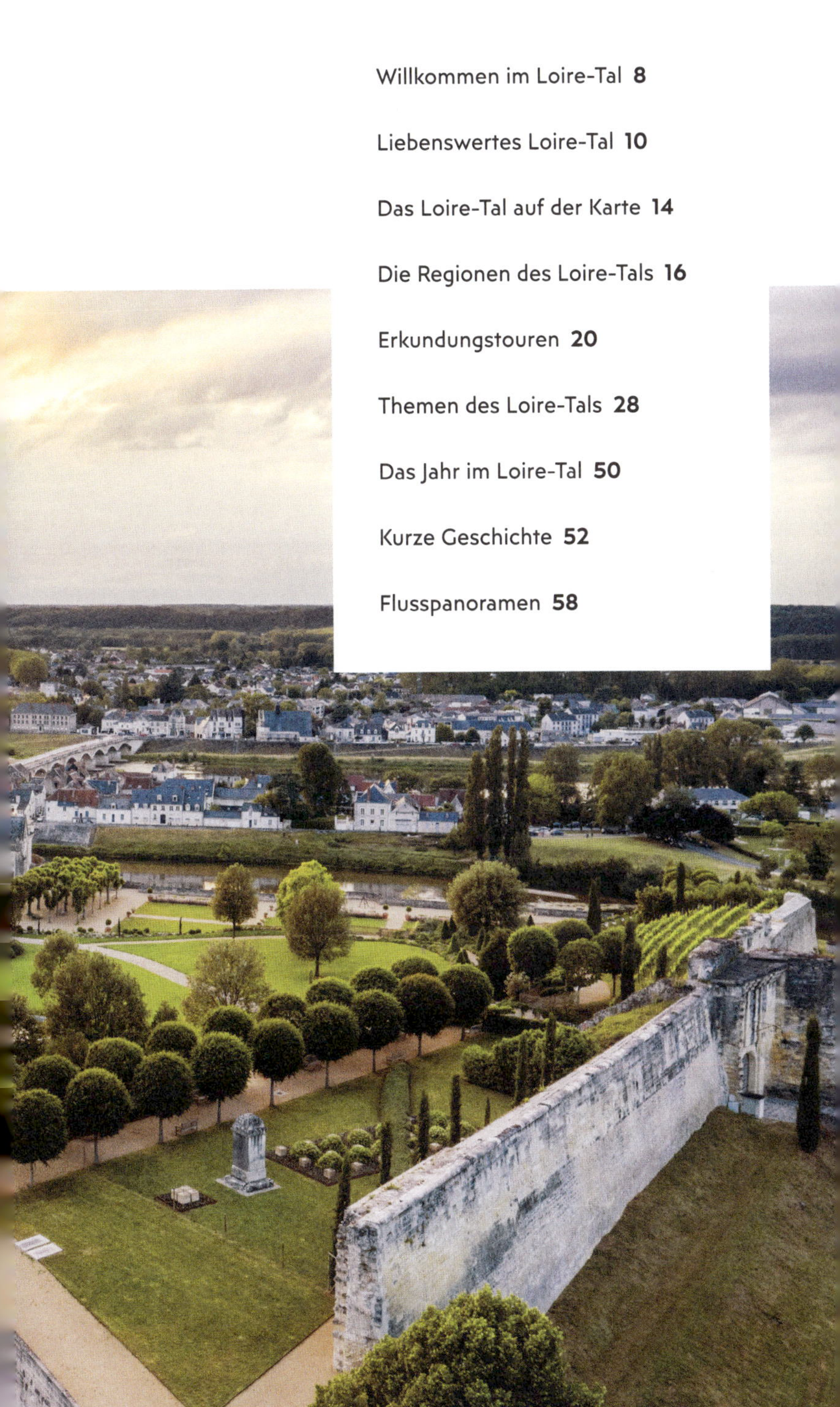

# WILLKOMMEN IM LOIRE-TAL

**Märchenschlösser und imposante Festungen, traumhaft schöne Gärten voll leuchtender Farben und Düfte, historische Städte, liebliche Landschaften, unzählige Weingärten mit gastlichen Weingütern im endlos scheinenden sanften Hügelland – und im Zentrum der berühmte Strom: die Loire. Was auch immer Sie begeistert, ob Sie einen Kurztrip oder einen längeren Aufenthalt planen: Stellen Sie sich einfach Ihre ganz persönliche Traumreise in das Loire-Tal zusammen!**

**1** *Mit dem Fahrrad durch die liebliche Landschaft*

**2** *Straße im Zentrum von Amboise*

**3** *Kunstwerke in der Galerie des Château de Blois*

**4** *Château de Chenonceau: Schloss aus der Renaissance*

Das Loire-Tal erstreckt sich über 480 Kilometer vom Herzen Frankreichs bis zur Atlantikküste und vereint das Beste, was das Land zu bieten hat: herrliche Landschaften, historische Sehenswürdigkeiten und eine köstliche Küche. Die Sonnenblumenfelder im Berry, die Strände am Atlantik und die Weinberge der Touraine bilden eine traumhafte Szenerie, wenn man hier zu Fuß, mit dem Rad oder auf dem Wasser unterwegs ist.

In dieser unvergesslichen Landschaft bieten majestätische mittelalterliche Städte reichlich Kultur und Geschichte. Folgen Sie Jeanne d'Arcs Weg bis zu ihrem triumphalen Einzug in Orléans, erkunden Sie das Château in Angers, spazieren Sie durch Bourges mit seinen mittelalterlichen Fachwerkhäusern, entdecken Sie Nantes mit seinen zahlreichen Grünanlagen, oder bestaunen Sie die Sportwagen beim berühmten Autorennen in Le Mans. Egal, wofür Sie sich entscheiden – das Loire-Tal ist bekannt für seine sprichwörtliche *joie de vivre*, seine Lebensfreude, die die ganze Region durchdringt.

Wir stellen Ihnen das Loire-Tal in einzelnen überschaubaren Kapiteln samt Experten- und Entdeckertipps vor. Praktische Informationen, detaillierte Karten und genau beschriebene Touren helfen Ihnen bei der Reiseplanung und sind sehr nützlich für den Aufenthalt vor Ort. Viel Spaß im Loire-Tal!

# LIEBENSWERTES LOIRE-TAL

**Ob Sie malerische Schlösser und mittelalterliche Städte erkunden, eine Radtour an der Loire unternehmen, Wassersport betreiben oder einfach die zauberhafte Natur und die fantastische Küche genießen möchten: Es gibt viele Gründe, das Loire-Tal zu lieben. Einige Favoriten stellen wir Ihnen hier vor.**

## *1* Unterwegs auf der Loire

Frankreichs längster Fluss *(siehe S. 58–63)* ist ein beliebtes Ziel für Reisende aus aller Welt. Am besten erkundet man ihn im Rahmen einer gemütlichen Bootsfahrt.

## Königliche Geschichte *2*

Vom Haus Plantagenet bis zu Jeanne d'Arc *(rechts)*: Das Loire-Tal ist reich an Geschichte. Viele bedeutende historische Figuren haben hier Spuren hinterlassen.

## *3* Die weite Welt der Loire-Weine

Frankreichs drittgrößtes Weinanbaugebiet ist ein Paradies für Weinliebhaber *(siehe S. 28–31)*. Bei den Weinproben auf den Gütern macht jeder Gast seine ganz speziellen Entdeckungen.

## Prachtvolle Schlossbauten 4

Im Loire-Tal stehen ungefähr 300 Schlösser. Zu den berühmtesten zählen u. a. Chenonceau *(siehe S. 106–109)*, Blois *(siehe S. 136f)* und Chambord *(siehe S. 130–133)*.

## Sport & Spaß am Atlantik 5

Die vielfältige Atlantikküste bietet fantastische Möglichkeiten für Wassersport sowie elegante Strandhotels zum Entspannen – hier ist für jeden Gast etwas geboten.

## Kulinarische Vielfalt 6

Im Loire-Tal bleibt niemand hungrig. Genießen Sie feinste Sterne-Küche in Spitzenrestaurants und das reiche Angebot an frischen lokalen Produkten auf den Wochenmärkten.

## Radtour entlang der Loire 7

An der Loire kann man hervorragend radeln. Folgen Sie dem Fluss auf gut ausgebauten Radwegen, die durch liebliche Landschaften verlaufen *(siehe S. 46)*.

## Traumhafte Gärten 8

Die Region ist reich an üppigen Parks und Gärten. Auf eine besonders spannende Entdeckungsreise begibt man sich im Themenpark Terra Botanica *(siehe S. 73)*.

## 9 Geheimnisvolle Höhlenwohnungen

Erkunden Sie Höhlenwohnungen, in denen über Jahrtausende Menschen lebten. Ein ganz besonders eindrucksvolles Beispiel erleben Sie in Trôo *(siehe S. 140)*.

## 10 Wundervolle Natur

Besuchen Sie Naturreservate, beobachten Sie die Vogelwelt von La Brenne *(siehe S. 159)*, oder lauschen Sie im Herbst dem Röhren der Hirsche in der Sologne *(siehe S. 145)*.

## Bunte Shows: Sons et Lumières 11

Wenn es dunkel wird, erstrahlen manche Stadtzentren und Schlösser wie etwa Puy du Fou *(siehe S. 202f)* bei Sound-und-Lightshows. Ein magisches Erlebnis für die Sinne!

## Wunderschöne Städte und Dörfer 12

Lassen Sie sich von den bildschönen Städten und Dörfern bezaubern, z. B. bei einem gemütlichen Spaziergang durch die Gassen von Ste-Suzanne *(siehe S. 179)*.

# DAS LOIRE-TAL
## AUF DER KARTE

Für diesen Reiseführer wurde das Loire-Tal in sechs Regionen eingeteilt, die auf den folgenden Seiten einzeln beschrieben werden. Jede Region hat ihre eigene Farbe, in der sie auf der Karte dargestellt ist.

Dieppe
Fécamp
Aumale
Rouen
HAUTE-NORMANDIE
Vernon
Évreux
Europa
Nordsee
SCHWEDEN
DÄNEMARK
IRLAND
GROSS-BRITANNIEN
DEUTSCH-LAND
POLEN
TSCHECHIEN
Loire-Tal
SCHWEIZ
ÖSTERREICH
Atlantischer Ozean
FRANK-REICH
ITALIEN
PORTUGAL
SPANIEN
Mittelmeer
TUNESIEN
MAROKKO
ALGERIEN
Dreux
Brezolles
Eure
Tourouvre
Senonches
Gallardon
ÎLE-DE-FRANCE
Chartres
Bellême
Allonnes
Nogent-le-Rotrou
Illiers-Combray
Nemours
Brou
Allaines-Mervilliers
Puiseaux
Sens
Montmirail
Châteaudun
Chilleurs-aux-Bois
Ferrières
Montargis
Amilly
Coulmiers
Bouloire
Épuisay
Orléans
Morée
Châtillon-Coligny
St-Benoît-sur-Loire
Auxerre
Vendôme
Beaugency
Blésois und Orléanais
Seiten 124–149
Loire
Gien
Blois
Chambord
Sauldre
Clamecy
Tours
Amboise
Contres
Souesmes
Léré
CENTRE
Touraine
Seiten 94–123
Cormery
Mennetou-sur-Cher
Neuvy-sur-Barangeon
Bué
BOURGOGNE
Cher
Selles-sur-Cher
Sancergues
Saint-Épain
Montrésor
Bourges
Châtrost
Nevers
Descartes
Berry
Seiten 150–165
Nérondes
Châteauneuf-sur-Cher
Châtellerault
Villedieu-sur-Indre
Châteauroux
Charenton-du-Cher
Tournon-Saint-Martin
Saint-Gaultier
Indre
Le Châtelet
Moulins
Bélâbre
Culan
Sainte-Sévère-sur-Indre
Éguzon
AUVERGNE
Lussac-les-Châteaux
LIMOUSIN
Guéret
0 Kilometer 40
N
Bellac

# DIE REGIONEN DES LOIRE-TALS

**Das Loire-Tal erstreckt sich über Centre-Val de Loire und Pays de la Loire und in diesen beiden Regionen über sechs Départements mit unterschiedlichem Charakter. Im Zentrum des Tals schlängelt sich der längste Fluss Frankreichs durch viele mittelalterliche Städte, landwirtschaftlich genutzte Ebenen, dichte Wälder und sanftes, von Weingärten geprägtes Hügelland.**

Seiten 66–93

## Anjou

Das bildschöne Anjou prägen hübsche Dörfer und malerische Uferstädte sowie prächtige Schlösser und reizvolle Landschaften mit saftigen Weiden entlang der vielen Flüsse. In Angers fließen die Mayenne und die Sarthe zur Maine zusammen. Die mittelalterliche Residenzstadt der Plantagenet-Könige besitzt großartige Museen und einen einzigartigen Themenpark zu Vegetation und Ökologie. Im Süden liegen Weinberge und die Stadt Saumur, die für ihre cremefarbenen Häuser, ihre Schaumweine und das Schloss an der Loire berühmt ist.

**Entdecken**
Englisch-französische Historie, Höhlenwohnungen, weniger bekannte Schlösser

**Sehenswert**
Angers mit dem berühmten Tapisserienzyklus *Apocalypse*, Saumur, Abbaye Royale de Fontevraud

**Genießen**
Sektkellereien bei Saumur

Seiten 94–123

## Touraine

Die Touraine ist eines der populärsten Gebiete an der Loire und ihren Nebenflüssen. Hier stehen zahlreiche bezaubernde Schlösser, darunter Langeais, Azay-le-Rideau, Villandry und Chenonceau. Weiter im Süden liegen die Geburtsorte der Literaturgrößen François Rabelais und Honoré de Balzac sowie ruhigere, oft übersehene Gebiete in den Tälern und weiten Ebenen der Flüsse Claise und Creuse. Das im Zentrum gelegene Tours bietet ein reiches Kulturangebot, Streetart, eine pulsierende Food-Szene und im Umland spektakuläre Weingüter.

**Entdecken**
Berühmte Schlösser, herrliche Gärten, Essen und Wein

**Sehenswert**
Tours, Château de Villandry, Château de Chenonceau, Château d'Azay-le-Rideau

**Genießen**
Ein Abend in einer *guinguette* am Fluss in Tours oder in Amboise

Seiten 124–149

## Blésois und Orléanais

Die königlichen Städte Blois und Orléans bieten reichlich Geschichte und kulturelle Attraktionen. Daneben gibt es hier aber auch viele Möglichkeiten für Naturerlebnisse wie Tierbeobachtungen und Wanderungen – etwa in der wald- und seenreichen Sologne, in der Forêt d'Orléans und in der Forêt Domaniale de Blois. Dies gilt auch für das weniger bekannte Perche-Vendômois im Nordwesten mit seiner lieblichen Landschaft und winzigen Dörfern. Hier liegt auch Trôo, das wohl am besten erhaltene Höhlendorf Frankreichs.

**Entdecken**
Stille Wälder, Flüsse und Seen

**Sehenswert**
Orléans, Château Royal de Blois, Château de Chambord

**Genießen**
Son-et-Lumière-Show in Blois

Seiten 150–165

## Berry

Die historische Provinz Berry gilt als *cœur de France* (»Frankreichs Herz«), wird aber dennoch von Besuchern oft übersehen. Den kulturellen Mittelpunkt bildet Bourges mit seiner grandiosen Kathedrale und einer sehenswerten Altstadt. Im Nordosten locken die Loire und die auf einem Hügel gelegene hübsche Stadt Sancerre mit ihren umliegenden Weinbergen. Im Süden des Berry liegen einige noch weitgehend unterschätzte, jedoch landschaftlich herrliche Gebiete wie der Parc Naturel Régional de la Brenne und die Flusstäler der Creuse und der Indre.

**Entdecken**
Alternative Kunst, Käse, Bootsausflüge auf den Flüssen Indre, Cher und Creuse

**Sehenswert**
Bourges

**Genießen**
Eine Kahnfahrt auf den Kanälen im Marais de Bourges

Seiten 166–187

## Nördlich der Loire

Die Départements Mayenne, Sarthe und Eure-et-Loir nördlich der Loire haben jeweils einen eigenen Charakter. In einigen Städten vermischen sich Geschichte und Moderne auf eindrucksvolle Weise – z. B. in Chartres mit seiner dominanten Kathedrale und Le Mans (»Cité Plantagenêt«) mit seiner historischen Verbindung zu den anglo-französischen Königen und als Austragungsort eines berühmten Autorennens. Im Westen verbindet ein Radweg am Fluss die hübschen Provinzstädte Laval und Château-Gontier.

**Entdecken**
Flusslandschaften, private Schlösser, gotische Kathedralen

**Sehenswert**
Le Mans, Kathedrale von Chartres

**Genießen**
Radtour auf dem Radweg La Vélobuissonnière oder dem kürzeren La Vélo Francette

Seiten 188–203

# Loire-Atlantique und Vendée

Das Mündungsgebiet der Loire am Atlantik gehört zur Region Pays de la Loire, doch der kulturelle Einfluss der nahen Bretagne ist deutlich zu spüren. An der Küste im Bereich des Départements Vendée liegen einige der beliebtesten Strände Frankreichs, sehenswert ist zudem Nantes im Herzen des Départements Loire-Atlantique. Im Binnenland bietet die mit Ausnahme des Themenparks im Puy du Fou weniger besuchte Vendée Bocage eine ruhige, aber interessante Landschaft.

**Entdecken**
Sandstrände und surfen am Atlantik, frischer Muscadet-Wein

**Sehenswert**
Nantes, Marais Poitevin

**Genießen**
Ein Tag voller Spaß und Entertainment im Themenpark im Schloss Puy du Fou

1

2

3

4

**1** *Radweg an der Loire*

**2** *Wasserschloss Château de Chenonceau am Ufer des Cher*

**3** *Stilvoll eingerichteter Salon im Château de Villandry*

**4** *Gasse in Amboise*

**Ob mit dem Fahrrad, mit der Bahn oder auf einem unvergesslichen Roadtrip - das Loire-Tal ist purer Genuss. Wir haben Ihnen einige traumhafte Erkundungstouren zusammengestellt.**

# 3 TAGE

## *Radtour durch die Touraine*

### *Tag 1*

**Vormittags** Starten Sie Ihre Radtour durch die Touraine in Amboise *(siehe S. 121)*. Besuchen Sie dort das Château du Clos-Lucé (www.vinci-closluce.com), in dem Leonardo da Vinci seine letzten Lebensjahre verbrachte. Danach genießen ein Mittagessen in der historischen Schlosswirtschaft Auberge du Prieuré (47, av Léonard de Vinci).

**Nachmittags** Anschließend erkunden Sie die Umgebung und fahren zum Dorf Chenonceaux. Die Route führt über (autofreie) *voies vertes* und schöne Wege, die sich durch die Landschaft der Touraine und am Fluss Cher entlangwinden.

**Abends** In den Caves des Dômes *(siehe S. 108)* des Château de Chenonceau genießen Sie bei einer Weinverkostung erlesene Rot- und Weißweine, danach übernachten Sie im Dorf in der luxuriösen Auberge du Bon Laboureur (www.bonlaboureur.com).

### *Tag 2*

**Vormittags** Spazieren Sie als Erstes zum grandiosen Château de Chenonceau *(siehe S. 106–109)*. Die Anlage wird auch »Château des Dames« genannt, weil sie samt ihren Gärten maßgeblich von Frauen gestaltet wurde. Sehenswert ist der Garten Le Potager des Fleurs, der die Blumendekoration für die prächtigen Räume des Schlosses liefert. Falls Sie mit Kindern unterwegs sind, sollten Sie auch das Labyrinth erkunden. Danach schmeckt ein gutes Mittagessen im Le Snack (www.chenonceau.com/restaurants) – entweder auf der schattigen Terrasse oder in den ehemaligen königlichen Stallungen.

**Nachmittags** Mit dem Fahrradzug Loire à Vélo oder mit dem Rad fahren Sie in das gut 30 Kilometer entfernte Tours *(siehe S. 98–105)*. Dort checken Sie im Les Trésorières *(siehe S. 98)* ein, ruhen sich ein wenig aus oder spazieren durch die mittelalterliche Altstadt zur Place Plumereau.

**Abends** Bei Sonnenuntergang unternehmen Sie eine zauberhafte Flussfahrt mit einem traditionellen Boot. Anschließend genießen Sie das Abendessen und einen Drink im Guinguette de Tours sur Loire (111, rue des Tanneurs).

### *Tag 3*

**Vormittags** Nach einem gemütlichen Start in Tours radeln Sie auf dem Radweg Loire à Vélo etwa 20 Kilometer größtenteils am Fluss Cher entlang zum Château de Villandry *(siehe S. 110f)*. Nach der Ankunft stärken Sie sich im Restaurant L'Étape Gourmande (www.letapegourmande.com) mit französischer Küche aus lokalen Produkten.

**Nachmittags** In Villandry bewundern Sie den schier unglaublich schönen ornamentalen Küchen- und Kräutergarten. Die etwa sieben Hektar große Grünanlage umfasst neun Bereiche, die in unterschiedlichen geometrischen Formen mit Blumen und Gemüse bepflanzt sind. Besonders schön ist der Blick auf den Garten vom Belvedere.

**Abends** Mit dem Rad geht es zum vier Kilometer entfernten Bahnhof Savonnières und weiter mit dem Zug nach Amboise. Geben Sie Ihr Leihrad ab, und genießen Sie dann vom Aussichtspunkt an der Rue Léonard Perrault noch einmal den Blick auf die Loire.

**1** *Bootsfahrt vor dem Château de Chambord*

**2** *Die hoch aufragende Cathédrale Sainte-Croix in Orléans*

**3** *In der Markthalle von Tours*

**4** *Unterwegs im TGV*

# 5 TAGE
## *im Loire-Tal*

### *Tag 1*
Bei dieser fünftägigen Tour durch das Loire-Tal ist alles geboten. Starten Sie in Orléans *(siehe S. 128f)* mit einem Stadtbummel, besichtigen Sie die Maison de Jeanne d'Arc, um mehr über das Leben der Nationalheldin zu erfahren, und die Cathédrale Ste-Croix. Anschließend besuchen Sie das Musée des Beaux-Arts mit seiner fantastischen Sammlung von Gemälden aus dem 19. Jahrhundert. Danach nehmen Sie den Zug in Richtung Westen nach Blois *(siehe S. 134–139)*, wo Sie am Abend das Château Royal de Blois *(siehe S. 136f)* besichtigen und die Show Son et Lumière genießen, bevor Sie im preisgekrönten Fleur de Loire (www.fleurdeloire.com) luxuriös essen und übernachten.

### *Tag 2*
Der Shuttlebus bringt Sie von Blois zur Domaine National de Chambord *(siehe S. 133)*, die Sie mit einem Leihrad erkunden – oder einem Elektroboot mit herrlichem Blick vom Kanal auf das Château. Nach dem Mittagessen im Restaurant des Küchengartens bewundern Sie die Innenräume und die doppelte Wendeltreppe. Zurück in Blois fahren Sie mit dem Zug ins nahe Amboise *(siehe S. 121)*. Dort checken Sie im Hôtel Le Manoir Les Minimes (www.manoirlesminimes.com) ein, genießen den Blick auf die Loire und spazieren abends durch die Gärten des Château Royal d'Amboise.

### *Tag 3*
Mit dem Zug geht es nach Tours *(siehe S. 98–105)*, wo Sie durch die Altstadt flanieren. Mittags besuchen Sie wie die Einheimischen den beliebten überdachten Markt Les Halles, der wegen seiner großen Auswahl an lokalen Produkten ein Muss ist. Decken Sie sich dann für ein Picknick im Botanischen Garten (33, bd Tonnellé) ein. Nachmittags entspannen Sie bei einer Spa-Behandlung im Château Belmont (www.chateaubelmont.com), wo Sie auch übernachten können. Oder Sie erkunden das künstlerische Tours im Quartier des Arts, bevor Sie im Les Trésorières *(siehe S. 98)* beim Bahnhof einchecken.

### *Tag 4*
Mit dem Zug fahren Sie nach Saumur *(siehe S. 78–83)*. Dort besichtigen Sie zunächst das Château de Saumur, das einen der besten Ausblicke auf die Loire bietet. Am Ufer des Thouet spazieren Sie zur Maison Bouvet Ladubay (www.bouvetladubay.com), einer der renommiertesten Sektkellereien des Loire-Tals. Nach einer Tour durch die Keller genießen Sie eine Degustation. Übernachten Sie im Hôtel Anne d'Anjou *(siehe S. 79)* mit Blick auf die Loire.

### *Tag 5*
Spazieren Sie über die Loire zum Bahnhof, und fahren Sie mit dem Zug in 45 Minuten nach Angers *(siehe S. 70–77)* – am besten mit Fensterplatz mit Blick auf das Nordufer der Loire. Im Château d'Angers bestaunen Sie den Tapisserienzyklus *Apocalypse*. Danach unternehmen Sie eine Wanderung am Flussufer oder eine Bootsfahrt auf Maine oder Loire. Eine Option ist auch die Erkundung des Themenparks Terra Botanica *(siehe S. 73)*. Nach Rückkehr in die Stadt übernachten Sie im Odalys City Apart'hotel Centre Gare (www.odalys-vacation-rental.com).

1

2

3

4

←

**1** *Blick über Sancerre*

**2** *Cathédrale St-Étienne in Bourges*

**3** *Boot auf dem Canal de Briare*

**4** *Salon mit Porträtgalerie im Château de Beauregard*

# 2 WOCHEN
## *im Loire-Tal*

### *Tag 1*
Mit einem Leihwagen fahren Sie von Tours *(siehe S. 98–105)* eine Stunde ostwärts nach Montrichard *(siehe S. 143)*. Die charmante Ortschaft wird von den Ruinen einer einst mächtigen Burg aus dem 11. Jahrhundert dominiert. Nehmen Sie sich Zeit für die Erkundung, danach geht es weiter nach St-Aignan-sur-Cher *(siehe S. 142)*. An diesem Abschnitt des Cher kann man schwimmen oder eine Bootsfahrt unternehmen.

### *Tag 2*
Fahren Sie nach Norden zum Château de Chaumont *(siehe S. 142)*, in dem alljährlich von Ende April bis Anfang November das Festival International des Jardins stattfindet. Dann geht es weiter nach Blois *(siehe S. 134–139)* mit seiner schönen Altstadt und der faszinierenden Treppe L'Escalier Denis-Papin, deren 120 Stufen jedes Jahr in ein Kunstwerk verwandelt werden. Danach besichtigen Sie das märchenhafte Château Royal de Blois oder besuchen eine Zaubershow in der Maison de la Magie Robert-Houdin.

### *Tag 3*
Heute steht alles im Zeichen der großen Schlösser. Da Sie nicht alle drei an einem Tag besichtigen können, müssen Sie sich entscheiden: Das Château de Beauregard *(siehe S. 139)* bietet eine fantastische Porträtgalerie, das Château de Cheverny *(siehe S. 144)* eine beeindruckende Kunstsammlung, das Château de Chambord *(siehe S. 130–133)* ist eines der schönsten Renaissanceschlösser Frankreichs. In Chambord lohnt zudem eine Bootsfahrt auf dem Kanal. Abends übernachten Sie in Blois im Luxushotel Fleur de Loire (www.fleurdeloire.com) und genießen im Hotelrestaurant fanstastische Sterne-Küche.

### *Tag 4*
Heute ist Entspannung angesagt. Ihr Weg führt in die Sologne *(siehe S. 145)*, wo Wälder zum Wandern und zur Tierbeobachtung einladen. Sie können zudem das Château de Valençay *(siehe S. 158f)* mit seinen schönen Räumen, den französischen Gärten und dem noch betriebenen Theater besichtigen. Abends geht es weiter Richtung Südosten nach Bourges *(siehe S. 154–157)*.

### *Tag 5*
Verbringen Sie einen ruhigen, besinnlichen Tag zwischen den mittelalterlichen Fachwerkhäusern in Bourges und in der majestätischen Cathédrale St-Étienne, die zum UNESCO-Welterbe gehört. Danach erkunden Sie auf einer geführten Kahnfahrt die Kanäle des Marais de Bourges *(siehe S. 155)* und genießen den Blick auf Kathedrale und Altstadt. Am frühen Abend fahren Sie durch die Weinberge in der Umgebung von Sancerre *(siehe S. 163)*. Dort nehmen Sie an einer Weinprobe teil und übernachten im Ort.

### *Tag 6*
An der Loire entlang geht es nach Norden. Nach dem Mittagessen in Gien *(siehe S. 148f)* fahren Sie weiter zu Gustave Eiffels faszinierendem Brückenkanal in Briare-le-Canal. Danach erreichen Sie Orléans *(siehe S. 128f)*. Bei einem Bummel genießen Sie die Atmosphäre, bewundern die gotische Kathedrale und besichtigen den Nachbau des Hauses, in dem Jeanne d'Arc wohnte *(siehe S. 128)*.

→

1

2

3

## *Tag 7*

Von Orléans aus fahren Sie in 90 Minuten durch die schöne Landschaft der Ebene La Beauce nach Chartres *(siehe S. 174–177)*. Hier sind vor allem die gotische Cathédrale Notre-Dame mit ihren fantastischen Fenstern sowie das interessante architektonische Gesamtkunstwerk La Maison Picassiette zu besichtigen.

## *Tag 8*

Unterwegs zur wunderschönen Königsstadt Amboise *(siehe S. 121)* kehren Sie im reizenden Châteaudun *(siehe S. 185)* oder in Vendôme *(siehe S. 141)* in einem der Cafés zum Brunch ein. In Amboise erkunden Sie zunächst die Altstadt oder die ungewöhnliche Pagode de Chanteloup aus dem 18. Jahrhundert. Erklimmen Sie die 149 Stufen der Pagode, oben haben Sie einen herrlichen Blick auf den umliegenden Park und das Château Royal d'Amboise. Nachmittags steht Schloss-Hopping auf dem Programm: Château Royal d'Amboise, Château du Clos-Lucé und Domaine Royal de Château Gaillard. Oder Sie fahren nach Süden zum prächtigen Château de Chenonceau *(siehe S. 106–109)*, dem wohl schönsten Renaissanceschloss Frankreichs.

## *Tag 9*

Heute geht es nach Tours *(siehe S. 98–105)*: Vormittags erleben Sie Kunst im Musée des Beaux-Arts, nachmittags Kunsthandwerk im Musée du Compagnonnage. In diesem können Sie Handwerker in ihren Ateliers besuchen und anschließend an einer Streetart-Führung teilnehmen. Abends genießen Sie lokale Küche in einer der authentischen *guinguettes* am Flussufer.

## *Tag 10*

Welches Märchenschloss soll es heute sein? Sie haben die Auswahl zwischen Château d'Azay-le-Rideau *(siehe S. 112f)*, Château d'Ussé *(siehe S. 117)* und Château de l'Islette *(siehe S. 116)*, die alle nicht weit voneinander entfernt sind. Gartenfans zieht es vielleicht eher in das Château de Villandry *(siehe S. 110f)* mit seinen einmalig schönen formalen Gärten. Danach fahren Sie rechtzeitig in

1 *Place Ste-Croix in Orléans* ↑
2 *Les Machines de l'Île: Kunstprojekt in Nantes*
3 *Sonnenuntergang in Loches*
4 *Musée des Beaux-Arts in Tours*
5 *Château d'Angers*

Richtung Süden nach Chinon *(siehe S. 114)*, um dort von der Burg aus den Blick auf den fantastischen Sonnenuntergang über der Vienne, einem Nebenfluss der Loire, zu genießen.

## Tag 11

Starten Sie in der Abbaye Royale de Fontevraud *(siehe S. 84f)*, der Grabstätte mehrerer Mitglieder der französischstämmigen Herrscherdynastie Plantagenet. Danach genießen Sie in Saumur *(siehe S. 78–83)* ein Mittagessen und die Likörprobe in La Distillerie Combier. Nachmittags geht es Richtung Westen in die duftenden Rosengärten von Doué-en-Anjou *(siehe S. 90f)*, zu Höhlenwohnungen und wieder zurück nach Saumur.

## Tag 12

Heute nehmen Sie sich Zeit für Angers *(siehe S. 70–77)* – die Cathédrale St-Maurice, die malerischen Parks und selbstverständlich das Château d'Angers mit seinem wunderschönen Tapisserienzyklus *Apocalypse* aus dem 14. Jahrhundert. Danach lockt der Lac de Maine (www.lacdemaine.fr), wo Sie u. a. Kanu fahren, segeln und baden können.

## Tag 13

Heute geht es nach Nantes *(siehe S. 192–195)*. Unterwegs genießen Sie von der malerischen Corniche Angevine *(siehe S. 87)* den Blick auf die Loire und machen halt in hübschen Dörfern wie Chalonnes-sur-Loire und St-Florent-le-Vieil *(siehe S. 86)*. In Nantes reiten Sie in Les Machines de l'Île auf dem mechanischen Elefanten, entspannen im Jardin des Plantes und besuchen das Musée d'Arts.

## Tag 14

Zum krönenden Abschluss gönnen Sie sich einen Tag an einem der herrlichen Sandstrände am Atlantik *(siehe S. 198)*. Entspannen Sie, lesen Sie ein Buch (vielleicht von Jules Verne, der in Nantes geboren wurde), oder unternehmen Sie eine Tour auf einem Stand-Up Paddleboard oder mit einem Rad. Danach genießen Sie in einem Lokal an der Küste die delikaten Austern der Region und dazu ein Gläschen Muscadet.

### Weinrouten an der Loire

Ob frischer Muscadet oder fruchtiger Rosé d'Anjou: Am besten lernt man die Weine und die Schönheit der Region auf einer Tour durch die Weinberge kennen. Probieren Sie auf der 16 Kilometer langen Radstrecke Vignoble de Jasnières à Vélo fruchtigen Jasnières, oder buchen Sie bei La Route des Vins de Loire (www.laroutedesvinsdeloire.fr) eine Tour, um Weine von Anbaugebieten zwischen Sancerre und Nantes zu verkosten.

# WEINE & MEHR
## AUS DEM LOIRE-TAL

**Egal, ob Sie einen frischen Weißwein, einen fruchtigen Rosé oder einen erdigen Rotwein bevorzugen: Die lokalen Rebsorten können Sie bei Touren in den Weinbergen und natürlich ganz entspannt in gemütlichen Weinlokalen entdecken. Im Loire-Tal gedeihen mehr Rebsorten als irgendwo sonst in Frankreich. Hier kann jeder sein spezielles Weinglück finden.**

### Schon gewusst?

Gemessen am Volumen ist das Loire-Tal das drittgrößte Weinanbaugebiet in Frankreich.

### Nicht nur Wein

Außer edlen Tropfen bietet das Loire-Tal noch eine Vielzahl weiterer flüssiger Spezialitäten. In Angers können Sie in der Cointreau-Destillerie *(siehe S. 70)* den legendären Likör direkt an der Quelle kosten. Oder Sie lassen sich in der Villa MONIN in Bourges *(siehe S. 155)* von Mixologen aus den berühmten Fruchtsirupen einen unschlagbaren Cocktail zubereiten. Alkoholfrei und garantiert frisch sind die Säfte, die Sie auf den vielen Wochenmärkten direkt von den Erzeugern kaufen können. Probieren Sie auf jeden Fall frischen *jus de pommes* (Apfelsaft).

*Führung durch die traditionsreiche Cointreau-Destillerie in Angers*

←

*Malerisches Dorf und Weinbau im Hügelland bei Sancerre*

### Keller- und Weinbergtouren

Man kann jede Aktivität mit Wein kombinieren – sagen die lokalen Winzer. Erkunden Sie die Domaine Saint Nicolas (www.domainesaintnicolas.com) samt Weinprobe mit einem E-Roller, trinken Sie Wein in den Kellern der Grandes Caves Saint-Roch (www.grandescavesstroch.com), oder knacken Sie den Escape Room im Weinkeller der Domaine Pierre et Bertrand Couly (www.pb-couly.com). Suchen Sie Entspannung? Das Gut Âme Wine bei Bourgueil bietet Weinberg-Yoga an (www.amewine.fr).

←

*Erfrischung mit einem schönen Glas Weißwein*

### TOP 5 Regionale Rebsorten

**Melon de Bourgogne**
Weltweit wird die Rebsorte nur für weiße Muscadet-Weine verwendet.

**Chenin**
Aus dieser Rebe werden hier die meisten Weißweine gekeltert.

**Sauvignon**
Die weiße Rebsorte wird in Sancerre angebaut.

**Cabernet Franc**
Eine Spezialität seit dem 11. Jahrhundert.

**Grolleau**
Grolleau oder Groslot wird vor allem für Rosé d'Anjou verwendet.

### Guinguettes

Bei Sonnenschein sind sie der Ort der Wahl: die *guinguettes*. Die Freiluftbars an den Flussufern sind in der Regel im Sommer geöffnet und ideal, um den Abend mit Wein, frischem Seafood und Live-Musik zu genießen. In größeren Städten wie Tours, Angers und Orléans gibt es viele solche Bars, aber auch die meisten kleineren Dörfer haben zumindest eine. Unser Favorit ist Le Ponton in Orléans (www.leponton-orleans.com).

↑ *Einheimische und Besucher genießen in einer* guinguette *in Tours das entspannte Flair*

# Wein und Weinanbau

Wie wichtig der Wein für das Loire-Tal ist, lässt sich kaum übersehen: Zu beiden Seiten des Flusses erstrecken sich Weingärten, in denen Schilder auf die *dégustations*, die Weinproben, verweisen. Auf dem 300 Kilometer langen Abschnitt von Nantes nach Pouilly-sur-Loire bietet das Loire-Tal eine Vielzahl von Weinen aus vier Weinbaugebieten: Pays Nantais, Anjou-Saumur, Centre-Loire sowie Touraine und Vallée du Loire. Zu den besten Weinen gehören die weißen Sancerres und die Roséweine aus Anjou, die süßen Weine und die Schaumweine aus Vouvray, die vollmundigen Rotweine aus Chinon und Bourgueil und die trockenen *Méthode-champenoise*-Weine aus Saumur.

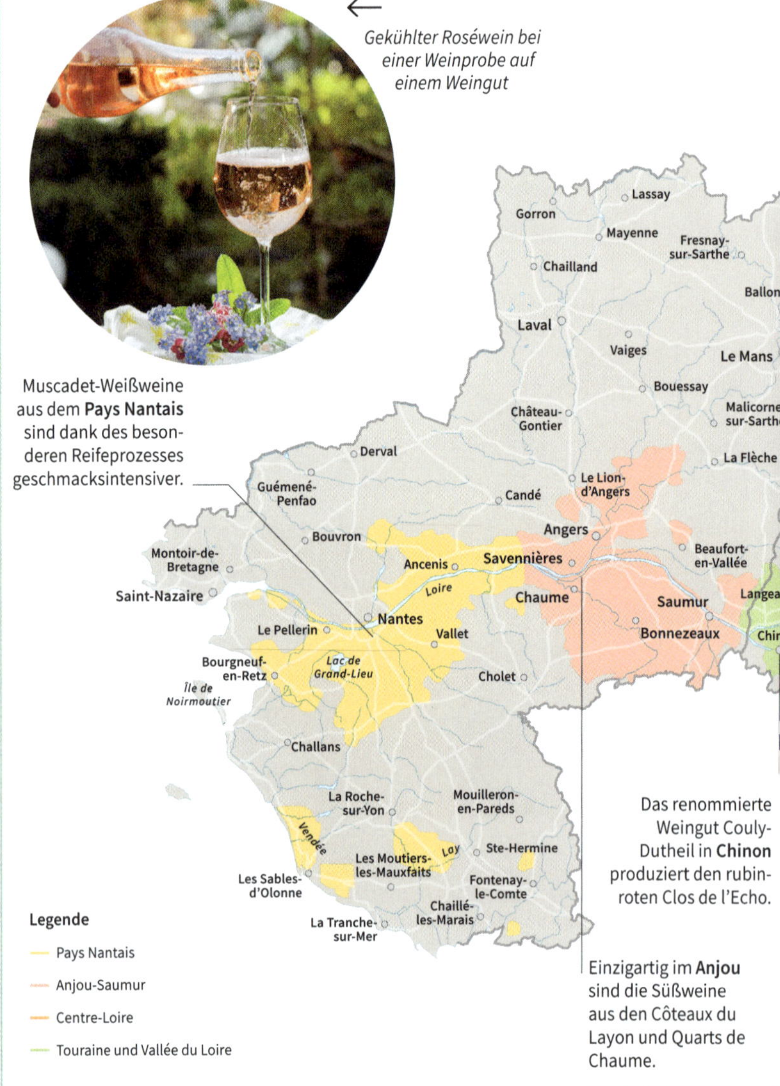


*Gekühlter Roséwein bei einer Weinprobe auf einem Weingut*

Muscadet-Weißweine aus dem **Pays Nantais** sind dank des besonderen Reifeprozesses geschmacksintensiver.

Das renommierte Weingut Couly-Dutheil in **Chinon** produziert den rubinroten Clos de l'Echo.

Einzigartig im **Anjou** sind die Süßweine aus den Côteaux du Layon und Quarts de Chaume.

Windmühle in einem typischen Weingarten des Loire-Tals ↑

## Der heilige Martin von Tours

Der heilige Martin war Bischof von Tours – und brachte der Legende zufolge aus seiner ungarischen Heimat drei Rebstöcke mit, die er in der Touraine anpflanzte. Noch wichtiger für den Weinbau war aber vielleicht Martins Esel, der bei seinem Anbindeplatz junge Schösslinge von den Rebstöcken abfraß. Diese Rebstöcke brachten später die höchsten Erträge – und die heute übliche Praxis des Rebschnitts war geboren.

**Vouvray** produziert Weiß- und Schaumweine, die Letzteren reifen oft in Kalksteinhöhlen.

Die trockenen Pouilly-Fumé-Weine aus der Nähe von **Sancerre** haben ein einzigartiges, mineralisch-rauchiges Aroma.

### Bemerkenswerte Gärten

Die als *jardin remarquable* (»bemerkenswerter Garten«) ausgezeichneten Grünanlagen sind außergewöhnlich. Im Loire-Tal laden über 40 zum Erkunden ein. Die Gärten des Château de Villandry *(siehe S. 110f)* sind sieben Hektar groß und sehr speziell gestaltet. Das autofreie Chédigny, als einziges Dorf ein *jardin remarquable*, ist eine traumhafte grüne Oase.

→

*Beeindruckende Ziergärten des Château de Villandry*

# DAS LOIRE-TAL FÜR GARTENFANS

**Das Loire-Tal ist der Garten Frankreichs und bietet mit seinen Farben, Düften und Mustern ein spektakuläres sinnliches Erlebnis. Lassen Sie sich überraschen von Vielfalt und Schönheit der riesigen Schlossparks und kleinen Blumengärten sowie von den fantastischen Festivals der Gartenkunst.**

### Blumenrouten

Lieben Sie Blumen? Dann sind Blumenrouten perfekt für Sie. Wer Schwertlilien mag, erkundet im Mai die Route des Iris (www.routedesiris.com) zwischen Orléans und Nevers und holt sich bei berühmten Züchtern ein paar Tipps. Oder Sie folgen im Juni immer der Nase nach dem süßen Duft der Rosen auf der Route de la Rose du Loiret (www.routedelarose.fr).

→

*Im Mai blühen überall im Loire-Tal leuchtend blaue Schwertlilien*

## Festivals

Pflanzen-, Garten- und Blumenkunst werden hier groß gefeiert. Verwöhnen Sie Ihre Sinne auf dem Festival International des Jardins im Château de Chaumont *(siehe S. 142)*. Dort werden kunstvolle Gärten zu bestimmten Themen angelegt, z. B. ein »Paradiesgarten« oder ein »Denkgarten«. Oder Sie besuchen in Doué-en-Anjou *(siehe S. 90f)* die Journées de la Rose, bei denen sich alles um Rosen dreht. Zudem findet dort in einem Netzwerk von Höhlen ein internationaler Floristikwettbewerb statt.

← *Themengarten beim Festival International des Jardins*

# Hotels

Für Pflanzenfreunde sind diese Gartenhotels wunderbar.

**Château de la Bourdaisière**
**E4 Montlouis-sur-Loire**
**W labourdaisiere.com**
€€€

**Le Jardin de Marie**
**G4 Neuilly-en-Sancerre**
**W lejardindemarie.com**
€€€

**Le Petit Villandry**
**D4 Villandry**
**W petitvillandry.com**
€€€

*Ein Monster aus Pflanzen im Themenpark Terra Botanica* ↑

## Jenseits der Gartentore

Grün sind im Loire-Tal nicht nur die Gärten. In Nantes *(siehe S. 192–195)* gibt es zahlreiche Grünanlagen zu entdecken, ebenso in Angers *(siehe S. 70–77)*, Frankreichs grünster Stadt. Sehenswert ist hier u. a. der Parc Balzac mit elf Themenbereichen und einer erstaunlichen Artenvielfalt. Oder Sie lassen die Städte hinter sich und genießen die Farben und Düfte in den Rosenfeldern bei Doué-en-Anjou *(siehe S. 90f)* oder im Themenpark Terra Botanica *(siehe S. 73)*.

### Traumhafte Schlösser

Als sie nicht mehr zur Verteidigung gebraucht wurden, baute man die Burgen in Lustschlösser und prächtige Residenzen um. Wassergräben dienten als Spiegelbecken, Wachtürme wurden zu Schlosstürmchen. Neue Architekturelemente kamen hinzu wie etwa die ikonische doppelläufige Wendeltreppe im Château de Chambord *(siehe S. 130–133)*. Entdecken Sie majestätische Privatschlösser wie Château de Gizeux *(siehe S. 115)* und Château de l'Islette *(siehe S. 116)*, die dank des Engagements ihrer Besitzer vor dem Verfall bewahrt blieben.

*Die Architektur des Château de Chambord war seinerzeit höchst innovativ* ↑

# ARCHITEKTUR

## IM LOIRE-TAL

**Prächtige Schlösser, uneinnehmbare Burgen, mächtige Kathedralen - über Jahrhunderte wirkten in der Region großartige Architekten und Handwerker. Auf einer Entdeckungstour werden Sie schnell verstehen, warum ein 280 Kilometer langer Abschnitt des Loire-Tals zum UNESCO-Welterbe gehört.**

### Höhlenwohnungen

Das Loire-Tal ist auch für seine Höhlenwohnungen bekannt. Ursprünglich dienten die in den weichen Tuffstein geschlagenen Höhlen als Wohnraum, mit der Zeit wurden jedoch viele zu Weinkellern oder zu Orten der Pilzzucht umfunktioniert. In Rochemenier etwa kann man durch ein Höhlenlabyrinth spazieren (www.troglodyte.fr). Wer einmal in einer Höhle wohnen möchte, kann in einem der Höhlenzimmer im Hotel Troglododo (www.troglododo.fr) in Azay-le-Rideau übernachten.

*Ungewöhnliches Höhlenwohnhaus in einer Tuffsteinwand bei Amboise*

## Schon gewusst?

Mit mehr als 300 Schlössern weist das Loire-Tal die höchste Châteaux-Dichte in Frankreich auf.

## TOP 3 Gotische Kirchen

**Cathédrale St-Étienne, Bourges**
Eine der größten gotischen Kathedralen in Frankreich *(siehe S. 156f)*.

**Cathédrale Notre-Dame, Chartres**
Kirche mit weltberühmten Bleiglasfenstern *(siehe S. 174–177)*.

**Cathédrale St-Julien, Le Mans**
Kunsthistorische Schätze der Kirche sind die einzigartigen Strebepfeiler *(siehe S. 170)*.

### Sakrale Architektur

Im Loire-Tal erwartet Sie eine Vielzahl sakraler Bauwerke, von kleinen romanischen Kirchen bis hin zu großen gotischen Kathedralen wie in Chartres *(siehe S. 174–177)*. Nehmen Sie sich in friedlichen Klöstern wie der Abbaye Royale de l'Épau *(siehe S. 171)* in Le Mans eine Zeit der Besinnung, oder lernen Sie im Centre International du Vitrail (www.centre-vitrail.org) die komplizierte Kunst der Glasmalerei kennen.

← *Die mächtige Cathédrale Notre-Dame in Chartres*

### Moderne Baukunst

Zwischen den Schlössern verbergen sich auch moderne Architekturjuwele. Besonders auffällig sind die aus Porzellan- und Glasscherben gestalteten Mosaike der Maison Picassiette in Chartres. Robert Tatins Wohnhaus, heute ein Museum *(siehe S. 178)*, präsentiert u. a. Monumentalstatuen berühmter Persönlichkeiten.

← *Scherbenmosaike zieren die Maison Picassiette in Chartres*

# Ein Schloss en détail

Ein typisches Loire-Schloss besaß mehrere große Empfangsräume, die mit wertvollen Wandteppichen, Gemälden, dekorativen Vertäfelungen und Deckenschmuck üppig ausgestattet waren. Zu den Haupträumen zählten der Grand Salon, die Galerie und ein eleganter Bankettsaal. Die privaten und die für Ehrengäste reservierten Gemächer lagen in gesonderten Flügeln, die Dienerschaft war im Dachgeschoss untergebracht.

## Château de Cheverny

Das prächtige Schloss Cheverny *(siehe S. 144)* wurde zwischen 1620 und 1634 aus weißem Tuffstein erbaut und seitdem kaum verändert. Es ist ein typisches Beispiel für den unter Louis XIII beliebten klassizistischen Stil. Den Mittelteil mit dem Treppenhaus flankieren zwei symmetrische Flügel, die jeweils aus einem Gebäudeteil mit Spitzdach sowie einem viel größeren Pavillon mit Kuppeldach bestehen. Das Interieur ist im Stil des 17. Jahrhunderts gehalten.

### Schon gewusst?

**Das *droit de gîte* (Gastrecht) verpflichtete Schlossbesitzer, dem König Unterkunft zu gewähren.**

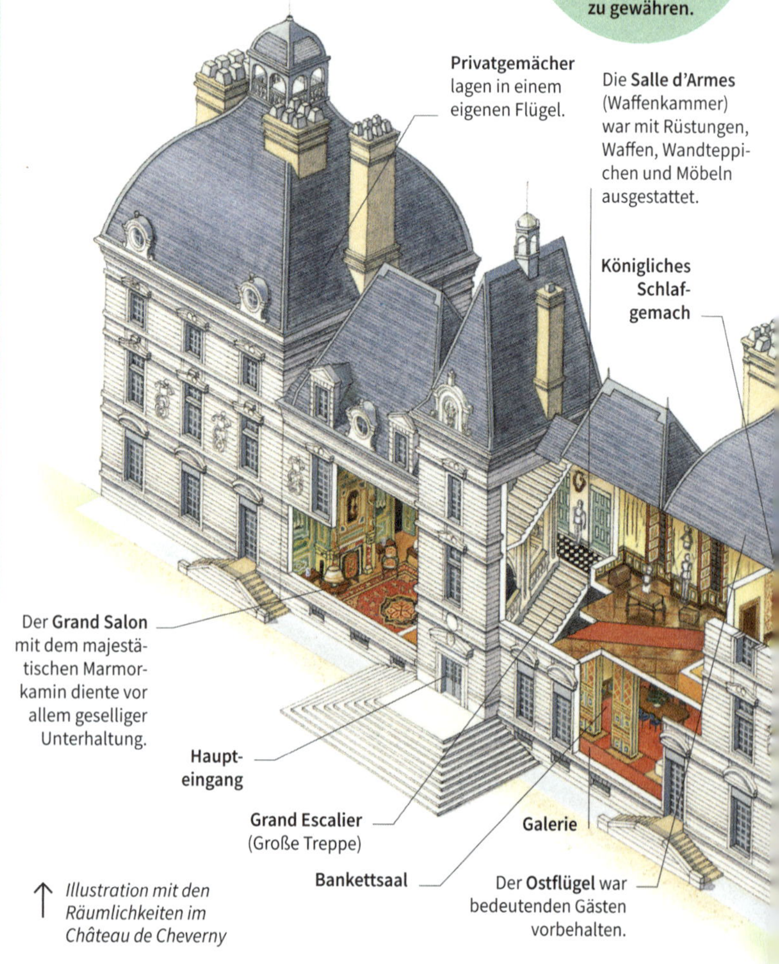


↑ *Illustration mit den Räumlichkeiten im Château de Cheverny*

## Schlossräume

**1 Grand Escalier oder Escalier d'Honneur (Große oder Ehrentreppe)**
Treppen hatten geschnitzte Balustraden und verzierte Decken, wie hier in Chambord *(siehe S. 130–133)*. Die Treppe führte zu den Privat- und Gästezimmern.

1

**2 Galerien**
In den langen Korridoren, wie dem berühmten in Chenonceau *(siehe S. 106–109)*, trafen sich Schlossbesitzer und Gäste zu Gespräch und Unterhaltung. An den Wänden hingen oft Porträts.

2

**3 Haupträume**
Die Empfangsräume für hohe Gäste waren mit kostbaren Wandteppichen, Bildern, Möbeln und Dekor wie Holzvertäfelungen ausgestattet. Ein Schlafzimmer wie hier in Cheverny *(siehe S. 144)* stand ständig für den König bereit.

3

**4 Küchen**
Die Küchen befanden sich in der Regel im Keller oder separaten Gebäuden. Hier briet man ganze Tiere an riesigen Spießen, die sich mithilfe ausgeklügelter Mechanik drehten. In den oft dunklen Küchen glänzten Töpfe und Pfannen, wie etwa hier in Chenonceau *(siehe S. 106–109)*.

4

*Château de Chambord ist das wohl eindrucksvollste Renaissanceschloss im Loire-Tal* ↑

### Königlich speisen

Lassen Sie sich im Tal der Könige von der *joie de vivre* anstecken, und genießen Sie ein royales Mahl in einem Schloss. Üppige Menüs für Gruppen bietet das Château de Valençay *(siehe S. 158f)*. Seit dem 19. Jahrhundert gilt es als »Tempel der Kulinarik« – dank des Schlossherrn Charles-Maurice de Talleyrand-Périgord und dessen Küchenchef Carême, dem »König der Köche«. Oder Sie speisen im Le Jardin Secret des Château du Rivau *(siehe S. 116)* in einem dekorierten Gewächshaus.

→

*Tafel in königlichem Ambiente im Château de Cheverny*

# DAS LOIRE-TAL FÜR FOODIES

**Das Loire-Tal wird nicht nur wegen seiner vielen wunderbaren Gärten, sondern auch seiner Fülle an lokalem Obst und Gemüse als Frankreichs Garten bezeichnet. Angesichts der riesigen Auswahl an Produkten und der vielen regionalen Spezialitäten ist hier jede Mahlzeit ein Genuss.**

### Lokale Spezialitäten

Wochenmärkte sind auch hier ein zentraler Bestandteil des Lebens. Sie bieten Gelegenheit zu einem Pläuschchen und zu Kostproben lokaler Delikatessen, die häufig eine *appellation d'origine protégée* (geschützte Ursprungsbezeichnung) haben. Kosten Sie nach Belieben die Pastete *rillettes de Tours*, Kartoffeln von der Île de Noirmoutier (sehr gut zu Atlantik-Austern), den Ziegenkäse *crottin de Chavignol* und natürlich die berühmte *tarte tatin (siehe S. 145)*.

*Lebensmittelmarkt in einer Stadthalle aus dem 14. Jahrhundert*

## Vom Hof auf den Tisch

Frankreich ist die Wiege des *potager*, des Küchengartens, vor allem im Loire-Tal gibt es sie in großer Zahl. Den wohl ultimativen französischen Küchengarten besitzt das Château de Villandry *(siehe S. 110f)*. Wer gerne nascht, kann sich in den öffentlichen Gärten in Nantes *(siehe S. 192–195)* die eine oder andere Beere pflücken.

→

*Kunstvolle Beete im Küchengarten des Château de Valmer*

## Märkte

Die folgenden gehören zu den besten Märkten im Loire-Tal.

**Marché d'Amboise**
Toller Regionalmarkt.
E4 Centre Ville
Fr 8–13 (So bis 14)

**Marché des Blossières, Orléans**
Wunderbare Lebensmittel und lokale Produkte.
F3 Rue Charles le Chauve
Di 7:30–12:30

↑ *Beim Kochkurs im Le Sanglier Hirsute*

## Kochen, kosten und kreieren

Möchten Sie auf die Aromen des Loire-Tals auch daheim nicht verzichten? Dann lernen Sie die Geheimnisse der regionalen Küche in einem Kurs kennen. Kreieren Sie feine *pâtisserie* in der Villa MONIN in Bourges *(siehe S. 155)*, oder besuchen Sie im Le Sanglier Hirsute (www.lesanglierhirsute.fr) im Parc Naturel Régional de la Brenne einen Kochkurs.

### Geschichte erleben

Neugierig auf Entertainment wie in der Antike? Dann sollten Sie den Themenpark Puy du Fou *(siehe S. 202f)* besuchen. Dort finden täglich sechs historische Inszenierungen statt – von römischen Zirkusspielen bis zu Kriegsdramen in den Schützengräben von Verdun. Aktiv lässt sich Geschichte in der Commanderie d'Arville in Arville (www.commanderie-arville.com) nachvollziehen: Hier können Sie mittelalterliche Waffenkunde und Gesellschaftstänze lernen.

→

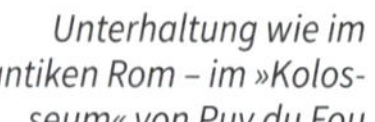

*Unterhaltung wie im antiken Rom – im »Kolosseum« von Puy du Fou*

# DAS LOIRE-TAL FÜR GESCHICHTSFANS

**Das Loire-Tal ist berühmt als »Tal der Könige« - aber auch »normale« Menschen haben die Region geprägt. Ob Sie Königsschlösser oder Ikonen des Industriezeitalters entdecken, das Schicksal von Soldaten oder der legendären Jeanne d'Arc nachvollziehen - im Loire-Tal tauchen Sie tief in die Geschichte ein.**

*Die berühmte* Espadon *im U-Boot-Museum von Saint-Nazaire* ↑

### Überragende Technik

Für Technikfans hat das Loire-Tal viel zu bieten. Wussten Sie zum Beispiel, dass das erste straßentaugliche Dampfauto hier gebaut wurde? Es heißt *L'Obéissante* und ist im Musée des 24 Heures in Le Mans *(siehe S. 171)* zur Automobilgeschichte zu bewundern. Ein Meisterwerk der Ingenieurskunst des 19. Jahrhunderts ist Gustave Eiffels Brückenkanal bei Briare *(siehe S. 148)*, der eine direkte Schiffsverbindung zwischen Loire, Seine und Rhône ermöglichte. Im ehemaligen U-Boot-Stützpunkt in Saint-Nazaire (www.saint-nazaire-tourisme.com) liegt mit der *Espadon* Frankreichs einziges U-Boot, das nördlich des Polarkreises auf Tauchstation ging.

### Jeanne d'Arc

Jeanne d'Arc wird im Loire-Tal zutiefst verehrt. Angetrieben durch Heiligen-Visionen zog sie 1429 durch die Region, einte die Franzosen und besiegte die Engländer bei Orléans. 1430 wurde sie der Häresie beschuldigt und auf dem Scheiterhaufen verbrannt. Später wurde sie vollständig rehabilitiert und 1920 als Märtyrerin heiliggesprochen. Dem Leben von Frankreichs Nationalheldin widmet sich die Maison de Jeanne d'Arc in Orléans *(siehe S. 128)*.

### Bedeutende Frauen

Außer Jeanne d'Arc haben weitere Frauen die Region geprägt. Zu ihnen zählt Éléonore d'Aquitaine, Königin von Frankreich und England, die in der Abbaye Royale de Fontevraud *(siehe S. 84f)* bestattet wurde. Im Château de Chenonceau *(siehe S. 106–109)*, das Frauen maßgeblich gestalteten, ließen Catherine de Médicis und Diane de Poitiers Gärten anlegen. Die eine war die Ehefrau, die andere die Mätresse von König Henri II.

← *Grabstätte von Éléonore d'Aquitaine in Anjou*

### Renaissance

Er war wohl der bedeutendste Renaissance-Gestalter an der Loire: König François I (reg. 1515–47), der – von der italienischen Renaissance inspiriert – hier seine glühende Leidenschaft für die Künste auslebte. Der König hinterließ prachtvolle Schlösser im italienischen Stil in Amboise *(siehe S. 121)* und Blois *(siehe S. 134–139)* sowie das grandiose Château de Chambord *(siehe S. 130–133)*. Das einstige Jagd- und Prunkschloss vereint italienische und französische Stilelemente und ist mit mehr als 400 Zimmern das wohl opulenteste Château der ganzen Region. Bei Touren durch die Schlösser können Sie die Stilentwicklungen der Renaissance direkt nachvollziehen.

↑ *Château de Chambord, der Inbegriff eines Renaissanceschlosses*

# DAS LOIRE-TAL FÜR FAMILIEN

**Das Loire-Tal ist keine Region für langweilige Familienausflüge. Hier reitet man stattdessen auf einem riesigen mechanischen Elefanten durch das Zentrum von Nantes, steigt auf märchenhafte Schlosstürme oder pflanzt Samen in einem Themenpark. Hier gibt es viel zu erleben, und nach einem Tag voller Abenteuer kann man mitten in der Natur in einem Baumhaus übernachten.**

*In der Domaine de la Roche Bellin schläft man in einem Baumhaus* ↓

## Spannende Hotels

In den ungewöhnlichen Hotels des Loire-Tals gehen Kinder gern ins Bett. Schlafen Sie in einem Baumhaus der Domaine de la Roche Bellin (www.hebergement-insolite-touraine.com) oder auf einem See in einer schwimmenden Hütte bei Echologia (www.echologia.com).

Expertentipp
**Lieber Show statt schlafen**

Lassen Sie Ihre Kinder zumindest einmal für eine der berühmten Son-et-Lumière-Shows (Sound-und-Lightshows; *siehe S. 44*) länger aufbleiben.

## Themenparks

Im Loire-Tal finden Sie keine üblichen Themenparks mit waghalsigen Achterbahnen. Stattdessen werden in den rekonstruierten Dörfern des Parks Puy du Fou *(siehe S. 202f)* so aufwendige wie spannende Vorführungen gezeigt. Der Themenpark Terra Botanica *(siehe S. 73)* entführt Sie in die Welt der Pflanzen und der Ökologie. Zu den Highlights gehören spektakuläre Shows, entspannte Fahrgeschäfte und lehrreiche Aktivitäten für Kinder (z. B. Gartentätigkeiten).

← *Im Puy du Fou wartet ein nostalgisches Karussel auf Passagiere*

## Les Machines - Le Grand Éléphant

Würden Sie gerne auf einem Elefanten durch eine Stadt reiten? In Nantes ist das möglich – auf dem Gelände von Les Machines de l'Île. Der zwölf Meter hohe und 21 Meter lange mechanische Elefant trägt bis zu 50 Passagiere gleichzeitig über die Île de Nantes. Die Konstruktion aus Holz und Stahl bringt Kinder zum Staunen und ihre Fantasie zum Blühen. Sie können in der Werkstatt Konstrukteuren bei der Arbeit zusehen.

## Märchenschlösser und -burgen

Mit seinen Châteaux ist das Loire-Tal der Stoff, aus dem Kinderträume sind. Märchenkönige treffen sie hier nicht, dennoch läuft die Fantasie der Kinder in den Türmen des Château d'Azay-le-Rideau *(siehe S. 112f)* und des Dornröschenschlosses Château d'Ussé *(siehe S. 117)* oder in den Verliesen der mittelalterlichen Burgen in Chinon *(siehe S. 122f)* und Loches *(siehe S. 120)* auf Hochtouren. Achten Sie auf mögliche Gespenster.

← *Das Château d'Ussé scheint einem Märchen entsprungen zu sein*

## Outdoor-Aktivitäten

Das Loire-Tal bietet sportliche Aktivitäten für alle. Beim Stand-Up Paddling in Tranche-sur-Mer hat die ganze Familie großen Spaß. Die flachen, ruhigen Radwege eignen sich perfekt für Touren, größere Kinder lieben dagegen das Mountainbiken in den Hügeln der Alpes Mancelles *(siehe S. 181)*.

↑ *Familie bei einer Radtour am Ufer der Loire*

### Streetart

Jenseits der Renaissance-Meisterwerke bietet die Region eine blühende zeitgenössische Kunstszene. Entdecken Sie Streetart in Tours, oder folgen Sie dem Estuaire Le Voyage à Nantes, einem öffentlichen Freilichtmuseum zwischen Nantes und Saint-Nazaire mit Objekten internationaler Künstler (www.estuaire.info). In Blois sollten Sie auf der Escalier Denis-Papin *(siehe S. 139)* auf Ihre Füße achten. Die 120 Stufen der Treppe scheinen nämlich verschwunden, wenn sie alljährlich in ein illusionistisches Kunstwerk verwandelt wird.

→ *Die Escalier Denis-Papin in Blois wird alljährlich zu einem Kunstwerk*

# KUNST UND KULTUR
## IM LOIRE-TAL

**Das Loire-Tal ist seit Jahrhunderten eine Inspiration für Schriftsteller und Künstler, viele haben hier ihre berühmtesten Werke geschaffen. Tauchen Sie ein in die Welt literarischer Größen wie George Sand und Marcel Proust, oder lassen Sie sich im zauberhaften Creuse-Tal, dem »Tal der Maler«, von der Muse küssen.**

### TOP 3 Orte für Son et Lumière

**Château Royal de Blois**
Ob Regen oder Sternenhimmel, die Fassade zieren immer Spezialeffekte *(siehe S. 136f)*.

**Puy du Fou**
Mit 2500 Darstellern ist die hiesige La Cinéscénie die wohl größte Nachtshow der Welt *(siehe S. 202f)*.

**Château de Chambord**
Hier entstanden die spektakulären Son-et-Lumière-Shows, heute sind Chambords Illuminationen zurückhaltender *(siehe S. 130–133)*.

### Showtime im Loire-Tal

Das Loire-Tal ist auch eine Region für erstklassige Kulturveranstaltungen – seien es Zaubershows in der Maison de la Magie Robert-Houdin in Blois *(siehe S. 134)* oder hochkarätige Opernabende im Théâtre Graslin in Nantes *(siehe S. 192)*. Im Sommer wird in einigen Orten in Anjou das Festival d'Anjou (www.festivaldanjou.com), das größte Kulturfest der Region, veranstaltet.

→ *Zauberhafte Welt der Illusionen in der Maison de la Magie Robert-Houdin*

## Große Meister

Angesichts der herrlichen Landschaft ist es leicht zu verstehen, warum das Loire-Tal so viele Künstler inspiriert(e). Oft zieren Meisterwerke die hiesigen Kirchen – von Fresken wie *Les Anges Musiciens* aus dem 14. Jahrhundert in der Chapelle de la Vierge in Le Mans bis zu den modernen Wandbildern des bolivianischen Künstlers Jorge Carrasco in der Kirche von Le Menoux. Im Château du Clos-Lucé *(siehe S. 121)*, wo Leonardo da Vinci seine letzten Lebensjahre verbrachte, sind Modelle von Erfindungen der Universalgenies zu sehen.

← *Farbintensive Deckenmalerei in einer Kirche in Le Mans*

## Ein wandernder Schriftsteller

Franzosen verbinden Wanderungen an der Loire häufig mit dem bekannten Schriftsteller Julien Gracq (1910–2007), der in St-Florent-le-Vieil *(siehe S. 86)* zwischen Angers und Nantes am Südufer der Loire lebte. Viele seiner Bücher laden dazu ein, das Loire-Tal zu Fuß zu erkunden. *Die Halbinsel* spielt in der Region Guérande, *Die engen Wasser* erinnern an den Fluss Èvre, der bei St-Florent-le-Vieil in die Loire mündet, *Die Form einer Stadt* ist ein Porträt der Stadt Nantes, in der Julien Gracq zur Schule ging und als Lehrer tätig war.

## Literaturgrößen

Das Loire-Tal inspirierte Schriftsteller wie Jules Verne, Honoré de Balzac und Alain-Fournier. Besuchen Sie Orte, die große Literatur prägten, wie Balzacs Lieblingsschloss Château de Saché in Saché *(siehe S. 118)*, folgen Sie berühmten Büchern wie etwa Alain-Fourniers *Der große Meaulnes*, das in der Sologne spielt *(siehe S. 145)*, oder besichtigen Sie George Sands *(siehe S. 158)* Häuser in Nohant und Gargilesse.

↑ *George Sands Maison de Nohant*

**Radfahren**
Mit einem rund 5000 Kilometer langen Netz an Radwegen ist das Loire-Tal ein wahres Radlerparadies. Hier findet man außer der bekannten Route La Loire à Vélo *(siehe S. 211)* auch an anderen Flüssen viele idyllische Strecken. Die 460 Kilometer lange Route Châteaux à Vélo verbindet Radfahren mit Geschichte und führt zu berühmten Schlössern. Achten Sie auf Schilder mit der Aufschrift *Accueil Vélo*, das für Radfahrer geeignete Hotels, Pensionen und Campingplätze kennzeichnet.

→

*Blick über die Loire auf Angers und sein imposantes Château*

# OUTDOOR-AKTIVITÄTEN
## IM LOIRE-TAL

**Trotz der zahllosen Schlösser ist die Hauptdarstellerin der Region doch die Loire selbst. Die Binnengewässer und der Atlantik ermöglichen vielfältige Aktivitäten. Doch damit nicht genug: Jenseits des Wassers führen herrliche Wanderwege und ein dichtes Netz an Radwegen durch malerische Landschaften.**

**Auf dem Wasser**
Gehen Sie aufs Wasser, und surfen Sie in den mächtigen Atlantikwellen vor Les Sables-d'Olonne *(siehe S. 199)*. Wer es hingegen etwas entspannter angehen möchte, paddelt mit dem Kanu auf der Loire und ihren Nebenflüssen durch idyllische Landschaften oder unternimmt in einem Ausflugsboot eine Loire-Tour.

*Mit dem Kanu auf einem der vielen Wasserwege bei Angers*

## Schon gewusst?

**In den Tourpässen von La Loire à Vélo können Sie Ihre Strecken verzeichnen und abstempeln lassen.**

### La Loire à Vélo

Der großartige Radwanderweg führt über rund 900 Kilometer auf sicheren Straßen und Wegen von Cuffy im Südosten der Region bis zum Atlantik. Die meist autofreien und vorwiegend flachen Strecken mit nur sanften Steigungen sind für Radfahrer aller Leistungsstufen geeignet. In vielen Orten entlang der Route können Sie Fahrräder ausleihen. Zwischen Juni und September transportieren Züge in speziellen Waggons Räder kostenlos.

### Zu Fuß

Von schönen Spazierrouten durch Stadtzentren bis zu Wanderungen durch traumhafte Landschaften bietet das Loire-Tal alles. Folgen Sie der Loire auf dem Wanderweg GR3 (Grande Randonnée), wandern Sie in Les Alpes Mancelles *(siehe S. 181)* in den Bergen, durch die Wälder und an Flussufern, oder folgen Sie in Nantes *(siehe S. 192–195)* der Grünen Linie zu historischen Sehenswürdigkeiten.

→ *Wanderer bei einer Kapelle in Les Alpes Mancelles*

### Wildtiere beobachten

Das Loire-Tal ist ein Naturparadies mit Reservaten, ausgedehnten Wäldern und einer reichen Tierwelt. Erkunden Sie mit griffbereitem Fernglas das Feuchtgebiet Marais Poitevin *(siehe S. 196f)* oder den Parc Naturel Régional de la Brenne *(siehe S. 159)* mit seinen rund 100 000 Sumpfschildkröten. In vielen Parks stellt ein Besucherzentrum die Tierwelt vor.

← *Eine Schnatterente im Parc Naturel Régional de la Brenne*

# Wandern im Loire-Tal

Am besten folgt man »Frankreichs sinnlichstem Fluss«, wie Flaubert die Loire nannte, zu Fuß. Die ganze Region durchziehen sowohl Fernwanderwege (*Grandes Randonnées*; GR) als auch kürzere Rundrouten (*Grandes Randonnées de Pays*; GRdP). Jeder GR-Weg ist anhand seiner Nummer leicht zu identifizieren. Der GR3 zum Beispiel begleitet die Loire von der Quelle bis zur Mündung. Informationen zum Wandern im Loire-Tal erhalten Sie bei der Fédération Française de la Randonnée Pédestre (www.ffrandonnee.fr).

**Legende**

- Grande Randonnée de Pays
- Grande Randonnée

← *Spaziergängerin in einem dichten Laubwald*

Der **GR36** führt durch die Täler von Sarthe und Mayenne in den Alpes Mancelles.

Spazieren Sie durch den Park **Les Folies Siffait** bei Le Cellier.

## Routenmarkierungen

Alle Wege sind mit Markierungen gekennzeichnet, die an Bäume oder auf Felsen gemalt sind. Die verschiedenen Routen sind anhand der Farben zu erkennen: Rot-Weiß verweist auf eine *Grande Randonnée* (GR), Gelb-Rot auf einen regionalen Wanderweg *(Grande Randonnée de Pays)*, eine einfarbige (meist gelbe) Markierung auf lokale Routen und Spazierwege *(Promenade et Randonnées)*.

Der **GR3** folgt der Loire auf ihrer ganzen Länge und ist mit anderen Routen verknüpft.

*Weinberge im berühmten Anbaugebiet Sancerrois* ↑

Der **GR3C**, eine Variante des GR3, verläuft durch die waldreiche Sologne *(siehe S. 145)*.

Der **GR31** im Sancerrois bei Sancerre *(siehe S. 163)* führt durch Weißweingebiete.

# DAS JAHR IM LOIRE-TAL

## Januar

△ **Premiers Plans** *(letzte Woche im Jan)*. Angers' Filmfest feiert europäische Spiel-, Kurz- und Animationsfilme von aufstrebenden Regisseuren.

## Februar

△ **La Folle Journée** *(1. Woche im Feb)*. Das Klassikfestival von Weltrang in Nantes steht jedes Jahr unter einem anderen Motto.

## Mai

△ **Fêtes de Jeanne d'Arc** *(Anfang Mai)*. Zehn Tage lang feiert Orléans die Befreiung der Stadt durch Jeanne d'Arc.

**La Route de la Rose en Fête** *(Mitte Mai – Mitte Juni)*. Jedes Wochenende finden in den fantastischen Rosengärten des Départements Loiret kulturelle Veranstaltungen statt.

## Juni

△ **Les 24 Heures du Mans** *(2. Wochenende im Juni)*. Ein Härtetest für Autos und Fahrer und eines der prestigeträchtigsten Autorennen der Welt, das jedes Jahr 300 000 Fans anzieht.

**Trail de Sancerre** *(Mitte Juni)*. Eine unterhaltsame Reihe von Laufwettbewerben für alle Altersstufen durch die Weinberge bei Sancerre.

## September

△ **Festival de Loire** *(3. Woche im Sep)*. Das Festival der Flussschifffahrt in Orléans bietet Vorführungen, Shantys, Regatten und historische Boote.

**Festival de la Tomate** *(2. Wochenende im Sep)*. Im Château de la Bourdaisière spielt die Tomate die Hauptrolle bei Kochvorführungen, Workshops und Verkostungen.

## Oktober

△ **Mondial du Lion** *(Mitte Okt)*. Der Vielseitigkeitswettbewerb in Le Lion-d'Angers ist ein Top-Event im Pferdesport.

**Celtomania** *(Okt – Nov)*. Das keltische Kulturfestival in Nantes unterhält mit Konzerten, Ausstellungen und Tanzdarbietungen.

## März

△ **Hanami-Kirschblütenfest** *(Mitte März)*. Das japanische Kirschblütenfest wird im Parc Oriental de Maulévrier gefeiert.

**Carnaval de Nantes** *(Ende März–Anfang Mai)*. Beim Carnaval, der bis in das 15. Jahrhundert zurückreicht, ziehen Festwagen, Tanzgruppen und Kapellen durch Nantes.

## April

△ **Festival International des Jardins** *(Apr–Ende Okt)*. Der Schaugärten-Wettbewerb mit zentralem Jahresthema findet in der Domaine de Chaumont-sur-Loire statt.

**Le Printemps de la Sardine** *(Mitte Apr)*. Saint-Gilles-Croix-de-Vie feiert den für das Städtchen bedeutenden Fisch mit kulinarischen Workshops, Tänzen und Führungen.

## Juli

△ **Anjou Vélo Vintage** *(1. Wochenende im Juli)*. Retro-Radwochenende mit Fahrten an der Loire und durch die Weinberge des Anjou.

**Foire à l'Ail et au Basilic** *(26. Juli)*. Das jährliche Knoblauch- und Basilikumfest in Tours reicht bis ins Mittelalter zurück.

**24H Rollers** *(1. Wochenende im Juli)*. Rollerskater drehen auf dem berühmten Circuit du Mans 24 Stunden lang ihre Runden.

## August

**Festival de Montoire** *(2. Woche im Aug)*. Das internationale Folklorefest in Montoire-sur-le-Loir wird seit mehr als 50 Jahren veranstaltet.

△ **Festival DARC** *(Mitte Aug)*. Das populäre Festival in Châteauroux widmet sich Tanz, Kunst, Rhythmus und Kultur.

## November

△ **Start der Vendée Globe** *(2. Woche im Nov)*. Die berühmte Segelregatta rund um den Erdball startet und endet in Les Sables-d'Olonne. Sie findet alle vier Jahre statt (nächster Termin 2028).

**bd BOUM** *(3. Wochenende im Nov)*. Zu dem kostenlosen Comicfest in Blois gehören Ausstellungen und eine Buchmesse.

## Dezember

△ **La magie de Noël** *(Dez)*. Den ganzen Dezember über bieten viele Schlösser in Centre-Val de Loire weihnachtlichen Zauber mit Lichtern, Dekorationen, Essen und Veranstaltungen.

# KURZE GESCHICHTE

**Von der Antike bis in die Neuzeit spielte das Loire-Tal stets eine Schlüsselrolle in Frankreichs Geschichte. Das Gebiet war Zentrum der französischen Renaissance, Residenz französischer und englischer Könige sowie Schauplatz zahlloser Kriege und Aufstände. All dies prägte seinen besonderen Charakter.**

### Jungsteinzeit und römische Ära

Von einer Besiedlung in der Altsteinzeit zeugen Relikte von Bauernhöfen aus der Zeit um 5000 v. Chr., aus der Jungsteinzeit sind einige der größten neolithischen Gräber in Frankreich erhalten geblieben. In Bronze- und Eisenzeit siedelten sich Kelten in der Region an und gründeten Städte entlang der Loire. Nach der Eroberung durch die Römer unter Julius Caesar im Jahr 51 v. Chr. wurden die keltischen Stämme unterworfen, es begann eine rund 300 Jahre währende Blütezeit. Nach dem Untergang des Römischen Reichs fielen Westgoten aus dem Süden und Franken aus dem Norden in die Region ein.

1 *Julius Caesars Invasion in Gallien* ↑

2 *Mittelalterliche Karte von Angers*

3 *Château de Langeais, Stich*

4 *Jeanne d'Arc wird 1431 auf dem Scheiterhaufen verbrannt.*

*Chronik*

*2500 v. Chr.*
An der Loire entstehen neuartige neolithische Grabkammern

*um 150 n. Chr.*
Römisches Amphitheater in Gennes

*um 550*
Erster Nachweis für Weinanbau in der Loire-Region

*768–784*
Frankenkönig Karl der Große erobert das Loire-Tal

2

3

4

## Frühes Mittelalter

Im Jahr 507 n. Chr. griffen Franken die Westgoten an, doch keine Gruppe errang die Vorherrschaft. In der Folgezeit kam die Region nicht zur Ruhe. Mächtige Adlige wie Foulques Nerra von Anjou errichteten Festungen zur Verteidigung. Aus diesen Anlagen entstanden später viele Schlösser. Die englischen Könige des Hauses Plantagenet erlangten im 12. Jahrhundert durch Heirat die Macht über das Anjou, das der französische König Louis IX 1204 wieder unter die Kontrolle Frankreichs brachte.

## Der Hundertjährige Krieg

Der zerstörerische Krieg zwischen Frankreich und England dauerte mit Unterbrechungen von 1337 bis 1453. Mit der Belagerung von Orléans durch die Engländer im Jahr 1428 geriet die Loire-Region in den Mittelpunkt eines Kampfes, in dem Frankreich fürchten musste, zwischen England und Burgund aufgeteilt zu werden. Doch Jeanne d'Arc *(siehe S. 41)* mobilisierte die französische Gegenwehr. Ihr Märtyrertod 1431 trug dazu bei, dass die Franzosen wieder erstarkten und die englischen Truppen besiegten.

### Die Belagerung von Orléans

Im Hundertjährigen Krieg belagerten englische Truppen Orléans ab Oktober 1428. Anfang 1429 scheiterten französische Versuche zur Befreiung der Stadt. Erst als Jeanne d'Arcs Truppen am 30. April in Orléans eindrangen, mussten die Engländer die Belagerung innerhalb von zehn Tagen beenden. Dies markierte einen Wendepunkt in dem Krieg.

*1128*

In Le Mans heiraten Geoffrey Plantagenet und Matilda, die Tochter des englischen Königs Henry I

*1154*

Henry Plantagenet besteigt als Henry II den englischen Thron

*1337*

König Philippe VI konfisziert englischen Besitz in Guyenne und löst den Hundertjährigen Krieg aus

*1429*

Jeanne d'Arc beendet die englische Belagerung von Orléans

1

2

## Renaissance

Am Anfang dieser Epoche standen wohl die Italienischen Kriege, die Charles VIII, Louis XII und François I von 1494 bis 1525 führten. Durch sie lernten sie Italiens Kunst und Architektur kennen, die das Loire-Tal veränderten: Festungen wurden zu Palästen, in Chenonceau und Chambord entstanden Schlösser im italienischen Stil, die Höfe in Amboise und Blois wurden zum Zentrum der kulturellen französischen Renaissance. François I förderte viele Künstler, darunter Leonardo da Vinci, der seine letzten Lebensjahre in der Region verbrachte.

## Religionskriege

Nach dem Tod von François I wurde die Loire 40 Jahre lang von Kriegen heimgesucht, wobei die aufeinander folgenden Könige und die regierende Königinmutter Catherine de Médicis versuchten, Kämpfe zwischen Katholiken und Protestanten zu verhindern. In den Religionskriegen, die 1562 begannen, erlebte die Region Schlachten, Massaker und Verwüstungen. 1576 tagten die gesetzgebenden Generalstände im Schloss von Blois, konnten aber nicht für dauerhaften Frieden sorgen.

### Leonardo da Vinci

Als Leonardo da Vinci von François I nach Frankreich eingeladen wurde, wohnte er im Manoir du Cloux, dem heutigen Château du Clos-Lucé, in der Nähe des Königsschlosses. Da Vinci bewahrte dort drei Gemälde auf, die er aus Italien mitgebracht hatte: *Anna selbdritt, Johannes der Täufer* und *Mona Lisa*. All diese drei Gemälde sind heute im Louvre in Paris ausgestellt.

## *Chronik*

*1508*
Louis XII baut Blois zu einem Zentrum der Renaissance aus

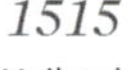

*1515*
François I erobert Mailand und bringt italienische Künstler an die Loire

*1519*
Leonardo da Vinci stirbt im Château du Clos-Lucé

*1547*
Henri II übergibt Chenonceau an Diane de Poitiers

3

4

1594 stand das Loire-Tal erneut im Mittelpunkt des Interesses: Henri IV, der zum Katholizismus konvertiert war und die Religionskriege beendet hatte, wurde in Chartres gekrönt. 1598 wurde das Edikt von Nantes erlassen, das den Protestanten religiöse Toleranz gewährte. In den folgenden Jahren verlor die Region jedoch ihre zentrale politische Bedeutung, da sich das Zentrum des Hoflebens nach Paris verlagerte.

## Revolution und Aufstand

Während der Französischen Revolution wurden ab 1789 viele Schlösser, Weinberge und religiöse Gebäude wegen ihrer Verbindung mit dem Königshaus und den Landbesitzern zerstört. Ein Großteil der Region unterstützte die Revolution, doch die konservative Vendée lehnte die neue Republik ab. Auch aus Empörung über die Hinrichtung von König Louis XVI kam es 1793 zum Vendée-Aufstand *(siehe S. 200)* gegen die Republik, der sich auf Saumur und weitere Städte des Anjou ausweitete. Die Rebellion wurde Ende 1793 niedergeschlagen, die Anklagen zogen sich noch über Jahre, und viele Aufständische wurden hingerichtet.

**1** *Hochzeit von Charles VIII und Anne de Bretagne* ↑

**2** *Die Italienischen Kriege inspirierten die französischen Könige.*

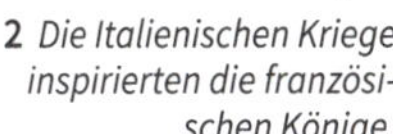

**3** *Leonardo da Vinci präsentiert die* Mona Lisa.

**4** *Aufständische aus der Vendée greifen Nantes an.*

*1562*
Die Religionskriege beginnen mit heftigen Schlachten an der Loire

*1598*
Das Edikt von Nantes gewährt Protestanten religiöse Toleranz

*1685*
Aufhebung des Edikts von Nantes, Hugenotten fliehen aus Saumur

*1707*
Nantes wird Frankreichs Haupthafen für den transatlantischen Sklavenhandel

*1793*
Aufstand in der Vendée

1

2

↑ *Königliche Gräber in der renovierten Abbaye Royale de Fontevraud*

## Wachstum und Wohlstand

Die Region blieb agrarisch geprägt, erlebte aber im 19. Jahrhundert bedeutende Entwicklungen in Technik und Industrie. 1846 wurde die Zugstrecke von Paris nach Tours fertiggestellt, 1873 in Le Mans das erste Dampfauto gebaut. Ab 1896 ermöglichte Gustave Eiffels Brückenkanal über die Loire bei Briare die direkte Verbindung mit Paris. Menschen und Waren konnten nun viel schneller transportiert werden, Fluss- und Seehandel boomten – vor allem in Nantes. Die neuen eleganten Stadthäuser dort wurden oft mit Vermögen aus der Plantagenwirtschaft und dem damit verbundenen Sklavenhandel erbaut.

## Das 20. Jahrhundert

Anders als viele andere Gebiete in Frankreich überstand das Loire-Tal den Ersten Weltkrieg relativ unbeschadet. In der Folge wuchs die Industrie in vielen Städten an, der Schiffbau erlebte in den 1920er Jahren in Nantes und Saint-Nazaire einen Höhepunkt. Im Zweiten Weltkrieg besetzten 1940 deutsche Truppen die Region, die bis zur Befreiung zwischen dem besetzten und dem freien Teil Frankreichs entlang des Cher aufgeteilt war.

### *Chronik*

*1846*
Erste Zugverbindung von Paris nach Tours

*1873*
In Le Mans wird mit *L'Obéissante* das erste Dampfauto gebaut

*1908*
Wilbur Wright unternimmt Testflüge bei Le Mans

*1914*
Der aus dem Loire-Tal stammende Schriftsteller Alain-Fournier fällt im Ersten Weltkrieg

*1923*
Erstes 24-Stunden-Rennen in Le Mans

Nach der Invasion in der Normandie kam es im Loire-Tal zu heftigen Gefechten. Die Brücken, insbesondere die über die Loire, waren schwer umkämpft. Nach dem Krieg erholte sich die Region allmählich, bis ab den 1960er Jahren der Tourismus neben Industrie und Landwirtschaft zum dritten wirtschaftlichen Standbein wurde. Private Schlösser wurden nach und nach öffentlich zugänglich. Der Staat finanzierte umfangreiche Restaurierungen wie etwa der Abbaye Royale de Fontevraud.

1 *Holzstich des Hafens von Nantes* ↑

2 *Die beschädigte Eisenbahnbrücke in Orléans*

3 *Weinlese bei Bourgueil*

4 *Radtour durch Weinberge auf dem La Loire à Vélo*

## Das Loire-Tal heute

Heute florieren in der Region Industrie, Weinbau, Gastronomie und Tourismus. Seit dem Jahr 2000 gehört ein 280 Kilometer langer Abschnitt des Loire-Tals zum UNESCO-Welterbe. Die Region zelebriert ihre Geschichte, ist aber auch zukunftsorientiert. Sie fördert achtsamen Tourismus und Slow Travel und versucht, Nachhaltigkeit und Artenvielfalt zu verbessern. Initiativen wie etwa der rund 900 Kilometer lange Radweg La Loire à Vélo und weiterer Ausbau der Infrastruktur zahlen sich aus. Angers und Nantes gehören heute zu den Spitzenreiterinnen unter Frankreichs umweltfreundlichen grünen Städten.

### Schon gewusst?

**Die weltweit erste Son-et-Lumière-Show fand 1952 im Château de Chambord statt.**

*1940*

Der deutsche Vormarsch zwingt die provisorische Regierung zum Umzug nach Tours

*1989*

In Les Sables-d'Olonne staret die erste Weltumsegelungsregatta Vendée Globe

*2000*

Ein Abschnitt des Loire-Tals wird zum UNESCO-Welterbe erklärt

*2002*

In Saint-Nazaire beginnt der Bau des Transatlantikliners *Queen Mary 2*

*2022*

Vor Saint-Nazaires Küste läuft der erste Offshore-Windpark

*Blick über die Loire und Tours* (siehe S. 98–105)

# Flusspanoramen entlang der Loire

Als natürlicher Weg in das Herz von Frankreich wurde die Loire schon in frühester Zeit befahren: An ihren Ufern hat man Überreste prähistorischer Boote gefunden. Später diente der Fluss den Kelten und Römern als viel genutzte Handelsroute.

Zwischen dem 17. und dem 19. Jahrhundert wurde das französische Kanalnetz ausgebaut. Es verknüpfte bald den Hafen von Nantes mit Paris und dem Norden des Landes und steigerte somit auch die Bedeutung der Loire. Sie blieb ein Haupttransportweg, bis schließlich im 19. Jahrhundert die Eisenbahn dem Schiffsverkehr starke Konkurrenz machte.

Die – mitunter überaus gefährlichen – Launen der Loire versuchte man bereits sehr früh zu zähmen, so bereits im 12. Jahrhundert durch Dämme. Doch trotz anhaltender Regulierungsmaßnahmen strömt der Fluss auch im Oberlauf noch weitgehend wild dahin: Hochwasser, Vereisungen, Treibsand und reißende Strömungen zählen zum Erscheinungsbild.

Für den Transport von Waren wird die 1020 Kilometer lange Loire jedoch nicht mehr genutzt. Heute beleben Ausflugsschiffe den Fluss oberhalb von Nantes. Eine Schifffahrt ist ein Erlebnis, das Ihnen den Fluss und die Landschaft beiderseits der Ufer aus ungewöhnlichen Blickwinkeln zeigt.

# Flusspanorama: Tours bis Nevers

An diesem Abschnitt ist das Loire-Tal wahrhaft königlich. Auf dem Weg durch die Touraine, das Blésois und das Orléanais zieht der Fluss an vielen Renaissanceschlössern vorbei. Einige, so die Châteaux von Chaumont, Amboise und Gien, verbergen ihre Hofgärten und aufwendig dekorierten Innenfassaden hinter wehrhaften Mauern. In der Touraine fallen Weinberge sanft zum Fluss ab, während sich im Hinterland Wälder, einst Jagdreviere von Königen und Höflingen, erstrecken.

**Beaugencys** mächtiger Bergfried *(siehe S. 144f)* stammt aus dem 11. Jahrhundert.

**Blois** *(siehe S. 134–139)* war eine bedeutende Residenz.

Das **Château de Langeais** *(siehe S. 114f)* aus dem 15. Jahrhundert ist noch mit originalem Mobiliar ausgestattet.

Beaugency

Blois

Chambord

Loire

Chaumont-sur-Loire

Tours

Amboise

Langeais

Cher

Indre

Die Terrasse des **Château de Chaumont** *(siehe S. 142)* bietet einen weiten Blick über den Fluss.

Das **Château Royal d'Amboise** *(siehe S. 121)* diente mehreren Königen als Residenz.

**Tours** *(siehe S. 98–105)* liegt an einem seit langer Zeit bedeutenden Flussübergang. Die Altstadtstraßen säumen Häuser aus dem 15. Jahrhundert.

Die ungewöhnliche, 44 Meter hohe **Pagode de Chanteloup** ist der einzige Überrest eines schönen Schlosses.

0 Kilometer 50

N

→

*Bogenreiche Brücke über die Loire in Blois*

## Loire-Brücken

Seit der Antike überspannen Brücken die Loire – bei Orléans seit 52 n. Chr. Angesichts der heute zahlreichen Möglichkeiten zur Überquerung des Flusses kann man sich kaum die Situation im Mittelalter vorstellen, als nur fünf Übergänge existierten. An den Brücken lässt sich die Entwicklung der Baukunst ebenso nachvollziehen wie die Historie der Region und ihrer Verbindungen.

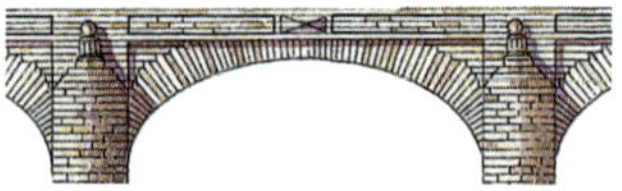

### Tours

Diese im 18. Jahrhundert erbaute und 434 Meter lange Brücke machte die Route Nationale zur Hauptverkehrsader und ersetzte damit die alte Straße zwischen der Kathedrale und der Altstadt von Tours.

Die **Abbaye de St-Benoît** besitzt eine der schönsten romanischen Klosterkirchen Frankreichs.

Orléans

St-Benoît-sur-Loire

Sully-sur-Loire

Loire

Gien

Briare

Léré

Cosne-Cours-sur-Loire

La Charité-sur-Loire

Loire

Tours bis Nevers

**Zur Orientierung**

**Orléans** *(siehe S. 128f)* liegt an einer Biegung der Loire nach Süden und wurde einst von Jeanne d'Arc befreit.

Der **Canal de Briard** *(siehe S. 148)* führt über die Loire.

Der Wassergraben des **Château de Sully-sur-Loire** (14. Jh.) wird von der Sange gespeist.

Von den Terrassen des **Château de Gien** aus dem 15. Jahrhundert *(siehe S. 148f)* reicht der Blick über den Fluss und auf Giens Brücke aus dem 16. Jahrhundert.

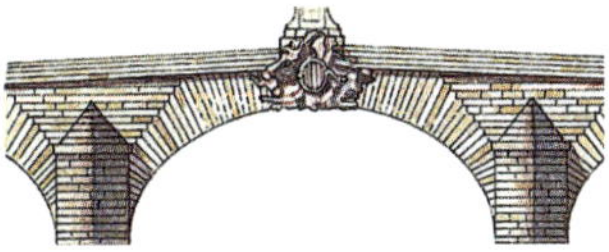

## Blois

Bei der Errichtung (1716–24) dieser Brücke, Nachfolgerin einer von einem Schiff gerammten und zerstörten Brücke, legte man hohe technische Maßstäbe zum Schutz gegen Hochwasser und Frost an.

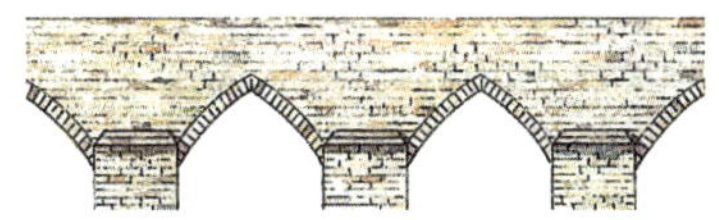

## Beaugency

Da man Beaugencys alte Holzbrücke aus dem 12. Jahrhundert nach und nach zur Steinbrücke ausgebaut hat, erkennt man unterschiedliche Stile. Die ältesten Elemente datieren aus dem 14. Jahrhundert.

# Flusspanorama: Saint-Nazaire bis Montsoreau

Nach Verlassen der Touraine, auf ihrem Weg durch Anjou und das Département Loire-Atlantique, verbreitert sich der Flusslauf der Loire. Immer schneller strömt sie nun dem Atlantik zu. Viele Nebenflüsse lassen ihre Wasser anschwellen. Einige davon folgen ihr dicht, um kleine und große Inseln herum, andere kommen aus dem Norden und Süden herbei. Diese Gegend ist reich an Baudenkmälern: Hier findet man unter anderem mittelalterliche Burgen und den Dolmen von Bagneux, die größte dieser jungsteinzeitlichen Grabkammern.

**Zur Orientierung**

Von **Champtoceaux** auf einem 80 Meter hohen Felsen hat man einen fantastischen Panoramablick.

In **Saint-Nazaire** *(siehe S. 199)* mündet die Loire in den Atlantik. Die markante Brücke bildet die westlichste Flussüberführung.

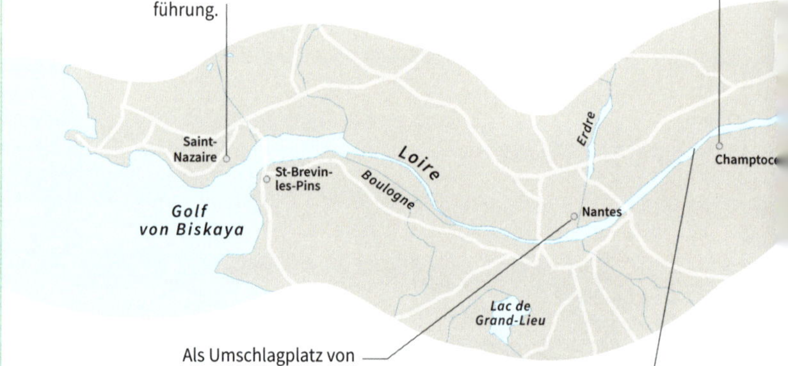

Als Umschlagplatz von See- und Binnenschifffahrt war **Nantes** im 18. und 19. Jahrhundert eine blühende Hafenstadt.

Die Brückenzollstation **Péage Fortifié du Cul-du-Moulin** aus dem 13. Jahrhundert ist eine der wenigen, die in Frankreich noch erhalten sind.

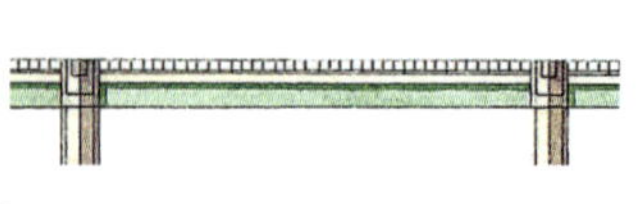

**Jargeau**

Die Brücke wurde im 19. Jahrhundert durch eine hölzerne Hängebrücke ersetzt. Dieser folgte nach 1920 eine – im Zweiten Weltkrieg vernichtete – Stahlbrücke. Die heutige Brücke wurde 1988 fertiggestellt.

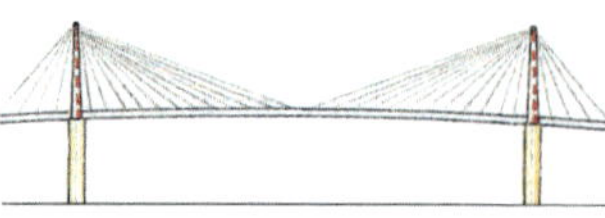

**Saint-Nazaire**

Die 3356 Meter lange Brücke von Saint-Nazaire ist eine der längsten in Frankreich. Vor der Eröffnung 1975 fuhr man mit Fähren über die Flussmündung – die nächstgelegene Brücke stand in Nantes.

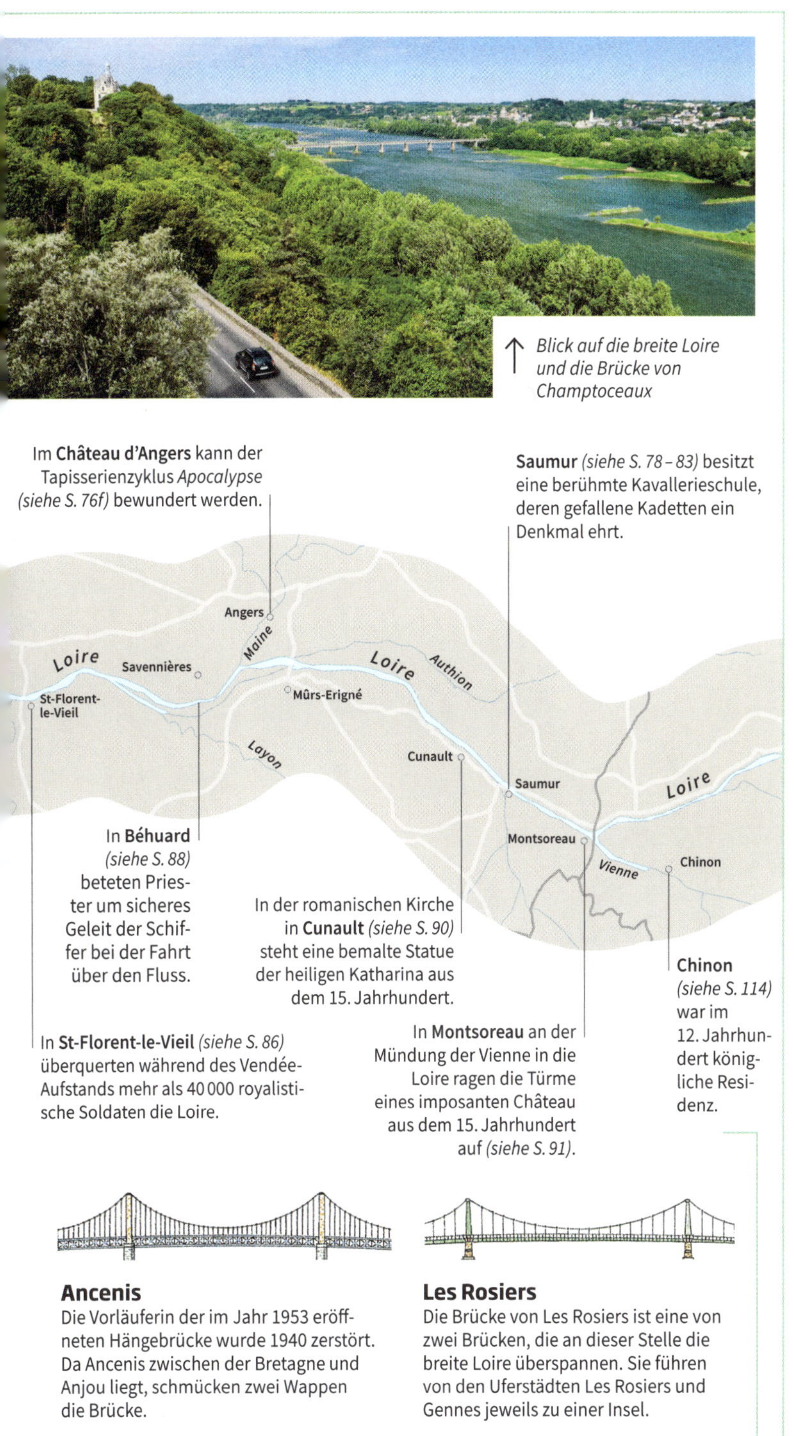


↑ *Blick auf die breite Loire und die Brücke von Champtoceaux*

Im **Château d'Angers** kann der Tapisserienzyklus *Apocalypse* *(siehe S. 76f)* bewundert werden.

**Saumur** *(siehe S. 78 – 83)* besitzt eine berühmte Kavallerieschule, deren gefallene Kadetten ein Denkmal ehrt.

In **Béhuard** *(siehe S. 88)* beteten Priester um sicheres Geleit der Schiffer bei der Fahrt über den Fluss.

In der romanischen Kirche in **Cunault** *(siehe S. 90)* steht eine bemalte Statue der heiligen Katharina aus dem 15. Jahrhundert.

**Chinon** *(siehe S. 114)* war im 12. Jahrhundert königliche Residenz.

In **St-Florent-le-Vieil** *(siehe S. 86)* überquerten während des Vendée-Aufstands mehr als 40 000 royalistische Soldaten die Loire.

In **Montsoreau** an der Mündung der Vienne in die Loire ragen die Türme eines imposanten Château aus dem 15. Jahrhundert auf *(siehe S. 91)*.

## Ancenis

Die Vorläuferin der im Jahr 1953 eröffneten Hängebrücke wurde 1940 zerstört. Da Ancenis zwischen der Bretagne und Anjou liegt, schmücken zwei Wappen die Brücke.

## Les Rosiers

Die Brücke von Les Rosiers ist eine von zwei Brücken, die an dieser Stelle die breite Loire überspannen. Sie führen von den Uferstädten Les Rosiers und Gennes jeweils zu einer Insel.

# DAS LOIRE-TAL
# **ERLEBEN**

Historisches Flair in Beaugency

*Château de Montsoreau* (siehe S. 91)

# Anjou

Durch die weiten Ebenen des Anjou zieht sich ein weitverzweigtes Flussnetz, das die Basis für die überaus ertragreiche Agrarnutzung der Region bildet. Das Anjou liefert die schmackhaftesten Obst- und Gemüsesorten des Loire-Tals und ist zudem ein bedeutendes Weinbaugebiet. Aus hier produzierten edlen Tropfen keltert man auch die Schaumweine von Saumur und St-Cyr-en-Bourg.

Um Angers und Saumur stehen die berühmtesten Schlösser der Region. Der Kalkstein (Kalktuff), den man zum Bau der meisten Anwesen verwandte, prägt in optischem Einklang mit Schieferdachplatten die Anjou-Architektur. Der Abbau von Kalktuff hinterließ Hunderte von Höhlen. Viele davon dienen der Pilzzucht, aber auch als Weinkeller, Lagerhäuser oder sogar Behausungen.

Das Anjou spielte eine herausragende Rolle in den Machtkämpfen der mittelalterlichen Herrscherhäuser. Bereits damals war Angers das Zentrum der Region: Die Stadt mit ihrer dominanten Festung war Feudalsitz der Plantagenets. Einer von ihnen, Henri von Anjou, wurde als Henry II König von England. Noch heute ist die beiderseits der Maine gelegene Universitätsstadt das Verwaltungszentrum des Anjou.

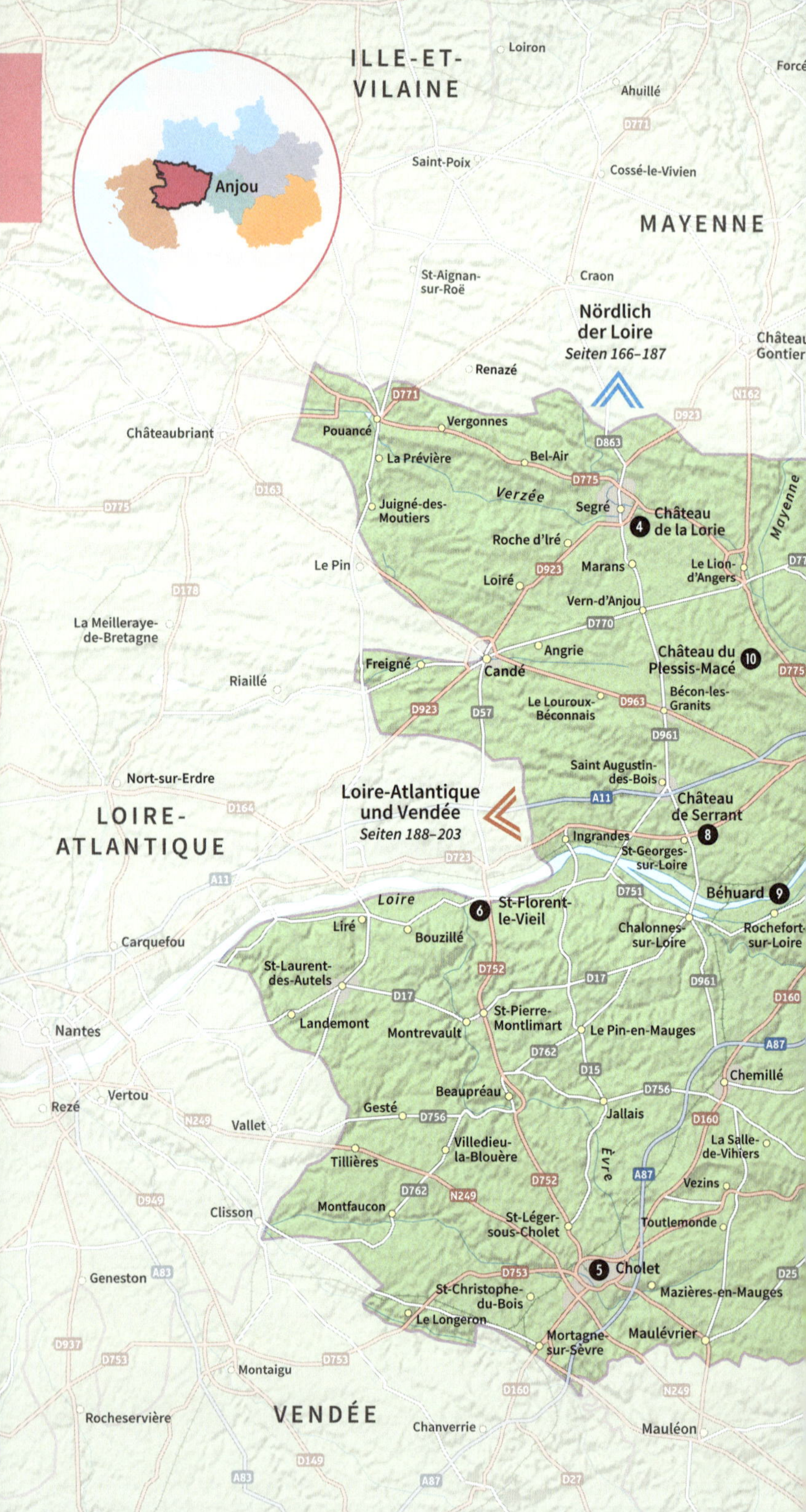

ILLE-ET-VILAINE
MAYENNE
LOIRE-ATLANTIQUE
VENDÉE
Anjou
Nördlich der Loire
Seiten 166–187
Loire-Atlantique und Vendée
Seiten 188–203
Loiron
Forcé
Ahuillé
Saint-Poix
Cossé-le-Vivien
St-Aignan-sur-Roë
Craon
Château Gontier
Renazé
Pouancé
Vergonnes
La Prévière
Bel-Air
Châteaubriant
Verzée
Segré
Château de la Lorie
Juigné-des-Moutiers
Roche d'Iré
Marans
Le Lion-d'Angers
Mayenne
Le Pin
Loiré
Vern-d'Anjou
La Meilleraye-de-Bretagne
Angrie
Château du Plessis-Macé
Freigné
Candé
Riaillé
Le Louroux-Béconnais
Bécon-les-Granits
Saint Augustin-des-Bois
Nort-sur-Erdre
Château de Serrant
Ingrandes
St-Georges-sur-Loire
Loire
St-Florent-le-Vieil
Béhuard
Liré
Bouzillé
Chalonnes-sur-Loire
Rochefort-sur-Loire
Carquefou
St-Laurent-des-Autels
Landemont
Montrevault
St-Pierre-Montlimart
Le Pin-en-Mauges
Nantes
Chemillé
Beaupréau
Rezé
Vertou
Gesté
Jallais
Vallet
Villedieu-la-Blouère
La Salle-de-Vihiers
Tillières
Èvre
Vezins
Montfaucon
Clisson
St-Léger-sous-Cholet
Toutlemonde
Cholet
Geneston
St-Christophe-du-Bois
Mazières-en-Mauges
Le Longeron
Mortagne-sur-Sèvre
Maulévrier
Montaigu
Rocheservière
Chanverrie
Mauléon
D771
D923
N162
D863
D775
D163
D178
D770
D963
D57
D961
A11
D164
D723
D751
D752
D17
D961
D160
A87
D762
D15
D756
N249
D949
A83
D753
D937
D25
D149
D27

Anjou
Highlights
1 Angers
2 Saumur
3 Abbaye Royale de Fontevraud
Sehenswürdigkeiten
4 Château de la Lorie
5 Cholet
6 St-Florent-le-Vieil
7 Château du Plessis-Bourré
8 Château de Serrant
9 Béhuard
10 Château du Plessis-Macé
11 Château de Montgeoffroy
12 Gennes
13 Château de Brissac
14 Cunault
15 Doué-en-Anjou
16 Montreuil-Bellay
17 Château de Montsoreau
Vaiges
Meslay
Grez-en-Bouère
Bierné
Sarthe
D768
Châteauneuf-sur-Sarthe
Daumeray
Champigné
Étriché
Durtal
Loir
A11
D74
Tiercé
D18
Château du Plessis-Bourré
Seiches-sur-le-Loir
Jarzé
D766
Baugé
Chigné
D323
Sermaise
A85
Auverse
D766
Noyant
Château-la-Vallière
A11
Sarrigné
D938
D58
Angers
D347
Château de Montgeoffroy
Mouliherne
Trélazé
Beaufort-en-Vallée
Jumelles
Linières-Bouton
Rillé
Authion
D767
Mûrs-Erigné
Loire
D952
A85
INDRE-ET-LOIRE
D751
St-Georges-des-Sept-Voies
Longué-Jumelles
Vernantes
Château de Brissac
Neuillé
Gennes
D347
MAINE-ET-LOIRE
Cunault
Touraine
Seiten 94–123
A85
Layon
D748
D761
D69
St-Hilaire-St-Florent
D10
A85
Martigné-Briand
Rochemenier
D177
Saumur
D952
D947
D952
Les Réaux
Tigné
Doué-en-Anjou
Château de Montsoreau
D751
D760
D761
Abbaye Royale de Fontevraud
Vihiers
Montreuil-Bellay
La Roche-Clermault
Le Puy-Notre-Dame
D760
D759
D347
D749
VIENNE
D938
Loudun
D61
Richelieu
Argenton-les-Vallées
Thouars
DEUX-SÈVRES
Chambroutet
0 Kilometer 15
N
D938

*Blick vom Château d'Angers auf die Stadt am Ufer der Maine* ↑

**1**

# Angers

C4 · 157 000 · Pl de la Gare · Pl Kennedy · +33 (0)2 4123 5000 · Mi, Sa · Premiers Plans (Jan), Festival d'Anjou (Juli), Soleils d'Hiver (Dez) · tourisme.destination-angers.com

**Angers liegt an der Maine, acht Kilometer vor deren Mündung in die Loire. Die Stadt war einst Sitz von Foulques Nerra *(siehe S. 53)* und anderen Grafen von Anjou. Unter den Plantagenets im 12. Jahrhundert wurde Angers eine Festungsstadt in einem Reich, das sich bis Schottland erstreckte. Heute ist Angers eine Universitätsstadt mit breiten Boulevards, malerischen Parks und alten, engen Gassen.**

### Cointreau

Angers ist die Stadt des Cointreau: Jährlich füllt man hier etwa 15 Millionen Liter des Orangenlikörs ab. Die als Zuckerbäcker für ihre geheimnisvollen Stärkungsgetränke bekannten Brüder Cointreau begründeten 1849 die Likörbrennerei. Ihr Sohn und Neffe Édouard komponierte die berühmte Mixtur des farblosen Cointreau, der das Aroma bitterer und süßer Orangenschalen unnachahmlich kombiniert.

### Musée des Beaux-Arts (Logis Barrault)

14, rue du Musée · +33 (0)2 4105 3800 · Di–So 10–18 · Feiertage · musees.angers.fr

Das Museum im Logis Barrault, einem gut erhaltenen Herrenhaus aus dem 15. Jahrhundert, präsentiert Kunst ab dem 14. Jahrhundert und illustriert außerdem die Geschichte von Angers. Zur sakralen Kunst im ersten Stock gehören ein Steinkreuz aus dem Anjou sowie die vergoldete Kupfermaske (13. Jh.) einer Frau.

### Cathédrale St-Maurice

Pl Freppel · +33 (0)2 4187 5845 · tägl. 8–20

Die Kathedrale entstand Ende des 12. Jahrhunderts, der Mittelturm wurde allerdings erst in der Renaissance ergänzt. Die gotischen Skulpturen der Fassade beeindrucken trotz der Narben, die Zeit, Umwelteinflüsse und Granateinschläge hinterlassen haben.

Die Gewölbe des Haupt- und Querschiffs zählen zu den frühesten und besten ihrer Art. Sie lassen die Decke domartig erscheinen. Sehr eindrucksvolle Bleiglasfenster in kräftigen Farben, darunter auch eine Rosette (15. Jh.) im nördlichen Querschiff, tauchen das Innere in warmes Licht.

## Galerie David d'Angers

**33 bis, rue Toussaint**
**+33 (0)2 4105 3890**
**Di – So 10 – 18 Feiertage musees.angers.fr**

Zahlreiche Gipsgüsse des in Angers geborenen Bildhauers Pierre-Jean David (1788 – 1856), bekannt als David d'Angers, füllen die glasüberdachten Ruinen der Abteikirche Toussaint (13. Jh.).

Davids idealisierende Büsten und Skulpturen wurden gerne zur Verewigung von bekannten Persönlichkeiten wie beispielsweise dem Marquis de Bonchamps *(siehe S. 86)* bestellt.

↑ *In der Sammlung religiöser Statuen der Collégiale St-Martin*

## Collégiale St-Martin

**23, rue St-Martin +33 (0)2 4181 1600 Feb – Apr: Di – So 14 – 18; Mai – Jan: Di – So 14 – 19 Feiertage collegiale-saint-martin.fr**

Die im 9. Jahrhundert errichtete Kirche wurde im Lauf der Zeit mehrfach restauriert. Heute beherbergt die Collégiale St-Martin eine hervorragende ständige Sammlung faszinierender religiöser Statuen aus Terrakotta, Holz und Stein aus der Zeit vom 14. bis Anfang des 20. Jahrhunderts.

Eines der bedeutendsten Objekte ist eine eindrucksvolle Darstellung der Madonna, die sich gerade darauf vorbereitet, ihr Kind zu stillen.

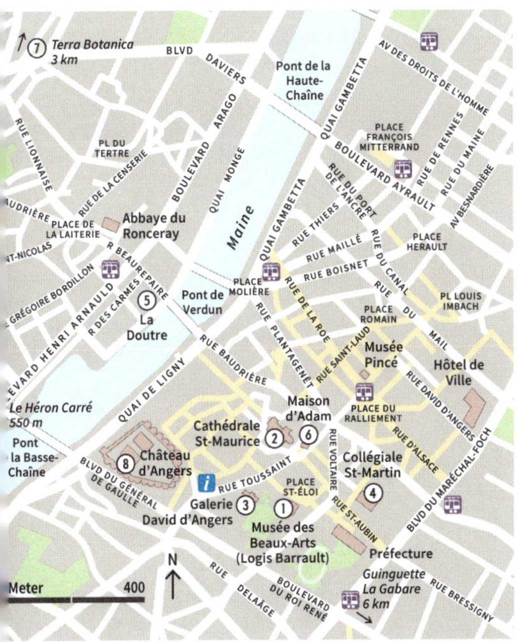


# Restaurants

### Le Héron Carré

Das gemütliche Lokal ist nicht nur wegen seiner Lage am Ufer der Maine sehr beliebt.

**Parc Balzac, prom Yolande d'Aragon**
**Ende März – Sep**

### Guinguette La Gabare

Genießen Sie Crêpes und Bio-Weine zum wundervollen Blick auf die Loire.

**Av de la Boire Salée, Les Ponts-de-Cé**
**slow-village.fr/loire-vallee/restauration**

⑤
## La Doutre

Am rechten Maine-Ufer lohnt der Besuch des alten Viertels La Doutre (*d'outre Maine* = die andere Seite der Maine).

Ein Bummel von der Rue Gay-Lussac zur Place de la Laiterie führt an zahlreichen historischen Gebäuden von La Doutre vorbei. Zu diesen zählen das Hôtel des Pénitentes, einst Zuflucht bußfertiger Dirnen, eine Apotheke (12. Jh.) sowie die Kirche La Trinité neben den Ruinen von Foulques Nerras **Abbaye du Ronceray** (11. Jh.), einem Benediktinerinnenkloster für Adelstöchter. Das Gebäude gehörte zu den opulentesten in Angers, wurde allerdings während der Französischen Revolution geschlossen. Das vielleicht berühmteste Bauwerk in La Doutre ist jedoch das mittelalterliche Krankenhaus, das heute eine Sammlung moderner Wandteppiche präsentiert.

Eine weitere Sehenswürdigkeit des Stadtviertels ist das **Musée Jean Lurçat et de la Tapisserie Contemporaine**. Untergebracht ist es in einem meisterhaften gotischen Gebäude, das 1175 von Henry II von England gestiftet wurde. Frankreichs ältestes erhaltenes Hospital diente bis 1875 als Krankenhaus.

Unmittelbar hinter dem Eingang zu dem Anwesen entdeckt man die Wappen der Plantagenets und des Anjou. In einer Ecke der Salle des Malades wurde eine Apotheke nachgebaut. Zu besichtigen sind auch eine Kapelle und ein Kreuzgang (12. Jh.).

Im Inneren des faszinierenden Museums befindet sich *Le Chant du Monde* (»Gesang der Welt«), ein Tapisserienzyklus des Künstlers Jean Lurçat. Das aus zehn Teilen bestehende Werk wurde über ein Jahrzehnt in drei Werkstätten gewebt und gilt als bestes von Lurçat. *Le Chant du Monde* ist eine moderne Version der *Apocalypse* und ergänzt diesen berühmten mittelalterlichen Wandteppichzyklus (*siehe S. 76f*), der im Château d'Angers zu sehen ist.

### Maine

Der zwölf Kilometer lange Fluss Maine entsteht durch den Zusammenfluss von Mayenne, Sarthe und Loire – und fließt durch Angers. An beiden Ufern sind einige beeindruckende historische Stätten erhalten, darunter etwa das Château d'Angers und die Abbaye du Ronceray. Übrigens: Auf manchen Nebenflüssen der Sarthe und der Mayenne werden auch gemütliche Bootsfahrten angeboten.

**Abbaye du Ronceray**
**Passage de la Censerie**

**Musée Jean Lurçat et de la Tapisserie Contemporaine**
**4, blvd Arago +33 (0)2 4124 1848 Di – So 10 – 19 Feiertage**

Highlight

↑ *Mit dem Boot durch den beliebten Themenpark Terra Botanica*

## Maison d'Adam

**Pl Ste-Croix** **tägl. 9:30–19 (Mo ab 14)**

In Angers gibt es 46 Fachwerkhäuser, die zur besonderen Atmosphäre beitragen. Die meisten von ihnen befinden sich in unmittelbarer Nähe der Kathedrale. Als eindrucksvollstes Beispiel gilt die Maison d'Adam. Die Fassade des aus dem 15. Jahrhundert stammenden Hauses eines wohlhabenden Händlers schmücken fein gearbeitete Schnitzfiguren von Sirenen, Musikanten und Liebespaaren.

## Terra Botanica

**Route d'Épinard**
**Linie 5a oder 8, Auriol**
**Linie A Terra Botanica**
**Apr–Okt (Details der Website entnehmen)**
**terrabotanica.fr**

Der Themenpark Terra Botanica ist in Europa einzigartig, hier begibt man sich auf eine spannende Entdeckungsreise durch die große Vielfalt der Pflanzenwelt und kann an zahlreichen Aktivitäten teilnehmen.

Auf einer Fläche von elf Hektar lassen sich wunderschöne Gartenanlagen und Gewächshäuser erkunden. Der Park ist in verschiedene Bereiche gegliedert, die sich jeweils einem bestimmten Thema widmen – darunter etwa ungewöhnlichen Pflanzen, bedeutenden Botanikern oder Geheimnissen des Waldes.

Mitmachen ist angesagt: Der Themenpark bietet u. a. Bootsfahrten, Baumwipfelpfade und Ziplines. Genießen Sie außerdem ausgedehnte Spaziergänge auf verschiedenen Sinnespfaden und auf Wegen, die von Hunderten von Rosenarten gesäumt werden. Von vielen Stellen bieten sich fantastische Ausblick über die Umgebung.

Zu den spektakulärsten Attraktionen gehören die Ballonfahrten, bei denen man das gesamte Gelände aus einer Höhe von 150 Metern überblicken kann, und die 4-D-Shows.

← *Maison d'Adam, eines der schönsten Fachwerkhäuser der Stadt*

### Schon gewusst?

**Angers gilt als grünste Stadt Frankreichs und strebt an, im Jahr 2030 $CO_2$-neutral zu sein.**

8

# Château d'Angers

2, prom du Bout du Monde  Mai–Aug: tägl. 10–18:30; Sep–Apr: tägl. 10–17:30 (letzter Einlass: 45 Min. vor Schließung)  1. Jan, 1. Mai, 1. Nov, 11. Nov, 25. Dez  chateau-angers.fr

**Das imposante Château d'Angers wurde ab dem 13. Jahrhundert am Ufer der Maine errichtet. Hinter den mächtigen Mauern eröffnen sich idyllische Gärten und kunsthistorische Meisterwerke wie etwa der Tapisserienzyklus *Apocalypse*.**

Die Trommeltürme und Blendmauern dieser Festung wurden 1230 bis 1240 über dem Bollwerk des Grafen Foulques Nerra hochgezogen. Den Bauauftrag erteilte Blanche de Castille, die für ihren unmündigen Sohn Louis IX die Regentschaft ausübte. In den Mauern der Burg frönten Aristokraten später einem überaus mondänen Leben. Der letzte Herzog von Anjou, König René I, ließ anmutige Gebäude, Gärten, Vogelhäuser und eine Menagerie zufügen. Über Jahrhunderte diente das festungsähnliche Schloss auch als Gefängnis. Heute sind darin Frankreichs kostbarste Wandteppiche zu bewundern.

Den elf Meter tiefen und 30 Meter breiten **Wallgraben** füllen nun statt Wasser geometrische Blumenbeete.

→ *Das von mächtigen Mauern umrahmte Château d'Angers*

Im **Gouverneursgebäude** (15. Jh.) ist ein Restaurant untergebracht.

Die 17 **Wehrtürme** ragen bis zu 40 Meter hoch auf. Im 16. Jahrhundert trug man ihre Spitzen ab, um sie für die Artillerie anzupassen.

Die **Zugbrücke** leitet zum Schlosseingang, der Porte de la Ville (Stadttor).

↑ *Wehrtürme und Festungsmauer des Château d'Angers*

## Chronik

*1230*
△ Bau der Festung auf einem Felsvorsprung an der Stelle älterer Burgen der Grafen von Anjou

*1360*
▽ Louis I von Anjou lässt die Mauern mit Fenstern und Türen auflockern

*1410*
Umbau von Kapelle und Logis Royal unter Louis II und Yolande d'Aragon

*1435–50*
△ René I lässt das Burginnere renovieren sowie Gärten und Gebäude anfügen

*1585*
Hugenotten erobern die Festung, die Türme werden gestutzt

Highlight

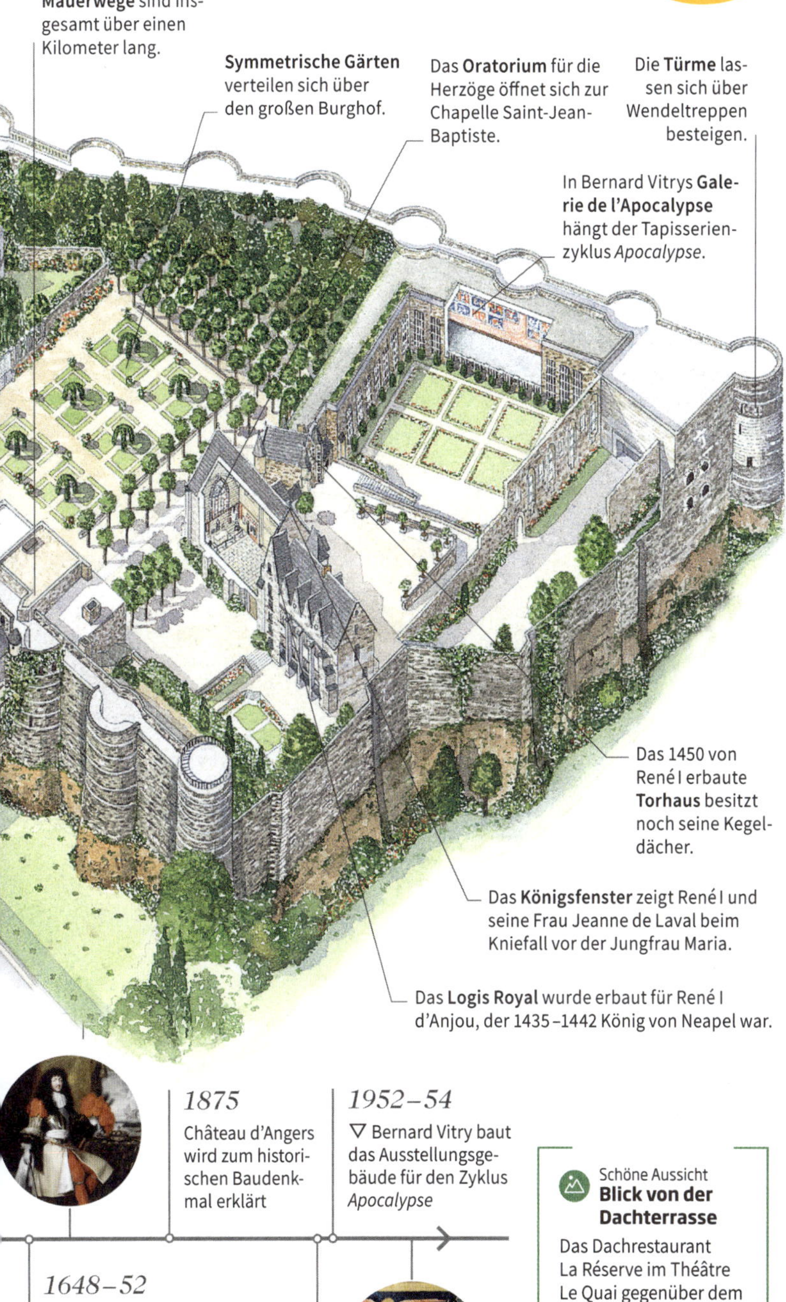


*1648–52*
△ Louis XIV verwandelt die Festung in ein Gefängnis

*1875*
Château d'Angers wird zum historischen Baudenkmal erklärt

*1945*
Bomben der Alliierten beschädigen die als Munitionslager genutzte Burg

*1952–54*
▽ Bernard Vitry baut das Ausstellungsgebäude für den Zyklus *Apocalypse*

Schöne Aussicht
**Blick von der Dachterrasse**

Das Dachrestaurant La Réserve im Théâtre Le Quai gegenüber dem Château d'Angers bietet einen Panoramablick auf das Schloss und die Stadt. Genießen Sie dazu einen Cocktail.

# Wandteppiche im Château d'Angers

Der Wandteppichzyklus *Apocalypse* (14. Jh.) wurde für den Herzog Louis I von Anjou gefertigt. Er illustriert auf überaus eindrucksvolle Weise die Visionen des Johannes aus dem Buch der Offenbarung im Neuen Testament.

In den Wirren der Französischen Revolution wurde dieses kunsthistorische Meisterwerk zerschnitten und zweckentfremdet. Mitte des 19. Jahrhunderts begann man mit der Restaurierung. Eine eigens zu diesem Zweck errichtete Galerie im Château d'Angers zeigt die 103 Meter langen Reste. 600 Jahre nach ihrer Entstehung inspirierte die *Apocalypse* Jean Lurçat (1892–1966) zu seinem Tapisserienzyklus *Le Chant du Monde*.

Der **Seher Johannes** erscheint als Beobachter.

Ein **Engel** instruiert Johannes. In dieser Szene ist das Grün zu Beige verblichen.

Keine Darstellung eines **Dämons** gleicht einer anderen.

## Der Fall von Babylon

Der Zyklus *Apocalypse* entstand 1375–83 in Pariser Webereien nach Entwürfen von Hennequin de Bruges, der sich an Illustrationen karolingischer Handschriften anlehnte. Der Wandteppichzyklus bebildert das Ende der Welt und die Ankunft des himmlischen Jerusalem in 90 Teilen, die in sechs »Kapitel« mit je einer Einleitungs- und 14 Folgeszenen gegliedert sind. In der Szene 66 wird der Fall Babylons erzählt. Sie folgt der Offenbarung des Johannes.

**Schon gewusst?**

**Die Wandteppiche sind so sorgfältig gewoben, dass ihre Rückseiten fast identisch mit den Vorderseiten sind.**

↑ *Der lange, schön illuminierte Tapisserienzyklus entfaltet eine fantastische Raumwirkung*

**Wasser** wird beim dritten Stoß der Trompeten zu giftigem Wermut.

Der Wechsel der **Hintergrundfarben** Blau und Rot sorgt dafür, dass der Zyklus einheitlich wirkt.

Die einstürzenden **Türme von Babylon** setzen Dämonen frei.

## Tapisserien-Kunst

Im Mittelalter waren Wandteppiche Statussymbole, mit denen Aristokratenfamilien Schlösser und Kirchen ausstatteten. Tapisserien schmückten die wuchtigen Steinmauern und schützten die Gemächer gleichzeitig vor Zugluft. Paris und Flandern waren im 14. Jahrhundert die bedeutendsten Zentren der Tapisserien-Herstellung. Hochqualifizierte Weber fertigten die Wandbehänge nach original großen Vorlagen eines Künstlers. Sie spannten dafür vertikale Kettfäden in Webstühle ein und zogen durch diese die eingefärbten horizontalen Schussfäden.

Ab dem 16. Jahrhundert ging diese Kunst allmählich verloren, erlebte jedoch im 20. Jahrhundert durch Künstler wie Pablo Picasso und Henri Matisse eine neuerliche Blüte.

Blick über die Loire auf die von historischen Bauten geprägte Silhouette von Saumur ↑

2

# Saumur

D4 27 000 Pl de la Gare de l'État Av David d'Angers 8 bis, quai Carnot +33 (0)2 4140 2060 Sa Carrousel de Saumur (Juli), Les Grandes Tablées (Aug), Festivini (Sep) ot-saumur.fr

**Im 16. und 17. Jahrhundert galt die Stadt als ein bedeutendes Zentrum protestantischer Gelehrsamkeit, bis die Aufhebung des Edikts von Nantes 1685 zahlreiche Hugenotten vertrieb. Beim Bummel durch die reizvollen Straßen der Altstadt wird dieses reiche historische Erbe lebendig.**

①

## Altstadt

Im Herzen der Altstadt steht die Église St-Pierre aus dem späten 12. Jahrhundert. Ein Blitzeinschlag zerstörte 1674 den Vordereingang, doch an der Südseite ist noch ein romanisches Portal aus der Gründungszeit erhalten. Zu den größten Schätzen zählen das Chorgestühl, ein Meisterwerk der Schnitzkunst aus dem 15. Jahrhundert, sowie Wandteppiche aus dem 16. Jahrhundert mit Szenen aus dem Leben des heiligen Petrus und des heiligen Florian.

In der nahen Grande Rue künden Kalkstein- und Schieferhäuser vom Wohlstand des protestantischen Saumur im späten 16. Jahrhundert. Dem »Hugenottenpapst« Philippe Duplessis-Mornay, der die Stadt 1589 bis 1621 verwaltete, gehörte das Haus Nr. 45.

Notre-Dame de Nantilly, Saumurs älteste Kirche, war jahrhundertelang das wichtigste Gotteshaus der Stadt. Sie weist die strenge Linienführung des frühen 12. Jahrhunderts auf. Tapisserien (16. und 17. Jh.) mit biblischen Szenen zieren den Innenraum. Die Kapitelle weisen aufwendige Schnitzereien auf. Das Totengedicht des Dichterkönigs René I für seine Amme ziert als Inschrift die dritte Säule an der Südseite.

② 

## Musée de la Cavalerie

Pl Charles de Foucauld
+33 (0)2 4183 6923
Apr – Mitte Nov: Sa – Do nachm. (Juli, Aug: tägl.)
museecavalerie.free.fr

Saumurs bedeutende Reittradition wird in diesem Museum beleuchtet, denn bereits im 15. Jahrhundert begründete Charles VII (1403 – 1461) hier eine erste königliche Reiterei.

Im Ancien Régime ist die heute so traditionsreiche Kavallerieschule aus der Ausbildungs- und Elitetruppe der französischen Kavallerie hervorgegangen. Auf Anfrage ist die Bibliothek mit über 18 000 Werken zum Thema Reiten zugänglich.

Expertentipp
**Saumurs Weinkellereien**

Besichtigen Sie die Maison Bouvet Ladubay, eine der berühmtesten Weinkellereien der Stadt. Wählen Sie zwischen einer traditionellen Führung und einer mit Fahrrad.

### La Distillerie Combier

48, rue Beaurepaire
Zeiten der Website entnehmen  combier.fr

Seit 1834 werden hier Liköre nach traditionellen Verfahren produziert. Die Rezepte bleiben ein streng gehütetes Geheimnis, man kann jedoch bei der Herstellung zusehen und danach das Ergebnis kosten.

4

### Musée des Blindés

**1043, rte de Fontevraud**
**+33 (0)2 4183 6995**
**Apr – Juni, Sep, Okt: tägl. 10 – 18; Juli, Aug: tägl. 9:30 – 18:30; Nov – März: Zeiten der Website entnehmen**
**1. Jan, 25. Dez**
**museedesblindes.fr**

Das von der Kavallerie- und Panzerfahrzeugschule unterhaltene Museum besitzt mehr funktionstüchtige historische Panzer als andere Militärmuseen der Welt. Die Sammlung zählt Hunderte Panzerwagen, darunter das Renault-Modell FT 17 aus dem Jahr 1917, deutsche Typen aus dem Zweiten Weltkrieg, aber auch moderne Hightech-Modelle.

*Highlight*

## Hotels

**Hôtel Anne d'Anjou**
Das Vier-Sterne-Hotel in einem typischen Stadthaus aus Tuffstein bietet Zimmer im Louis-XVI-Stil, einen Pool im Innenhof und ein Spa.

**33, quai Mayaud**
**hotel-anneanjou.com**

**Maison Gaspard**
Das Hotel verfügt über gut ausgestattete Apartments und Suiten sowie eine stimmungsvolle Weinbar und eine gemütliche Teestube.

**28, rue de la Tonnelle**
**maison-gaspard.fr**

↑ *Von zahlreichen Türmen geprägte Fassade des Château de Saumur*

## Château de Saumur

**Esplanade Hubert Landais +33 (0)2 4140 2440 Feb, März, Okt – Dez: Di – So 10 – 13, 14 – 17:30; Apr – Juni, Sep: Di – So 10 – 18; Juli, Aug: tägl. 10 – 17 chateau-saumur.fr**

Louis I (1339 – 1384), Herzog von Anjou, ließ das Schloss in der zweiten Hälfte des 14. Jahrhunderts über alten Festungsfundamenten erbauen.

Die Erkerfenster der herzoglichen Gemächer geben romantische Ausblicke auf die Loire frei. Die trutzigen Außenanlagen dagegen erinnern eher an die düsteren Tage, die das Schloss als protestantisches Bollwerk, Gefängnis und Kaserne erlebte.

Das Schloss wurde – nach Einsturz einer Außenmauer im Jahr 2001 – restauriert. Im ersten Stock befindet sich das Musée des Arts Décoratifs mit einer schönen Sammlung, die Charles Lair, ein Graf aus Saumur, im Jahr 1919 stiftete. Sie umfasst Malereien, erlesene Wandteppiche, Statuetten und Keramiken vom 13. bis zum 19. Jahrhundert.

Schöne Aussicht
**Blick vom Schlosshügel**

Das Château de Saumur thront auf einem Felsvorsprung oberhalb der Loire. Von dort oben bietet sich ein spektakulärer Panoramablick auf Stadt, Fluss und Umgebung.

## Musée du Champignon

**Rte de Gennes, St-Hilaire-St-Florent +33 (0)2 4150 3155 Feb – Nov: tägl. 10 – 18 (Apr – Sep: 10 – 19) musee-du-champignon.com**

Das einzigartige Museum entführt in ein Gewirr von Tuffsteinhöhlen. Es erläutert die Zucht von Pilzen aus Sporen: Sie wachsen in Säcken oder Kisten mit Kompost in einem Klima, das sich durch hohe Luftfeuchtigkeit und gleichmäßige Temperaturen auszeichnet.

Das Museum besitzt eine Sammlung lebender Kulturen diverser Pilzsorten. Zudem sind Fossilien ausgestellt, die in der Umgebung entdeckt wurden.

Probieren Sie die Spezialität *gallipettes farçies*: große Pilze, die mit unterschiedlichen Füllungen angeboten werden.

## École Nationale d'Équitation

**Terrefort, St-Hilaire-St-Florent +33 (0)2 4153 5060 Feb – Okt: Mo 14 – 17:30, Do, Fr 9:30 – 12:30, 14 – 17:30, Sa 9:30 – 12:30 Feiertage ifce.fr/cadre-noir**

Die 1814 gegründete Nationale Kavallerieschule ist bekannt für ihre Pferde und Reiter, die wegen ihrer schwarz-goldenen Festuniformen Cadre Noir heißen. Die Stärke der Equipe ist auf 22 Reiter beschränkt. Die Pferde werden nach einem Dressurstil ausgebildet, der

→ *Die 21 Meter lange und sieben Meter breite Grabkammer Dolmen de Bagneux*

im 19. Jahrhundert entstand und sowohl Balance als auch Athletik erfordert.

Im Sommer kann man den Reitern bei der Arbeit mit den Pferden zusehen. Regelmäßig gibt es Vorführungen (Termine siehe Website), die durch ihre Choreografie, vor allem aber durch die Anmut der Pferde bestechen und nicht nur Pferdekenner begeistern.

## Parc Miniature Pierre et Lumière

**Rte de Gennes, St-Hilaire-St-Florent +33 (0)2 4150 7004 Mitte Feb – Mitte Nov: tägl. 10–18 (Apr – Sep: 10–19) pierre-et-lumiere.com**

Der Stollen eines früheren Unter-Tage-Steinbruchs ist die Kulisse für 20 in den Tuffstein gehauene maßstabsgetreue Modelle. Sie stellen Monumente, Städte und Dörfer des Loire-Tals dar. Zu den Highlights zählen die Abbaye de Fontevraud, die Kathedrale von Tours und das Château Royal d'Amboise. Die Modelle sind Werke des Bildhauers Philippe Cormand.

## Dolmen de Bagneux

**56, rue du Dolmen, Bagneux +33 (0)2 4150 2302 Saumur Sep – Juni: Di, Do – So; Juli, Aug: tägl. ledolmendebagneux.com**

Saumurs Hauptstraße (N147) bringt Sie nach Bagneux.

### Schon gewusst?

**Die Dolmen de Bagneux zählen zu den größten Kultstätten Frankreichs.**

Sein Dolmen, eine der größten jungsteinzeitlichen Grabkammern, steht im Garten eines Cafés. So können Sie bei einem Kaffee die Leistung der Menschen bestaunen, die vor 5000 Jahren durch Ziehen, Kippen und Verkeilen die bis zu 40 Tonnen schweren Steinplatten in die gewünschte Position gewuchtet haben.

Museen und die Reitschule des Cadre Noir lohnen den Abstecher in das Dorf St-Hilaire-St-Florent, zwei Kilometer nordwestlich von Saumur an der D751. In Weinkellern können Sie den berühmten, durch Flaschengärung *(méthode champenoise)* erzeugten Saumur Brut kosten. In der Maison des Vins de Loire de Saumur, gleich neben dem Fremdenverkehrsbüro, erhalten Sie Informationen über Winzer und Weinrouten der Region.

↑ *Detailgenaues Modell im Parc Miniature Pierre et Lumière*

# Spaziergang durch Saumur

**Länge** 1,5 km **Dauer** 30 Min.
**Bahnhof** Av David d'Angers

Wie ein Märchenschloss thront das Château de Saumur auf einem Hügel über der Stadt. Der alte Stadtkern liegt zwischen dem Schloss, der Loire und der Hauptstraße. Die Hauptstraße verbindet die Altstadt mit der Loire-Brücke. Die Straßen rings um den Schlosshügel laden zum Bummeln ein – Fußgängerfreundlichkeit und Überschaubarkeit zählen zu den Vorzügen dieser netten und charmanten Stadt am Ufer der Loire.

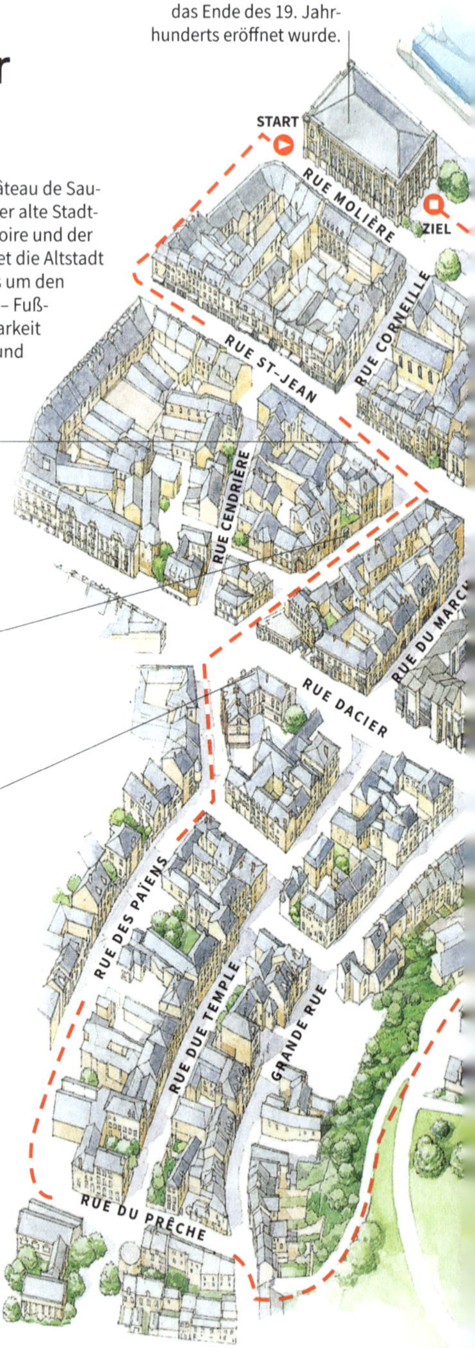

Das Pariser Odéon stand Saumurs **Theater** Modell, das Ende des 19. Jahrhunderts eröffnet wurde.

**Rue St-Jean** ist das Zentrum von Saumurs Shopping-Viertel.

Das **Hôtel des Abbesses de Fontevraud** (17. Jh.) in der Rue de l'Ancienne-Messagerie besitzt eine außergewöhnliche Wendeltreppe.

Die Renaissancevilla **Maison du Roi** war Residenz königlicher Hoheiten. Im Hof erinnert eine Plakette an René I d'Anjou.

START
ZIEL
RUE MOLIÈRE
RUE CORNEILLE
RUE ST-JEAN
RUE CENDRIÈRE
RUE DU MARCHÉ
RUE DACIER
RUE DES PAÏENS
RUE DUE TEMPLE
GRANDE RUE
RUE DU PRÊCHE

↑ *Mit bunten Schirmen dekorierte Straße im Zentrum von Saumur*

↑ *Place St-Pierre: stimmungsvoller Platz mit Straßencafés*

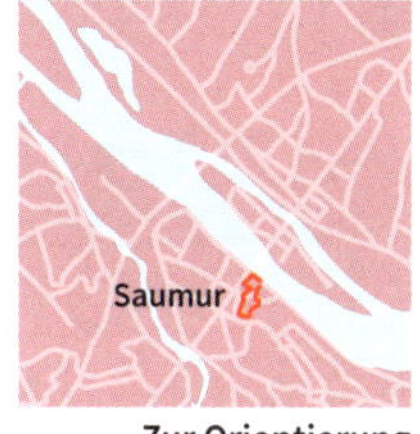


**Zur Orientierung**
*Siehe Stadtplan S. 79*

Das **Hôtel de Ville** (Rathaus) war früher ein Herrensitz. Restaurationen und Anbauten harmonieren mit dem gotischen Stil des 1508 erbauten Hauses.

An der **Place St-Pierre** stehen Saumurs älteste fachwerkverzierte Häuser aus dem 15. Jahrhundert (Hausnummern 3, 5 und 6).

Die im 12. und 13. Jahrhundert erbaute **Église St-Pierre** birgt eine sehenswerte Tapisserien-Kollektion.

Die **Maison des Compagnons** aus dem 15. Jahrhundert steht an der Montée du Fort.

0 Meter 50 N

Von den Wachttürmen des **Château de Saumur** *(siehe S. 80)* hat man eine gute Aussicht über Stadt, Loire und deren Nebenfluss Thouet.

3

# Abbaye Royale de Fontevraud

D4 · von Saumur · +33 (0)2 4151 7352 · Apr–Okt: tägl. 10–19 (Juli, Aug: bis 20); Nov–März: Mi–Mo 10–18 · 1. Jan, 25. Dez · fontevraud.fr

**Der Klosterkomplex wurde 1101 von dem Wanderprediger Robert d'Arbrissel (1045–1117) gegründet. Diese größte und am besten erhaltene mittelalterliche Abtei in Europa birgt auch die Grabstätten mehrerer Plantagenets.**

Die romanische Abteikirche verfügt über ein riesiges Kirchenschiff mit vier Kuppeln und schön geschnitzte Kapitelle. Sie bestand fast 700 Jahre, geleitet von Äbtissinnen, die zum Teil aus königlichen Familien stammten. Zur Abtei zählten neben einer Leprastation und einem Krankenhaus drei Gemeinschaften von Nonnen und Laienschwestern. Umfangreiche Restaurierungsarbeiten haben die Spuren der langen Zeit, die das Anwesen als Gefängnis diente, beseitigt.

Heute ist die Abtei für Touristen geöffnet, und das Anwesen beherbergt auch ein Restaurant, ein Hotel und ein Museum für moderne Kunst. Zu sehen ist die Cligman-Sammlung mit über 900 Werken moderner Kunst, darunter Gemälde von Henri de Toulouse-Lautrec, Edgar Degas und André Derain.

Die liegenden **Figuren** *(gisants)* im Hauptschiff der Abteikirche sind Plastiken der Plantagenets.

In der **Krankenstation** pflegten Schwestern des Benediktinerinnenordens Kranke.

→ *Illustration der Abbaye Royale de Fontevraud*

Die Fresken im **Kapitelsaal** stammen überwiegend aus dem 16. Jahrhundert.

## Restaurant

**Fontevraud Le Restaurant**
Das fantastische Restaurant ist mit einem Michelin-Stern ausgezeichnet. Bei der Zubereitung der Gerichte werden viele Zutaten aus den Klostergärten verwendet.

38, rue Saint-Jean de l'Habit
+33 (0)2 4646 1010
€€€

*Chronik*

*1099–1101*
△ Robert d'Arbrissel gründet den Orden Pauperes Christi

*1115*
Erste Äbtissin als Vorsteherin ernannt

*1119*
Der Papst weiht die Abteikirche und segnet den Friedhof

*1177*
Henry II stiftet einen englischen Ordensableger

Die **Priorei**, einst Lazarett für Aussätzige, dient heute als Luxushotel.

↑ *Symmetrisch bepflanzter Innenhof der Abbaye Royale de Fontevraud*

Ehemalige **Orangerie** in einem Flügel des Äbtissinnenpalasts

**Rezeption** und **Informationszentrum**

Von den acht Herdstellen der **romanischen Klosterküche** sind fünf erhalten.

**Grand-Moûtier** ist der größte und vielleicht schönste Kreuzgang in Frankreich.

*1204*
△ Éléonore d'Aquitaine stirbt im Kloster und wird hier beigesetzt

*1457*
Marie de Bretagne leitet Klosterreformen ein

*1561*
Hugenotten wüten im nahen Saumur

*1793*
Das Mönchskloster wird als Steinbruch genutzt

*1804*
▽ Napoléon verwandelt das Hauptgebäude in ein Gefängnis

*1963*
Schließung des Gefängnisses, Start der Restaurierung

*1975*
Eröffnung des Centre Culturel de l'Ouest

*Place Travot mit Straßencafé im Zentrum von Cholet*

Fotomotiv
**Esplanade du Mont-Glonne**

Ein toller Spot für ein Foto von der Loire ist die Esplanade du Mont-Glonne in Saint-Florent-le-Vieil. Vielleicht nehmen Sie die moderne Skulptur dort mit aufs Bild?

# SEHENSWÜRDIGKEITEN

## Château de la Lorie

**C4 Segré, dann Taxi**
**+33 (0)2 4192 1004**
**Juli – Mitte Sep: Mi – Mo 10 – 12, 14 – 18**
**chateaudelalorie.fr**

Elegante Gärten im französischen Stil des 18. Jahrhunderts führen auf das Château zu. Es liegt zwei Kilometer südöstlich der alten Stadt Segré am Fluss Oudon. Eine Statue der römischen Göttin Minerva wacht über dem Haupteingang des Anwesens, das René le Pelletier, Generalvorsteher von Anjou, im 17. Jahrhundert bauen ließ.

Ein Jahrhundert später schuf man durch Anbau zweier Flügel einen Dreiseithof sowie das Prachtstück, den von der Musikergalerie in einer Rundnische gekrönten Marmorballsaal. Italienische Handwerker stellten ihn 1779 fertig – ein Jahrzehnt vor der Französischen Revolution, die derlei Zurschaustellungen von Reichtum und persönlicher Macht beendete.

5

## Cholet

**C4 57 000 14, av Maudet, +33 (0)2 4149 8000 Sa Festival des Arlequins (Apr, Mai), L'Été Cigale (Juni – Mitte Sep)**
**ot-cholet.fr**

Cholet ist der zweitbedeutendste Ort des Anjou. Es verlor im Vendée-Aufstand *(siehe S. 200)* die Hälfte seiner Einwohner. Später brachte die Textilindustrie einen Aufschwung. Die hier gefertigten roten Taschentücher mit weißem Rand erinnern symbolhaft an eine Schlacht (1793) nahe Cholet. Das **Musée d'Art et d'Histoire** schildert mit Malereien und Modellen den Vendée-Aufstand.

In der Nähe von Cholet liegt der **Parc Oriental de Maulévrier**, mit 29 Hektar der größte japanische Garten in Europa.

**Musée d'Art et d'Histoire**
**27, av de l'Abreuvoir**
**+33 (0)2 7277 2320 Mi – Sa 10 – 12, 14 – 18, So 14 – 18**
**1. Jan, 1. Mai, 25. Dez**

**Parc Oriental de Maulévrier**
**Place de la Mairie**
**Zeiten der Website entnehmen**
**parc-oriental.com**

## St-Florent-le-Vieil

**C4 2700 Varades, dann Taxi 4, pl de la Févriere, +33 (0)2 4172 6232**
**Le Rivage des Voix (Mai)**

Die von Häusern aus dem 16. bis 18. Jahrhundert gesäumten Altstadtstraßen führen zum Hügel, auf dem eine Kirche (18. Jh.) thront.

1793 überquerte die bei Cholet geschlagene royalistische Armee hier mit rund 40 000 Mann und wohl ebenso vielen Zivilisten die Loire. Sie wollte die 4000 in der Kirche gefangenen Republikaner töten, hielt aber inne, als der Marquis de Bonchamps auf dem Totenlager rief: »Verschont die Gefangenen!«

Unter den Geretteten befand sich auch der spätere Bildhauer David d'Angers (1788 – 1856; *siehe S. 71*). Seine Marmorstatue von Bonchamps wurde im Jahr 1825 in der Kirche aufgestellt. Die sehenswerten Bleiglasfenster im Kirchenchor zeigen Szenen vom Vendée-Aufstand.

### 7 Château du Plessis-Bourré

**C4 Angers, dann Taxi**
**+33 (0)2 4132 0672 Mitte Feb – März, Okt, Nov: Mi – So 14 – 17; Apr – Sep: Di – So 10 – 18 (Juli, Aug: tägl.)**
**plessis-bourre.com**

Der Schlossgraben ist so breit, dass das Château du Plessis-Bourré wie eine Felsinsel in einem stillen See wirkt. Das Schloss (1468 – 73) gehörte Jean Bourré. Es ist seine am wenigsten veränderte Hinterlassenschaft.

Als königlicher Ratgeber und Kämmerer überwachte Bourré auch die Bauten von Langeais *(siehe S. 114f)* und Jarzé und beeinflusste den Umbau der Loire-Burgen in Lustschlösser.

Nach Überqueren einer siebenbogigen Brücke erreicht man über eine der vier Zugbrücken – sie werden jeden Abend mithilfe eines fein ausbalancierten Mechanismus eingezogen – den Arkadenhof. Leicht und luftig wirken die Prunkzimmer mit ihren kunstfertigen Steinreliefs. Der Gemäldehimmel in der Salle des Gardes ist voller Bilder mit alchimistischen und allegorischen Szenen. Die Möbel entstammen überwiegend dem 18. Jahrhundert. Während der Französischen Revolution wurden die Wappen über dem Kamin in der Bibliothek entfernt.

### 8 Château de Serrant

**C4 Angers, dann Taxi**
**+33 (0)2 4139 1301**
**Mitte Feb – Mitte Nov: Mi – So 9:45 – 18 (Juni – Mitte Sep: tägl.) chateau-serrant.net**

Das Château ist das westlichste der großen Loire-Schlösser. Die Bauarbeiten begannen 1546 und dauerten über drei Jahrhunderte. Helle Tuffsteinfassaden mit dunklen Schieferdächern und Eckrundtürmen prägen die Fassade. Innen besticht im zentralen Pavillon eines der schönsten Renaissance-Treppenhäuser des Anjou. Das Schloss beherbergt Möbel (18. Jh.), flämische Tapisserien und eine Bibliothek mit rund 12 000 Bänden.

Der Bildhauer Antoine Coysevox (1640 – 1720) schuf das Grabmal, das in der Kapelle an Serrants bekanntesten Schlossherrn, den Marquis de Vaubrun, erinnert.

Seit 1830 gehört das Château de Serrant den Herzögen von La Trémoille.

#### Die Corniche Angevine

Die D751, die Corniche Angevine, zählt zu den malerischsten Routen der Region. Die Straße endet westlich im alten Chalonnes-sur-Loire mit seiner teils aus dem 12. Jahrhundert erhaltenen Église St-Maurille. Östlicher Endpunkt ist das Städtchen Rochefort-sur-Loire. Hier gibt es einen Glockenturm aus dem 15. Jahrhundert und die Ruinen einer einst mächtigen Festung.

*Château de Serrant mit Brücken über den Wassergraben* ↑

↑ *Schmale gepflasterte Gasse im idyllischen Ort Béhuard*

### 9 Béhuard

**C4 100 Bouchemaine, dann Taxi Angers, +33 (0)2 4123 5000**

Durch die engen Gassen des mittelalterlichen Dorfs auf einer kleinen Insel im Fluss zogen einst Wallfahrer zur kleinen Kirche. Schon in vorchristlicher Zeit beteten hier Priester um sicheres Geleit der Loire-Schiffer bei der Fahrt über den Fluss.

Das Winzerdorf Savennières gegenüber von Béhuard am Nordufer der Loire lohnt ebenfalls einen Besuch. Hier wird der Chenin Blanc, ein Weißwein, hergestellt.

### 10 Château du Plessis-Macé

**C4 2, rue de Bretagne, Longuenée-en-Anjou L'Orée Mitte Apr – Mai, Sep: Mi, Sa, So 14 – 18:30 (Mitte Juli – Aug: tägl.) Okt – Mitte Apr chateau-plessis-mace.fr**

Das Château du Plessis-Macé wurde im 11. Jahrhundert als Holzfestung errichtet. Mit seiner exponierten Lage sollte es die Stadt vor Eindringlingen schützen. Im 12. Jahrhundert wurden dem Bauwerk umfangreiche Befestigungsanlagen hinzugefügt, im 15. Jahrhundert wurde es zu einem Landhaus umgestaltet, das von einem Wassergraben umgeben war. Heute wird das Schloss insbesondere für kulturelle Veranstaltungen genutzt – darunter auch für Events beim jährlichen Festival d'Anjou *(siehe S. 44)*, das größte Kulturfestival der Region. Bei Familien ist es wegen seiner Theaterdarbietungen rund um historische Themen beliebt.

Unternehmen Sie auf jeden Fall einen gemütlichen Spaziergang durch den umliegenden, rund 46 Hektar großen Park. Am besten folgen Sie dem zwei Kilometer langen, gut markierten Weg. Informationstafeln entlang der Strecke geben Hinweise zum Gelände.

### Vogelbeobachtung in den Basses Vallées Angevines

Am Zusammenfluss von Sarthe, Loir und Mayenne werden jährlich zwischen Oktober und Mai 4500 Hektar Land – die Basses Vallées Angevines – überflutet. Zehntausende von Zugvögeln rasten hier und machen das Gebiet zum wahren Vogelparadies. Einer der willkommensten Gäste in diesem Feuchtgebiet ist der scheue Wachtelkönig, der im März die Feuchtwiesen erreicht. Über 300 Paare brüten hier – so viel wie fast nirgendwo sonst in Europa. Dem Schutz dieser Art dient unter anderem die späte Heuernte.

Flüsse, Kanäle und Feuchtwiesen locken Insekten an und diese wiederum Mauersegler, Braunkehlchen und Grünköpfige Schafstelzen. Im Frühsommer vibrieren die Basses Vallées vom Vogelgesang. In den Abendstunden dringt der Ruf des Wachtelkönigs ans Ohr.

### 11  Château de Montgeoffroy

**C4 Angers oder Saumur, dann Taxi +33 (0)2 4180 6002 Apr – Juni, Sep: tägl. 10 – 12, 14 – 17; Juli, Aug: tägl. 10 – 12, 14 – 18 chateau demontgeoffroy.com**

Montgeoffroy ist ein häufig unterschätztes meisterliches Bauwerk im Stil des späten 18. Jahrhunderts. Der Architekt Nicolas Barré errichtete es 1773 – 75 für den Maréchal de Contades. Ebenmaß und Leichtigkeit der Architektur beeindrucken jeden Besucher, ebenso die Harmonie des sanften Graus und Blaus von Stein und Farbdekor. Hohe französische Fenster öffnen die Sicht auf die bezaubernde Parkanlage.

Den Hauptbau flankieren Flachdachpavillons als Übergang zu den zwei von Rundtürmen (16. Jh.) abgeschlossenen Seitenflügeln. In einem der Türme leitet ein mit Pferdegeschirr gefüllter Raum zu einem riesigen Stall über, in dem Kutschen ausgestellt sind. Der entgegengesetzte Flügel beherbergt die Kapelle (16. Jh.). In der an das Haupthaus anschließenden Küche sieht man 260 Kupfer- und Zinntöpfe.

Bilder, Gobelins und Möbel verleihen den Wohnräumen Eleganz. Den palmenförmigen Porzellanofen im Speiseraum, seinerzeit eine viel beachtete Innovation, erwarb der *maréchal* (Marschall) während seiner Gouverneurszeit in Straßburg. Seine gekreuzten Marschallstäbe zieren den prächtigen Großen Salon. In den Gemächern der Freundin des Hausherrn, der Madame Hérault, hängt ein Porträt ihres Enkels Marie-Jean Hérault de Séchelles.

↑ *Mit Stilmöbeln eingerichteter Raum im Château de Montgeoffroy*

## 12 Gennes

**C4 · 2000 · Saumur oder Les Rosiers-sur-Loire · Place de l'Étoile, +33 (0)2 4151 8414 (Juli, Aug) · Di · ot-saumur.fr**

Im gallorömischen Frankreich *(siehe S. 52)* hieß das hübsche Dorf Gennes am Südufer der Loire Genina Loca. Es war ein wichtiges religiöses und wirtschaftliches Zentrum. An einem Hang entstand vor mehr als 1800 Jahren Westfrankreichs größtes **Amphithéâtre**, in dem vom 1. bis 3. Jahrhundert Gladiatoren kämpften. Bei der Restaurierung wurden Sandsteinmauern und Ziegelränge des Stadions freigelegt. Es bot Sitzplätze für rund 5000 Zuschauer, Umkleideräume und ein Drainagesystem. Für Wasserspiele wie Seeschlachten wurden die Ufer des Flusses Avort vor der Arena geflutet.

Zu den vielen jungsteinzeitlichen Stätten im Umland zählen 20 Grabkammern und Menhire. Eine der größten prähistorischen Grabstätten ist der Dolmen de la Madeleine einen Kilometer östlich von Gennes an der D69, die an der mittelalterlichen Église St-Vétérin vorbeiführt.

**An einem Hang entstand Westfrankreichs größtes Amphithéâtre, in dem vom 1. bis 3. Jahrhundert Gladiatoren kämpften.**

Auf einer Kuppe über dem Dorf bietet sich von der verfallenen Kirche St-Eusèbe (11.–15. Jh.) ein Panoramablick. Daneben steht ein Denkmal für die Kadetten der Kavallerieschule von Saumur *(siehe S. 80f)*. Sie fielen im Juni 1940 beim Versuch, die deutschen Truppen am Überschreiten der Loire zu hindern.

Eine auf dem Hügel geborgene Statue des Merkur legt nahe, dass dem römischen Gott hier in gallorömischer Zeit ein Tempel geweiht war.

Bei L'Orbière, vier Kilometer von Gennes entfernt, schuf Jacques Warminski das Werk **L'Hélice Terrestre** (Irdische Helix). Der Bildhauer ließ ein spiralförmiges Labyrinth in den Kalkstein eines Hanges schlagen. Tief unter den Erdboden reichen die Gänge, die in eine fantastische Welt unter Tage führen.

In Coutures befindet sich bei **Manoir de la Caillère** der Stollen des Bildhauers und Malers Richard Rak. In seinem Atelier schuf der Künstler ein Höhlenhaus.

**Amphithéâtre**
**+33 (0)2 4151 9470**
**Mai, Juni: Sa, So; Juli, Aug: Mi–So; Sep–Apr: nach Anmeldung**

**L'Hélice Terrestre**
**L'Orbière, St-Georges-des-Sept-Voies · Saumur, dann Taxi · Mitte Apr–Nov: tägl. 10–18**
**heliceterrestre.com**

**Manoir de la Caillère**
**16, rte de la Caillère**
**Mai–Sep: Mi–So 14–19; Okt–Apr: nach Anmeldung**
**richard-rak.com**

### 13 Château de Brissac

**C4 Brissac-Quincé**
**Angers, dann Taxi**
**+33 (0)2 4191 2221**
**Feb – Dez (Details siehe Website) 25., 31. Dez**
**brissac.net**

Das Château der Herzöge von Brissac ragt über dem Fluss Aubance auf. Das größte Schloss in Privatbesitz ist zugleich das höchste an der Loire. Stammvater des Schlossherrengeschlechts war der Statthalter von Paris und Generalfeldmarschall Charles de Cossé. Sein Tod 1621 verordnete dem Bau des riesigen Palasts eine Zwangspause.

An der Eingangsfront flankieren zwei Türme (15. Jh.) einen 37 Meter hohen, reich verzierten Kuppelpavillon (17. Jh.). Von den 204 Räumen stehen 15 Besuchern offen. Besonders fasziniert die Salle des Gardes mit Aubusson-Tapisserien und vergoldeten Decken.

In der Bildergalerie zeigt ein Porträt (19. Jh.) Madame Cliquot, die Ahnin der Champagner-Dynastie. Sie ist eine Vorfahrin des Schlossherrn, dessen Weine man nach der Besichtigung in Kellern verkosten kann.

Das Gelände bietet Wanderwege mit Aussichtspunkten. Eine Route verläuft entlang der Aubance und bietet Blicke auf Wasserfälle und den Lac de Diane.

### 14 Cunault

**C4 1000 Saumur**
**Gennes, +33 (0)2 4151 0910 (Juli, Aug) Mai de L'Orgue (Mai), Les Heures Musicales (Juli, Aug)**

Zu Recht gilt die Église Notre-Dame von Cunault als majestätischste romanische Kirche des Anjou, wenn nicht des gesamten Loire-Tals. Benediktinermönche aus Tournus im Burgund waren die Bauherren dieser Abteikirche aus hellem Kalkstein.

Im Innenraum herrscht schlichte Eleganz, betont durch hohe 223 Säulen. Die Fresken (15. Jh.) zeigen auch eine Darstellung des heiligen Christophorus.

Zu den weiteren Schmuckstücken zählen ein geschnitzter Reliquienschrein (13. Jh.) und eine bemalte Statue der heiligen Katharina (15. Jh.).

### 15 Doué-en-Anjou

**C4 11 000 Saumur**
**30, pl des Fontaines, +33 (0)2 4183 1183**
**doue-en-anjou.fr**

Doué-en-Anjou ist Zentrum der Pilzzucht und Rosenhauptstadt Frankreichs. Die königlichen Rosengärten wurden im 18. Jahrhundert von Joseph Foullon, einem hohen Beamten Louis' XVI, gegründet. Heute verfügt die Stadt über das größte Rosenanbaugebiet Europas, in rund 50 Baumschulen wachsen etwa sieben Millionen Rosensträucher. Jährlich findet in den Höhlenwohnun-

## Schon gewusst?

**Etwa drei Viertel der französischen Pilzernte stammen aus dem Anjou.**

gen der internationale Blumenkunstwettbewerb Journées de la Rose statt. Der Besuch der **Roseraie Foullon** mit über 300 Rosensorten ist gratis.

Im **Musée aux Anciens Commerces** wurden etwa 20 Läden aus der Zeit von 1850 bis 1950 nachgebaut, darunter ein Lebensmittelgeschäft, eine Apotheke und ein Spielzeugladen.

**Roseraie Foullon**
**Route de Soulanger Pl du Champ de Foire tägl.**

**Musée aux Anciens Commerces**
**279, chemin du Lavoir Pl du Champ de Foire Zeiten der Website entnehmen anciens-commerces.fr**

16

## Montreuil-Bellay

**D4 5000 Saumur 2, pl du Marché, +33 (0)2 4152 3239 Di, So ville-montreuil-bellay.com**

Montreuil-Bellay ist einer der reizendsten Orte des Anjou. Das **Château de Montreuil-Bellay** steht dort, wo Foulques Nerra es erstmals im 11. Jahrhundert befestigen ließ. Im 13. Jahrhundert zog man den wuchtigen Mauerring mit elf Türmen und einem mächtigen Eingang, dem sogenannten Château-Vieux, hoch. Die Gebäude innerhalb der Schutzwälle blicken auf Gartenterrassen, die zum Thouet absteigen. Sie stammen, wie auch das Château-Neuf, ein Bauwerk mit Renaissancefassade, aus dem 15. Jahrhundert.

Das Innere präsentiert sich mit kostbaren Möbeln, Kaminen im Flamboyantstil und Decken mit reichem Relief- und Bilddekor.

**Château de Montreuil-Bellay**
**Zeiten der Website entnehmen chateau-montreuil-bellay.fr**

17 

## Château de Montsoreau

**D4 Saumur, dann Taxi +33 (0)2 4167 1260 Feb – Dez (Details siehe Website) chateau-montsoreau.com**

Eine hohe Zinnenmauer ist der Überrest der vierseitigen Burg (1455). Heute ist darin ein Zentrum für zeitgenössische Kunst untergebracht, das sich Werken britischer Konzeptkünstler widmet.

In der nahe gelegenen **Maison du Parc Régional Loire-Anjou-Touraine** leben u. a. mehr als 300 Schmetterlingsarten.

**Maison du Parc Régional Loire-Anjou-Touraine**
**15, av de la Loire, Montsoreau Zeiten der Website entnehmen parc-loire-anjou-touraine.fr**

## Hotels

**Château de Brissac**
Das Schloss bietet großzügig eingerichtete Zimmer. Frühstück und Schlossführung sind im Preis inbegriffen.

**C4 Brissac en Val de Loire brissac.net**

€€€

**Château du Plessis-Bourré**
Wie wäre es mit einer Unterkunft für Selbstversorger *(gîte)* auf dem Schlossgelände? Gîte de la Bergerie verfügt über einen Garten, Gîte de Beauvais liegt mitten im Anwesen.

**C4 Écuillé plessis-bourre.com**

€€€

↑ *Fassade des Château de Brissac und eines seiner opulenten Gemächer* (Detail)

# Tour zu den Höhlenwohnungen

**Länge** 52 km **Rasten** In Orten wie Dénezé-sous-Doué, Doué-en-Anjou und Rochemenier gibt es Restaurants.

Die Tuffsteinfelsen an der Loire und andere kalksteinreiche Gegenden des Anjou sind durchlöchert von Höhlen. Diese Höhlenwohnungen der Troglodyten (Höhlenmenschen) sind sehr alt, manche wurden im 12. Jahrhundert in den Fels gehauen. In der Vergangenheit wurden sie als Taubenschläge, Kapellen, Bauernhöfe, Weinkeller und sogar als Wohnstätten genutzt. In jüngerer Zeit dienen sie jedoch zur Pilzzucht sowie als Künstlerateliers oder Ferienhäuser. Bei dieser faszinierenden Tour erfährt man mehr über das Leben in Höhlen.

Protestantische Steinmetze schmückten die Höhlen in **Dénezé-sous-Doué** aus.

Das bewohnte Höhlenhaus in **La Fosse** steht Besuchern offen.

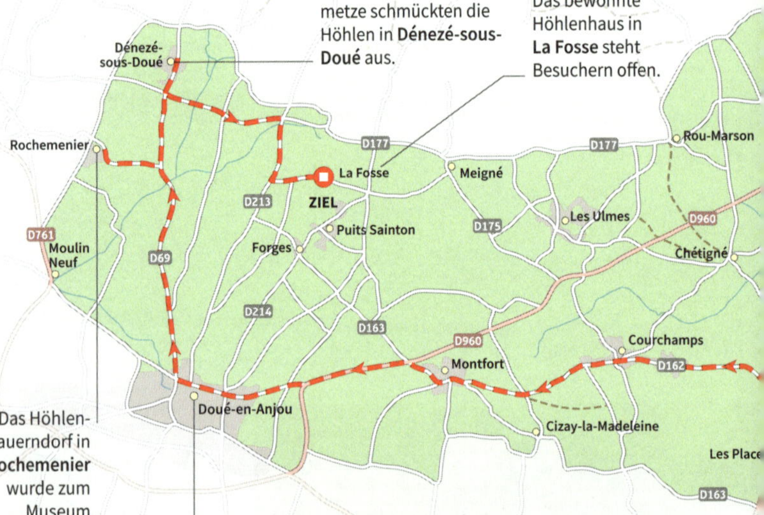

Dénezé-sous-Doué
Rochemenier
D761
Moulin Neuf
D69
D213
D177
La Fosse
ZIEL
Puits Sainton
Forges
D214
D163
Meigné
D175
D177
Les Ulmes
Rou-Marson
D960
Chétigné
Courchamps
D960
Montfort
D162
Doué-en-Anjou
Cizay-la-Madeleine
Les Place
D163

Das Höhlenbauerndorf in **Rochemenier** wurde zum Museum umgestaltet.

Le Mystère des Faluns in **Doué-en-Anjou** präsentiert Ausstellungen zur Geschichte der Höhlen.

→ *Bei der Erkundung einer unterirdischen Höhlenwohnung in Rochemenier*

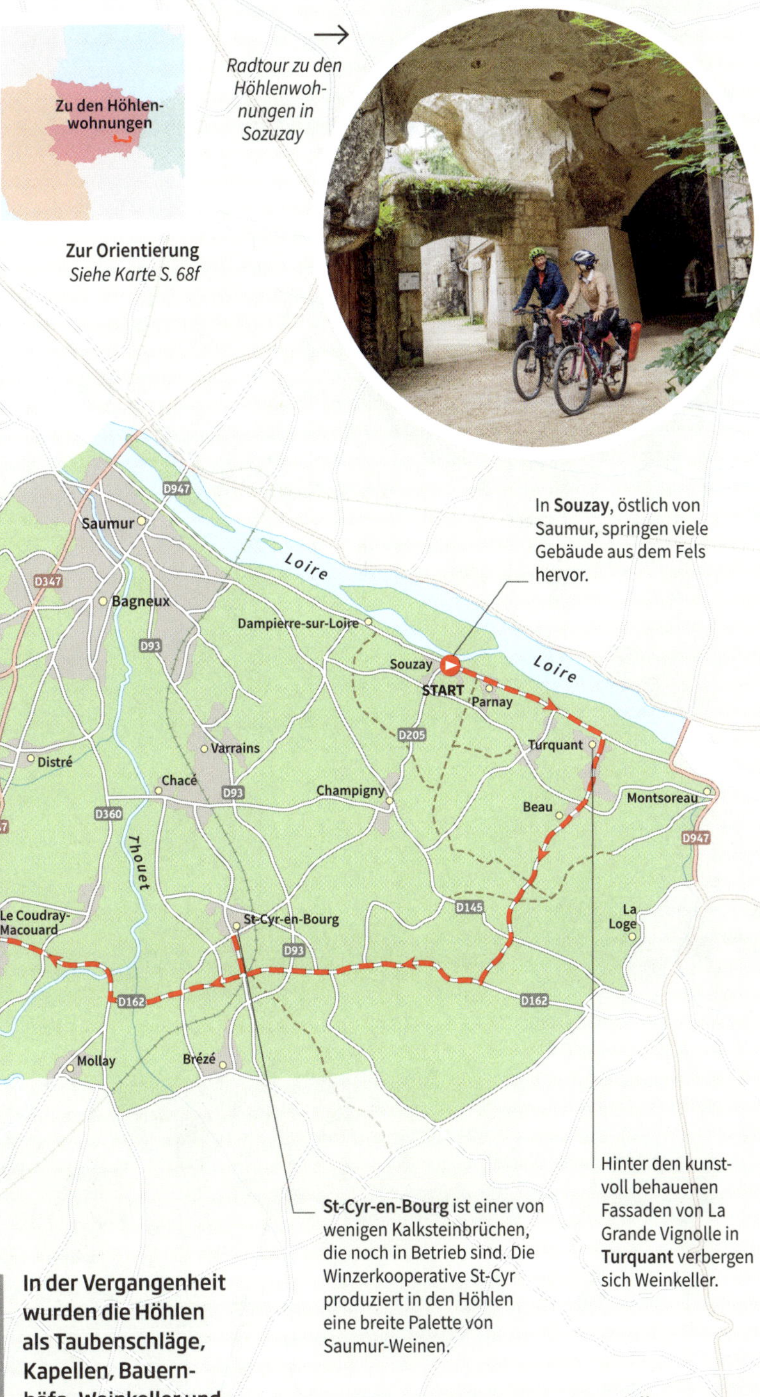


**Zur Orientierung**
*Siehe Karte S. 68f*

*Radtour zu den Höhlenwohnungen in Sozuzay*

In **Souzay**, östlich von Saumur, springen viele Gebäude aus dem Fels hervor.

**St-Cyr-en-Bourg** ist einer von wenigen Kalksteinbrüchen, die noch in Betrieb sind. Die Winzerkooperative St-Cyr produziert in den Höhlen eine breite Palette von Saumur-Weinen.

Hinter den kunstvoll behauenen Fassaden von La Grande Vignolle in **Turquant** verbergen sich Weinkeller.

**In der Vergangenheit wurden die Höhlen als Taubenschläge, Kapellen, Bauernhöfe, Weinkeller und sogar als Wohnstätten genutzt.**

Léonard de Vinci
Restaurant Léonard de Vinci
Restaurant Léonard de Vinci

*Rue de la Monnaie in Tours* (siehe S. 98–105)

# Touraine

Die Touraine ist vor allem bekannt für ihre Schlösser, die sich wie weiße Perlen an der Loire und ihren Zuflüssen aneinanderreihen. Untermalt vom reichen Erbe ihrer Geschichte und der fruchtbaren Landschaft, die sich sanft dahinwellt, bietet sie sich als Urbild des Loire-Tals dar.

Feudalburgen wie Chinon und Loches rufen in Erinnerung, dass diese Region einst ein Schlachtfeld war, auf dem die kriegerischen Grafen von Anjou und Blois ihre Fehden austrugen. Und hier, in Chinon, setzte Jeanne d'Arc dem späteren Charles VII so lange zu, bis er die Armee aufstellte, die sie zum Sieg über die Engländer führte.

Charles VIII, Louis XII und François I brachten die italienische Renaissance nach Frankreich und leiteten damit eine kunsthistorisch bedeutende Ära ein, die die zeitlos schönen Schlossbauten der Touraine hervorbrachte. Ende des 16. Jahrhunderts zog der königliche Hof zwar nach Paris, doch der Adel ließ sich weiter prachtvolle Landsitze errichten.

Nach Fertigstellung der ersten Eisenbahnstrecke von Paris nach Tours im Jahr 1846 stiegen die Einnahmen durch Tourismus und Weinexport. Besucher schätzen die Touraine noch heute für grandiose Schlösser sowie ausgezeichnete kulinarische Spezialitäten und Weine.

Touraine
Highlights
1 Tours
2 Château de Chenonceau
3 Château de Villandry
4 Château d'Azay-le-Rideau
Sehenswürdigkeiten
5 Chinon
6 Château de Langeais
7 Château de Gizeux
8 Candes-St-Martin
9 Château de l'Islette
10 Musée Rabelais La Devinière
11 Château du Rivau
12 Château d'Ussé
13 Villaines-les-Rochers
14 Saché
15 Domaine de Candé
16 Richelieu
17 Le Grand-Pressigny
18 Loches
19 Montrésor
20 Amboise
SARTHE
Nördlich der Loire
Seiten 166–187
Le Lude
Anjou
Seiten 66–93
Chigné
St-Paterne-Racan
Château-la-Vallière
Sonzay
Souvigné
Channay-sur-Lathan
Château de Champchevrier
Rillé
Hommes
Cléré-les-Pins
Château de Gizeux
Continvoir
Château de Cinq-Mars-la-Pile
St-Martin-des-Landes
Château de Langeais
Benais
Loire
Château de Villandry
Bourgueil
St-Patrice
Château de l'Islette
Les Réaux
Château d'Ussé
Château d'Azay-le-Rideau
Forêt de Chinon
Avoine
Candes-St-Martin
Villaines-les-Rochers
MAINE-ET-LOIRE
Chinon
Musée Rabelais La Devinière
La Roche-Clermault
Le Puy-Notre-Dame
Château du Rivau
L'Île-Bouchard
Champigny-sur-Veude
Veude
Rilly-sur-Vienne
Richelieu
Loudun
Thouars
Marigny-Marmande
Jaulnay
DEUX-SÈVRES
Monts-sur-Guesnes
Riblaire
Saint-Jouin-de-Marnes
VIENNE
L'Hôpiteau
Mirebeau
Lencloître
0 Kilometer 15
N

Touraine
Blésois und Orléanais
Seiten 124–149
Berry
Seiten 150–165
LOIR-ET-CHER
INDRE-ET-LOIRE
INDRE
Gâtine Tourangelle
1 Tours
2 Château de Chenonceau
6
14 Saché
15 Domaine de Candé
17 Le Grand-Pressigny
18 Loches
19 Montrésor
20 Amboise
Villedieu-le-Château
Saint-Arnoult
St-Amand-de-Vendôme
Chemillé-sur-Dême
Château-Renault
Beaumont-la-Ronce
Neuillé-Pont-Pierre
Monnaie
Autrèche
Reugny
Charentilly
Chançay
Cangey
La Membrolle-sur-Choisille
Parçay-Meslay
Pernay
Flughafen Tours Val de Loire
Pocé-sur-Cisse
Vouvray
Luynes
Montlouis-sur-Loire
Loire
Pontlevoy
Chambray-lès-Tours
Cher
Azay-sur-Cher
Bléré
Montbazon
Saint-Aignan
Cormery
Sublaines
Cigogné
Le Liège
Sorigny
Tauxigny
Indre
Orbigny
Genillé
Manthelan
Chartreuse du Liget
Ste-Maure-de-Touraine
Nouans-les-Fontaines
Sennevières
La Chapelle-Blanche-St-Martin
Écueillé
Sepmes
St-Hippolyte
Villedômain
Vienne
Ligueil
St-Senoch
Bridoré
Ferrière-Larçon
Châtillon-sur-Indre
Descartes
St-Flovier
Abilly-sur-Claise
Dangé-Saint-Romain
Creuse
Claise
Barrou
Azay-le-Ferron
Preuilly-sur-Claise
Subtray
Châtellerault
Mézières-en-Brenne
Yzeures-sur-Creuse
Pleumartin
Lureuil
Méobecq
Douadic
Angles-sur-l'Anglin
D910
D47
D29
D766
D938
A28
D46
A10
D31
D751
D764
D952
D37
D7
D976
A85
D45
D17
D50
D943
D910
D81
D760
D57
D675
D31
D59
D750
D975
D943
D725
D375
D925
D15
D749

↑ *Im charmanten Zentrum von Tours gibt es viele beliebte Straßencafés*

❶

# Tours

E4 · 140 000 · 6 km nordöstl. · 78, rue Bernard Palissy · +33 (0)2 4770 3737 · Di–So · Foire à l'Ail et au Basilic (26. Juli, *siehe S. 101*) · tours-tourisme.fr

**In Tours gibt es viel zu entdecken, vor allem den mittelalterlichen Stadtkern und die Kathedrale. Tours war zur Römerzeit ein Handelszentrum, später durch das Grab des heiligen Martin Ziel von Pilgerscharen. Im Hochmittelalter stieg Tours zur königlichen Nebenresidenz auf. Bis heute bezaubert die Stadt mit ihrem besonderen Charme**

①  

## Tour Charlemagne

**Place de Châteauneuf**

Die 56 Meter hohe romanische Tour Charlemagne ist neben der Tour de l'Horloge (Uhrturm) der einzige Turm, der von der Église St-Martin erhalten blieb. Die Kirche war im Zuge der Kämpfe während der Französischen Revolution weitgehend zerstört worden. Dieser Turm wurde als letzte Ruhestätte von Luitgard, der Frau Karls des Großen, errichtet, die im Jahr 800 bei einem Besuch der Stadt starb.

Besichtigungen können über den **Service Patrimoine** organisiert werden. Zur Turmspitze sind 284 Stufen zu überwinden, doch der Panoramablick von oben über die Stadt entschädigt für die Mühe. Von der Aussichtsplattform scheinen die Zwillingstürme der Cathédrale Saint-Gatien zum Greifen nah.

**Service Patrimoine**
**tours.fr**

②  

## Place Plumereau

Dieser malerische, Fußgängern vorbehaltene Platz im mittelalterlichen Zentrum der Stadt ist von schönen Fachwerkhäusern umgeben. Gemütliche Straßencafés sowie Boutiquen und Galerien laden zum Verweilen ein. Die von der Place Plumereau wegführenden Straßen, wie etwa die Rue Briçonnet, werden ebenfalls von Fachwerkfassaden mit zum Teil schiefen Türmen gesäumt. Interessant ist auch ein Bummel durch die Innenhöfe.

## Hotels

**Château de Beaulieu**
Das prachtvolle Anwesen bietet u. a. eine schöne Gartenanlage und ein luxuriöses Spa.

**67, rue de Beaulieu, Joué-lès-Tours**
**chateaudebeaulieu37.com**

**Les Trésorières**
Das Fünf-Sterne-Boutique-Hotel im Quartier des Halles verbindet historisches Ambiente mit modernem Design.

**2, pl Jean Meunier**
**les-tresorieres.com**

Durch ein Tor gelangt man zur Place St-Pierre-le-Puellier, auf der man neben einer romanischen Kirche auch Reste galloromanischer Bauten sieht. Die Kirche wurde in ein Café umgewandelt.

## Basilique St-Martin

**Rue des Halles · +33 (0)2 4705 6387 · Mo–Sa 7:15–19, So 8–19 · tägl. 18**

Eine der bedeutendsten religiösen Gestalten der französischen Geschichte, der heilige Martin, wurde im 4. Jahrhundert in Pannonien, im heutigen Ungarn, geboren. Obwohl er der Sohn eines römischen Militärtribuns war, schlug er widerwillig die Militärlaufbahn ein. So kam er mit der Legion nach Gallien. An einem Wintertag hatte er eine Begegnung mit einem armen, unbekleideten Mann. Er nahm sein Schwert, teilte seinen Mantel und gab eine Hälfte dem Armen.

Martin begründete das erste Kloster Frankreichs und wurde im Jahr 372 zum Bischof von Tours geweiht. Nach seinem Tod im Jahr 397 entwickelte sich seine Grabstätte zu einer der bedeutendsten Pilgerstätten in Europa. Ihm wurde eine der größten mittelalterlichen Kirchen gewidmet. Allerdings sind von diesem Gotteshaus nur noch zwei Türme erhalten. Auch heute noch pilgern viele Katholiken zu seinem Grabmal in der Krypta.

## Centre de Création Contemporaine Olivier Debré (CCC OD)

**Jardin François Ier · +33 (0)2 4766 5000 · Mi–So 11–18 (Sa bis 19) · 1. Jan, 1. Mai, 25. Dez · cccod.fr**

Unmittelbar hinter dem Hôtel Goüin mit seiner beeindruckenden Fassade zeigt dieses Zentrum für zeitgenössische Kunst zahlreiche Werke von Olivier Debré (1920–1999), einem renommierten abstrakten Künstler des 20. Jahrhunderts. Viele seiner Gemälde sind von der Landschaft der Touraine inspiriert. Die Dauerausstellung zeigt u. a. mehrere großformatige Bilder von ihm. Neben der hervorragenden Sammlung ist das Centre de Création Contemporaine Olivier Debré auch regelmäßig Schauplatz für Ausstellungen etablierter wie aufstrebender zeitgenössischer Künstler.

**Schon gewusst?**

**Den Bewohnern von Tours sagt man ein klares, dialektfreies Französisch nach.**

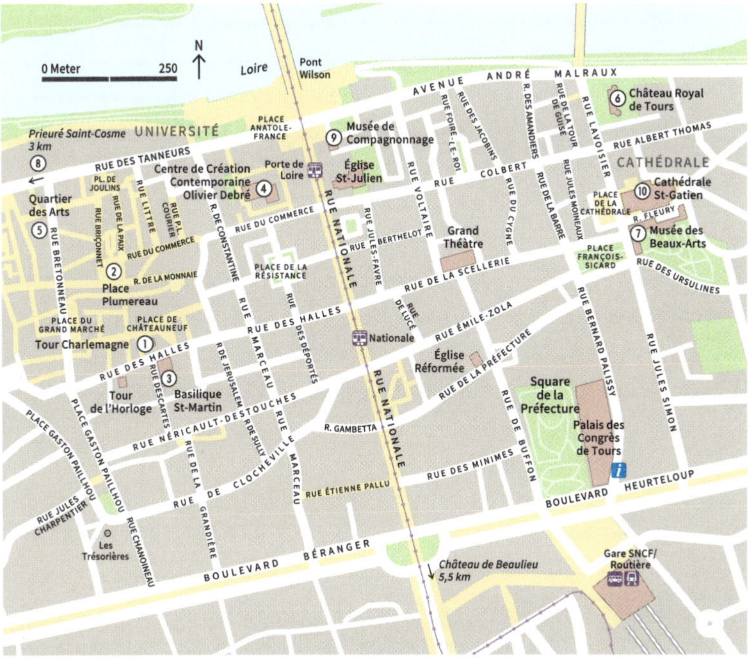

⑤
## Quartier des Arts

Westlich der Altstadt erstreckt sich zwischen der Place de la Victoire und der Rue du Grand Marché ein kleines Viertel mit ruhigen Straßen – das Quartier des Arts. Hier gibt es alteingesessene Werkstätten, Kunsthandwerksläden und Galerien. Obwohl man hier sehr gut bummeln kann, kommen bisher nur wenige Besucher der Stadt hierher.

Entlang von Rue du Petit Saint-Martin, Rue Étienne Marcel, Rue Eugène Sue und an der Place Robert Picou kommen Sie an Kunstgalerien vorbei, die für Grafikdesign und Illustrationen bekannt sind. Außerdem passieren Sie Läden mit Schmuck und Musikinstrumenten. Der Bezirk ist auch Teil des Sentier Cœur de Ville, eines etwa neun Kilometer langen Spazierwegs durch das Zentrum.

Expertentipp
**Kostproben**

Tours gilt als »Stadt der Gastronomie«. Es gibt wohl keinen besseren Ort, um lokale Spezialitäten zu erleben, als den Markt Les Halles. Dort präsentieren und verkaufen ca. 40 Händler ihre Produkte.

## Château Royal de Tours

**25, av André Malraux**
**+33 (0)2 4770 8846**
**Di – So 14 – 18** **Feiertage** **chateau.tours.fr**

Das Schloss, das im 13. und 15. Jahrhundert königliche Residenz war, wurde auf gallorömischen Mauern erbaut, die man noch sehen kann.

Die Tour de Guise ist nicht immer zu besichtigen, lohnt aber schon den Blick von außen. Sie heißt nach dem jungen Duc de Guise. Er saß hier in Gefangenschaft, nachdem Henri III seinen Vater 1588 im Château Royal de Blois hatte ermorden lassen, konnte aber in tollkühner Manier fliehen.

Das Logis des Gouverneurs präsentiert auf drei Ebenen Sonderausstellungen zu verschiedenen Themen (u. a. Fotografie, Keramik, Bildhauerei und Archäologie).

> **Duc de Guise saß hier in Gefangenschaft, nachdem Henri III seinen Vater 1588 im Château Royal de Blois hatte ermorden lassen.**

## Musée des Beaux-Arts

**18, pl François-Sicard**
**+33 (0)2 4705 6882**
**Mo 9:30 – 18, Mi – So 9 – 18**
**1. Jan, 1. Mai, 14. Juli, 1., 11. Nov, 25. Dez**
**mba.tours.fr**

Das Museum befindet sich in zentraler Lage, nahe der Kathedrale, im ehemaligen erzbischöflichen Palast. Die Gebäude stammen vor allem aus dem 17. und 18. Jahrhundert. Davor erstreckt sich ein attraktiver Ziergarten.

Die Gemäldesammlung umfasst Werke mittelalterlicher bis zeitgenössischer Künstler, darunter Andrea Mantegnas berühmte, für Veronas Kirche San Zeno 1456 – 60 gefertigte Altar-

bilder *Auferstehung* und *Christus in Gethsemane*.

Einen weiteren Schwerpunkt bilden italienische Gemälde aus dem 17. und 18. Jahrhundert sowie Werke von Rubens und Rembrandt. Die Sammlung des 20. Jahrhunderts zeigt faszinierende Landschaftsgemälde, ein häufiges Motiv ist die Loire in der Umgebung von Tours.

Ein Nebengebäude rechts vom Eingangshof bewahrt eine seltene Reliquie: einen ausgestopften Zirkuselefanten, der Anfang des 20. Jahrhunderts in Tours starb.

*Highlight*

### Knoblauch- und Basilikumfest

Am 26. Juli, dem Jahrestag der heiligen Anna, findet in der Altstadt von Tours das Knoblauch- und Basilikumfest *(Foire à l'Ail et au Basilic)* statt. Schauplatz ist die Place du Grand Marché nahe dem überdachten Markt *(Les Halles)*. An allen Ständen hängen geflochtene Zöpfe aus Knoblauchknollen, roten Zwiebeln und Schalotten.

## Prieuré Saint-Cosme

**Rue Ronsard, La Riche**
**Ligne 3a, La Pléiade**
**Apr – Okt: tägl. 10 – 18 (Juni – Aug: bis 19); Nov – März: Mi – Mo 10 – 12:30, 14 – 17 1. Jan, 25. Dez**
**prieure-ronsard.fr**

Ein Besuch des Priorats Saint-Cosme ist eine willkommene Abwechslung zum lebhaften Treiben in der Stadt. Hier lebte der berühmte französische Lyriker Pierre de Ronsard (1524 – 1585), der – ohne jemals ein Gelübde abgelegt zu haben – in den vergangenen 20 Jahren seines Lebens Prior von Saint-Cosme war. In seinem Wohnhaus bietet jeder Raum Einblicke in sein Leben und Schaffen. Während der Besichtigung hören Sie Gedichte de Ronsards. Nehmen Sie sich neben dem Rundgang auch ein wenig Zeit für das Refektorium, um die wunderschönen Bleiglasfenster des chinesischen Künstlers Zao Wou-Ki zu erleben.

Versäumen Sie auch nicht einen Bummel durch den Außenbereich des Priorats. Die entspannte Atmosphäre auf dem Gelände lädt zum Verweilen und Genießen. Die Luft ist erfüllt von den Düften der Heilpflanzen des Klostergartens und der Früchte des Obstgartens. Nehmen Sie Platz in einem der bequemen Schaukelsitze, die von den Ästen der riesigen Bäume herabhängen.

In den Ruinen der Kirche (11. Jh.) befindet sich auch das Grab des Dichters.

*Fassade und gepflegter Garten des Musée des Beaux-Arts*

## Musée de Compagnonnage

**8, rue Nationale**
**+33 (0)2 4721 6220**
**Feb – Dez: Mi – Mo 9 – 12:30, 14 – 18 Feiertage**
**museecompagnonnage.fr**

Das sehenswerte Museum in einem Teil der Abtei, die früher der mittelalterlichen Église St-Julien angeschlossen war, widmet sich dem Kunsthandwerk. Die Ausstellungen illustrieren die Geschichte der Compagnonnage, einer Organisation von Handwerkern, und präsentieren Hunderte von Werken verschiedener Zünfte.

Ein Höhepunkt des Museums ist die Sammlung an »Meisterstücken« im wörtlichen Sinn: Arbeiten wandernder Handwerksgesellen *(compagnons)*, die zum Erwerb des hoch angesehenen Meisterbriefs vorgelegt wurden. Die Ausstellung umspannt zahlreiche Handwerkskünste: Werke von Steinmetzen gehören ebenso zum Inventar wie die von Holzschuhmachern und sogar einige ungewöhnliche Kreationen von Zuckerbäckern.

⑩

# Cathédrale St-Gatien

Pl de la Cathédrale +33 (0)2 4770 2100 tägl. 9 – 20 (Winter bis 19) So 11, 18:30 paroisse-cathedrale-tours.fr

**Der Name der Kathedrale würdigt einen Bischof von Tours aus dem 3. Jahrhundert. Der Grundstein wurde zu Beginn des 13. Jahrhunderts auf dem romanischen Vorgängerbau gelegt, die Kirche jedoch erst Mitte des 16. Jahrhunderts vollendet.**

Die gotische Entwicklung der Kathedrale kann man wunderbar nachvollziehen. Als erster Bereich wurde der frühgotische Altarraum fertiggestellt, das elegante Kirchenschiff und das Querschiff entsprechen der Mittel- und Hochgotik, die reich verzierte Westfassade zeigt den Flamboyantstil der Spätgotik. Die Bleiglasfenster im Chor, die die Passion Christi und andere biblische Szenen darstellen, wurden um 1265 ergänzt. Auf einem Platz in der Nähe der Kathedrale steht eine Statue von Michel Colombe, dem berühmten Bildhauer aus Tours.

*Illustration der Cathédrale St-Gatien* ↓

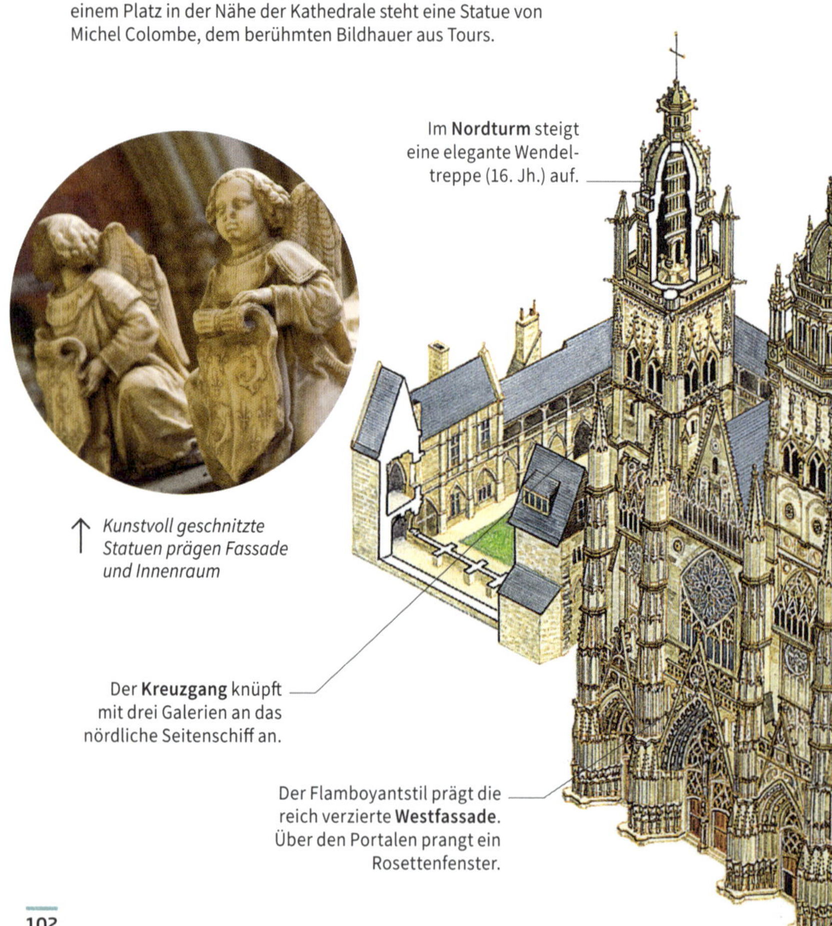

Im **Nordturm** steigt eine elegante Wendeltreppe (16. Jh.) auf.

↑ *Kunstvoll geschnitzte Statuen prägen Fassade und Innenraum*

Der **Kreuzgang** knüpft mit drei Galerien an das nördliche Seitenschiff an.

Der Flamboyantstil prägt die reich verzierte **Westfassade**. Über den Portalen prangt ein Rosettenfenster.

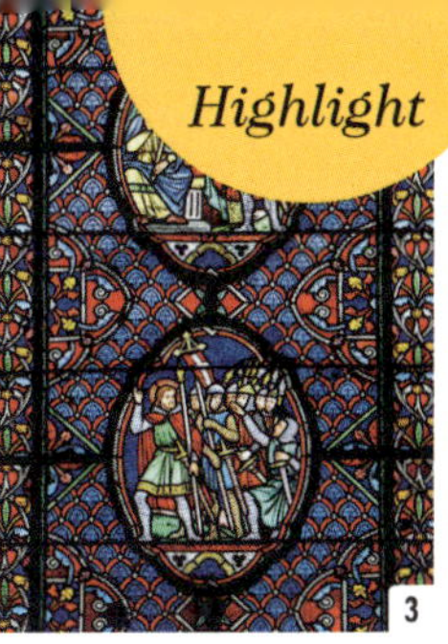

Highlight

1 *Die Kirche verfügt über eine schöne Gewölbedecke und einen Chorumgang.*

2 *An der Westfassade ragen die beiden Türme auf.*

3 *Viele farbenprächtige Bleiglasfenster schmücken das Innere der Kathedrale.*

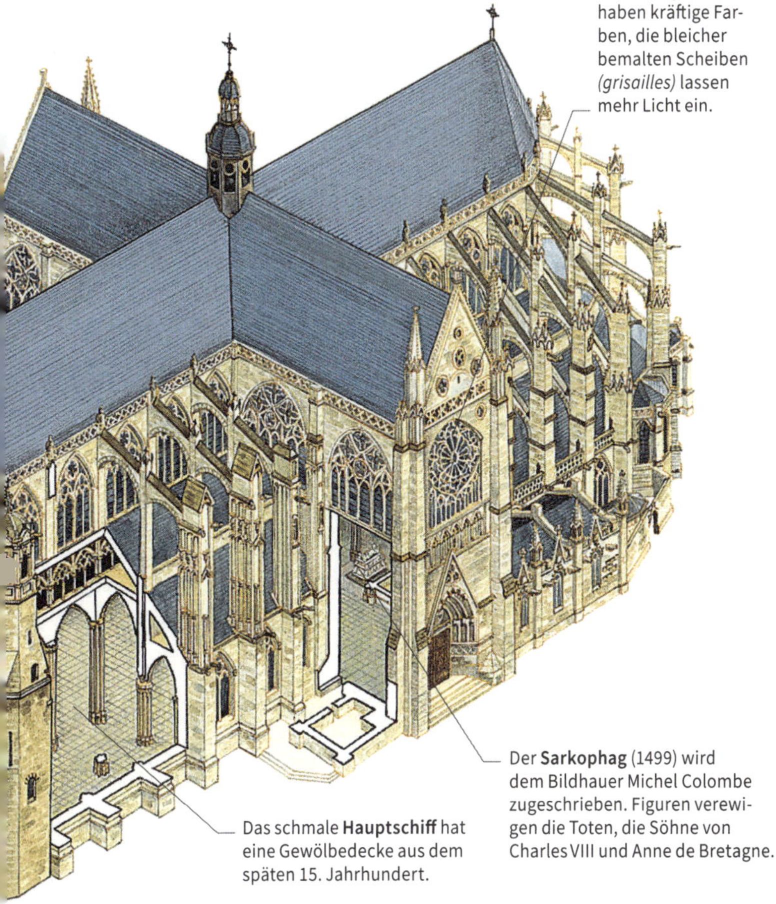

Viele **Bleiglasfenster** haben kräftige Farben, die bleicher bemalten Scheiben *(grisailles)* lassen mehr Licht ein.

Der **Sarkophag** (1499) wird dem Bildhauer Michel Colombe zugeschrieben. Figuren verewigen die Toten, die Söhne von Charles VIII und Anne de Bretagne.

Das schmale **Hauptschiff** hat eine Gewölbedecke aus dem späten 15. Jahrhundert.

# Spaziergang durch Tours

**Länge** 1,5 km **Dauer** 30 Min.
**Bahnhof** Pl du Général Leclerc

Der mittelalterliche Stadtkern, Le Vieux Tours, mit seinen schmalen Straßen und fachwerkverzierten Häusern, ist gelungen restauriert. Cafés, Bars und Restaurants machen ihn zu einem bei Einheimischen wie Besuchern beliebten Treffpunkt. Zum Shopping laden Modeboutiquen und kleine Läden ein, die sich vor allem auf Kunsthandwerk und edle Küchenartikel spezialisiert haben. Den Mittelpunkt bildet die Place Plumereau, auf die bei schönem Wetter Cafés ihre Tische stellen.

## Schon gewusst?

**Bahnhof und Rathaus in Tours wurden von Victor Laloux erbaut, der auch das Musée d'Orsay in Paris gestaltete.**

Die von mittelalterlichen Gebäuden umgebene, belebte **Place Pierre-le-Puellier** war einst der Kreuzgang eines Renaissanceklosters.

Mit zahlreichen Straßencafés, Bars und Restaurants zählt die **Rue du Grand Marché** zu den beliebtesten Straßen in der Stadt.

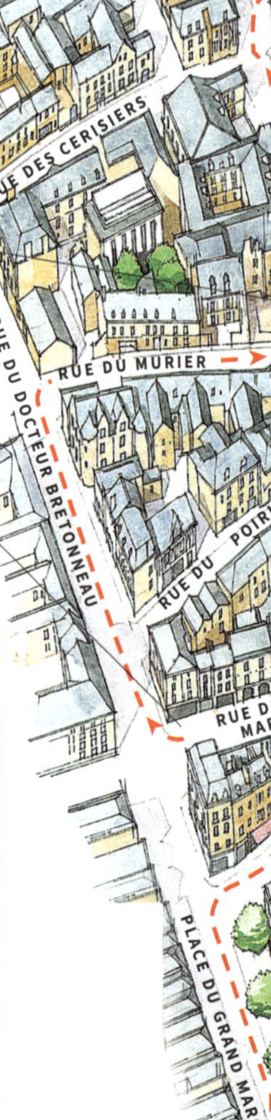

*Straßencafés säumen die kopfsteingepflasterte Place Plumereau*

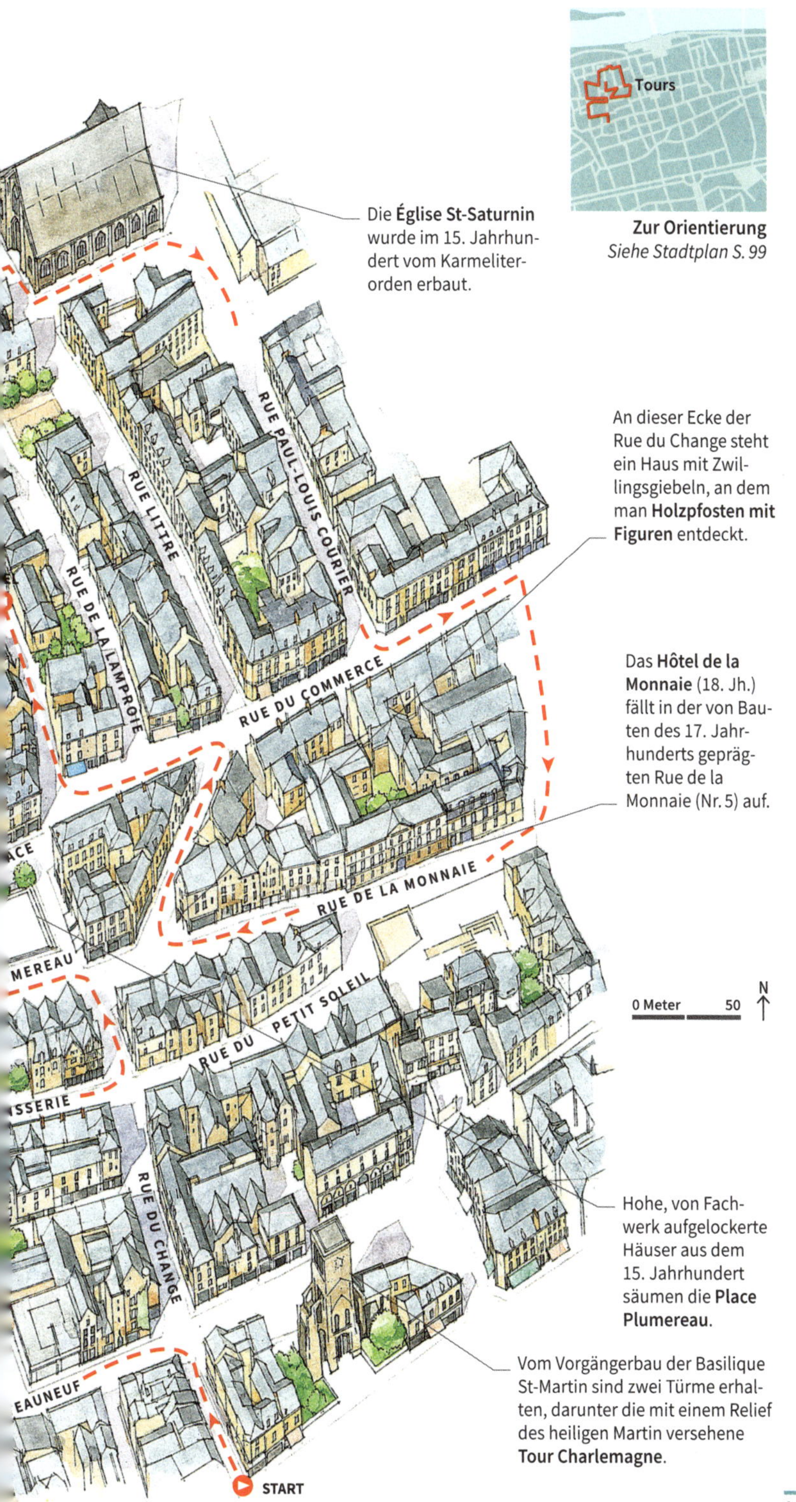


**Zur Orientierung**
*Siehe Stadtplan S. 99*

Die **Église St-Saturnin** wurde im 15. Jahrhundert vom Karmeliterorden erbaut.

An dieser Ecke der Rue du Change steht ein Haus mit Zwillingsgiebeln, an dem man **Holzpfosten mit Figuren** entdeckt.

Das **Hôtel de la Monnaie** (18. Jh.) fällt in der von Bauten des 17. Jahrhunderts geprägten Rue de la Monnaie (Nr. 5) auf.

Hohe, von Fachwerk aufgelockerte Häuser aus dem 15. Jahrhundert säumen die **Place Plumereau**.

Vom Vorgängerbau der Basilique St-Martin sind zwei Türme erhalten, darunter die mit einem Relief des heiligen Martin versehene **Tour Charlemagne**.

↑ *Château de Chenonceau und seine aufwendig gestalteten Gärten*

# Château de Chenonceau

**E4 Chenonceaux +33 (0)2 4723 4406 Zeiten der Website entnehmen Promenades Nocturnes** *(siehe S. 109)* **chenonceau.com**

**Chenonceau wurde in der Renaissance als Lustschloss erbaut und anschließend mehrfach umgestaltet und erweitert. Eine prächtige, von Platanen gesäumte Allee führt zu symmetrisch angelegten Gärten. Der Zauber der Anlage wurde vielfach – u. a. vom berühmten Autor Gustave Flaubert – gerühmt.**

Viele halten dieses Château für das schönste in der Region. Romantisch überspannt es den Fluss Cher, umgeben von ornamentalen Gärten und Wäldern. Insbesondere fünf Frauen haben dem graziösen Bau seine besondere feminine Note verliehen. Erste Herrin auf Chenonceau war Catherine Briçonnet, die Gattin des königlichen Kämmerers. Sie überwachte den Schlossbau. Unter Diane de Poitiers, Mätresse Henris II, kamen der symmetrische Garten und die Brücke über den Cher hinzu. Nach dem Tod Henris eignete sich seine Witwe Catherine de Médicis das Château an und versah die Brücke mit einer Galerie. Aus Achtung vor der Schlossdame Louise Dupin, der Frau eines Steuereintreibers, blieb Chenonceau von den Zerstörungen der Französischen Revolution verschont. Madame Pelouze ließ das Schloss im 19. Jahrhundert umfassend restaurieren.

**Aus Achtung vor der Schlossdame Louise Dupin blieb Chenonceau von den Zerstörungen der Französischen Revolution verschont.**

Highlight

*Chronik*

*1513*
△ Thomas Bohier erwirbt das Gut Chenonceau; seine Frau Catherine Briçonnet lässt es umbauen

*1533*
Catherine de Médicis (1519–1589) heiratet Henri II (1519–1559). Chenonceau wird königliches Loire-Schloss

*1575*
Louise de Lorraine (1554–1601) heiratet Catherines Sohn Henri III

*1730–99*
▽ Louise Dupin macht Chenonceau zu einem Salon für Intellektuelle

*1789*
Dank Louise Dupin übersteht Chenonceau unbeschadet die Revolution

*1913*
Die Familie Menier kauft das Schloss. Es gehört noch heute dieser Schokoladendynastie

*1941*
Ein Bombenangriff beschädigt die Schlosskapelle

**Diane de Poitiers**, Mätresse Henris II, verschönte das Schloss mit einem Ziergarten und der Brücke über den Cher.

↓ *Château de Chenonceau mit dem weitläufigen Schlossgelände*

Die heutige Gartenanlage stammt aus dem 19. Jahrhundert.

**Louise de Lorraine** ließ nach dem Tod ihres Mannes, Henri III, ihr Zimmer in Schwarz ausstatten.

**Catherine de Médicis** ließ die Grande Galerie über den Cher anlegen.

**Catherine Briçonnet** beaufsichtigte den Bau der damals ungewöhnlichen Schlossanlage.

**Madame Pelouze** ließ das Schloss originalgetreu umgestalten.

# Überblick: Château de Chenonceau

Chenonceau am Fluss Cher gilt oft als das schönste Schloss im Loire-Tal. Es wurde aus einer Wassermühle mit bescheidenem Herrenhaus, das nach Plänen eines venezianischen Palastes errichtet worden war, im Lauf der Jahrhunderte systematisch zu einem Renaissanceschloss ausgebaut. Das charakteristische Merkmal von Chenonceau ist die über dem Fluss errichtete, 60 Meter lange, florentinisch inspirierte Galerie, die sich im Wasser spiegelt. Die Pracht setzt sich im Inneren in den Zimmern und Gemächern fort. Das Schloss birgt eine Sammlung von Möbeln und Kunstwerken, darunter eine seltene Darstellung Henris III des großen französischen Renaissancemalers François Clouet.

Der zentrale Wohnbereich befand sich in einem quadratischen Gebäude, das auf den Fundamenten der alten Wassermühle mitten im Cher errichtet wurde. Vier der Haupträume öffnen sich vom Vestibül im Erdgeschoss: Die Salle des Gardes, die Chambre de Diane de Poitiers, die Chambre de François I und der Salon Louis XIV mit einem Porträt des Sonnenkönigs. Im ersten Stock befinden sich weitere prachtvoll gestaltete Apartments, darunter die Chambre de Catherine de Médicis mit Blick auf den Fluss und die Gärten. Neben einer Besichtigung des Schlosses sollte man sich auch Zeit für einen Spaziergang durch die große Gartenanlage nehmen. In der Orangerie gibt es auch ein ausgezeichnetes Restaurant.

← *Grande Galerie: einst Schauplatz für rauschende Feste*

Pfeiler mit Akanthus- und Muschelornamenten stützen die Kuppel der **Kapelle**.

Die **Tour des Marques** ist ein Überrest der Burg der Familie Marques aus dem 15. Jahrhundert.

## Weinlokal

**Caves des Dômes**
Genießen Sie in den Caves des Dômes, dem Weinkeller (16. Jh.) des Schlosses, edle Tropfen, die in der Umgebung produziert werden.

**Château de Chenonceau**
**März – Nov**
**chenonceau.com/en/cave-des-domes**

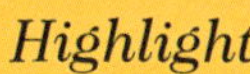


↑ *Die Fassade des Schlosses spiegelt sich im klaren Wasser des Cher*

→ *Prunkvoll eingerichtetes Schlafzimmer Catherine de Médicis'*

**Louise de Lorraine** ließ ihr Zimmer nach dem Tod ihres Gatten, Henri III, schwarz streichen und mit weißen Monogrammen, Tränen und Schleifen verzieren.

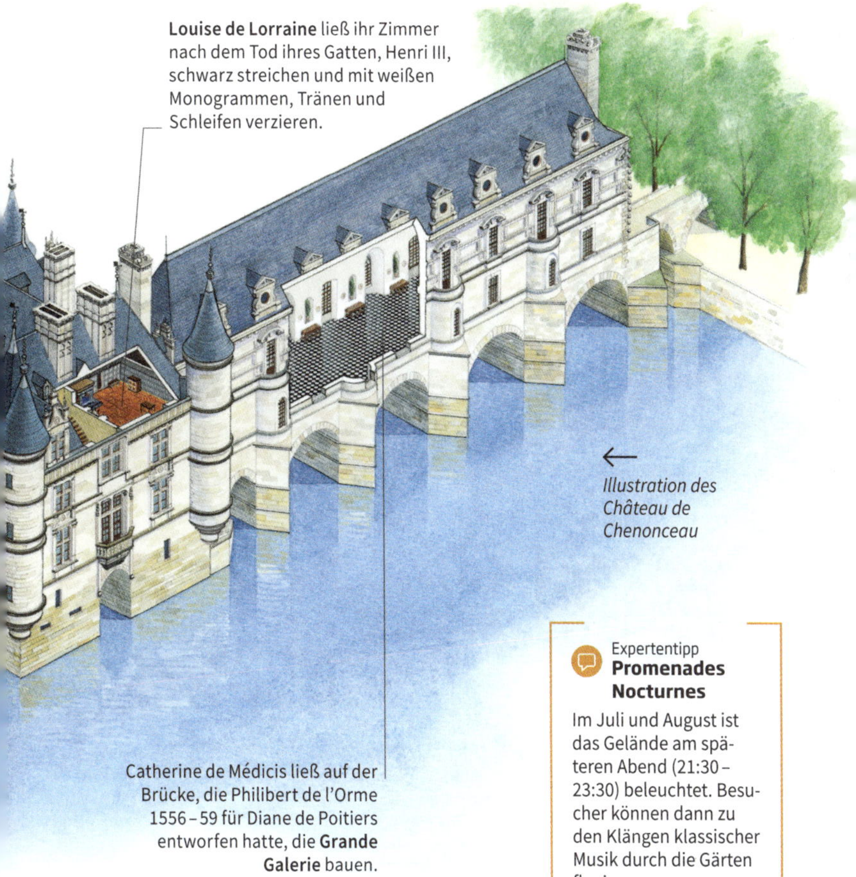

← *Illustration des Château de Chenonceau*

Catherine de Médicis ließ auf der Brücke, die Philibert de l'Orme 1556–59 für Diane de Poitiers entworfen hatte, die **Grande Galerie** bauen.

Expertentipp
**Promenades Nocturnes**

Im Juli und August ist das Gelände am späteren Abend (21:30–23:30) beleuchtet. Besucher können dann zu den Klängen klassischer Musik durch die Gärten flanieren.

3

# Château de Villandry

D4 Savonnières, dann Taxi +33 (0)2 4750 0209
Zeiten der Website entnehmen chateauvillandry.fr

**Das von 1532 bis 1537 errichtete Schloss der Spätrenaissance besticht durch schlichte, nahezu klassische Eleganz. Seinen Ruhm verdankt es vor allem den Gärten: Sie wurden wieder in Blüte und Form gebracht, nachdem die spanische Familie Carvallo das Anwesen 1906 gekauft hatte.**

Gärtner mit »grünem Daumen« pflanzten geometrisch klare Blumen- und Gemüsebeete nach Vorlagen aus dem 16. Jahrhundert. So entstand das überzeugende »Remake« eines Renaissancegartens auf drei Ebenen: oben der Sonnen- und der Wassergarten, auf dem Niveau des Schlossfundaments der Blumengarten, zuunterst der größte ornamentale Küchengarten der Welt. An Sommerabenden finden in den Gärten die spektakulären »Nächte der tausend Lichter« statt, bei denen die Gartenanlage auf einer Fläche von rund sieben Hektar eindrucksvoll illuminiert wird.

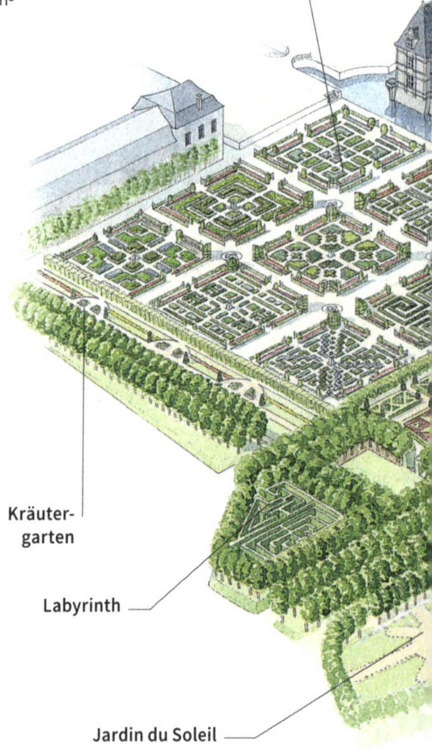


## Küchen- und Kräutergärten der Renaissance

Die zahlreichen Gemüsesorten wie Melonen, Artischocken, Spargel und Blumenkohl, die in Villandrys Küchengarten wachsen, gehörten schon im 16. Jahrhundert zu den geschätzten Genüssen. Viele Kräuter wusste man sowohl kulinarisch als auch medizinisch einzusetzen. In den Küchengärten von Klöstern behielt man ihnen meist die Randbeete vor. Der *jardin des simples* (Kräutergarten) von Villandry schließt eine Seite der mittleren Ebene ab.

*1 Die Räume des Château de Villandry sind mit prunkvollen Möbeln ausgestattet.*

*2 Im Sommer erstrahlt der Liebesgarten in voller Blüte.*

*3 Ein Kanal (im Vordergrund eine Kaskade) fließt durch das Schlossgelände.*

Das Schloss birgt eine **Sammlung spanischer Gemälde**.

Blumenarrangements symbolisieren im **Liebesgarten** vier Arten der Liebe: die tragische, treulose, zarte und leidenschaftliche.

Das **Becken** zur Bewässerung der Gärten hat die Form eines gerahmten Spiegels.

Die schönen **Steinbalustraden** oberhalb des Küchengartens sind restauriert.

↑ *Château de Villandry mit seiner imposanten Gartenanlage*

**Schon gewusst?**

**Neun Gärtner kümmern sich um die 60 000 Gemüse- und 45 000 Zierpflanzen in Blumen- und Kräutergarten.**

4

# Château d'Azay-le-Rideau

D4 Azay-le-Rideau +33 (0)2 4745 4204 Apr – Sep: tägl. 9:30 – 18 (Juli, Aug: bis 19); Okt – März: tägl. 10 – 17:15 1. Jan, 1. Mai, 25. Dez azay-le-rideau.fr

**Honoré de Balzac hat dieses Château als »geschliffenen Diamanten, von der Indre gefasst« beschrieben. Azay-le-Rideau ist eines der beliebtesten Schlösser in der gesamten Loire-Region. Die graziösen Konturen und die reichen Fassadendekorationen spiegeln sich im Wassergraben.**

Um 1518 begann der Bauherr Gilles Berthelot mit der Konstruktion, bereits 1527 konfiszierte François I das Schloss. Der unbekannte, von der italienischen Ästhetik beeinflusste Architekt verwandelte die Wehranlagen in dekorative Elemente. Innovativ war sein Entwurf einer geraden Treppe. Das Schloss besitzt Mobiliar aus dem 16. – 19. Jahrhundert, bemerkenswerte Tapisserien und ein berühmtes Porträt der Gabrielle d'Estrées, der Mätresse von Henri IV.

Besucher können die Innenräume auf drei Etagen erkunden. Das Erdgeschoss zeigt das Leben zur Mitte des 19. Jahrhunderts, die oberen Stockwerke spiegeln höfisches Leben zur Zeit der Renaissance wider.

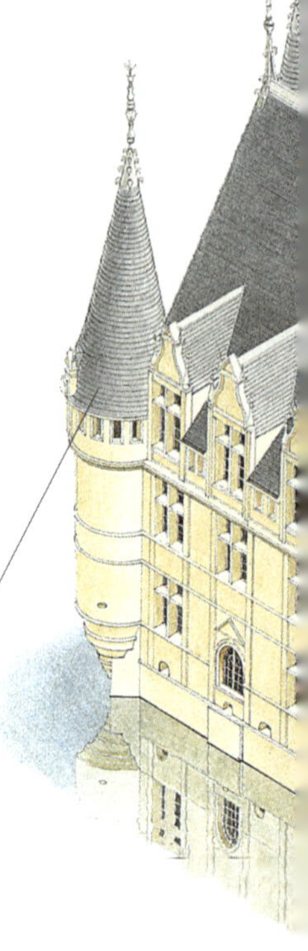

An Wänden dieses **Renaissancezimmers** aus dem 16. Jahrhundert hängen Binsenmatten.

*Ein aufwendig dekoriertes Schlafgemach; Weg zum Eingang des Schlosses* (Detail)

Highlight

**Schon gewusst?**

**Auch das Château de l'Islette** ***(siehe S. 116)*** **wurde von Gilles Berthelot und dessen Frau erbaut.**

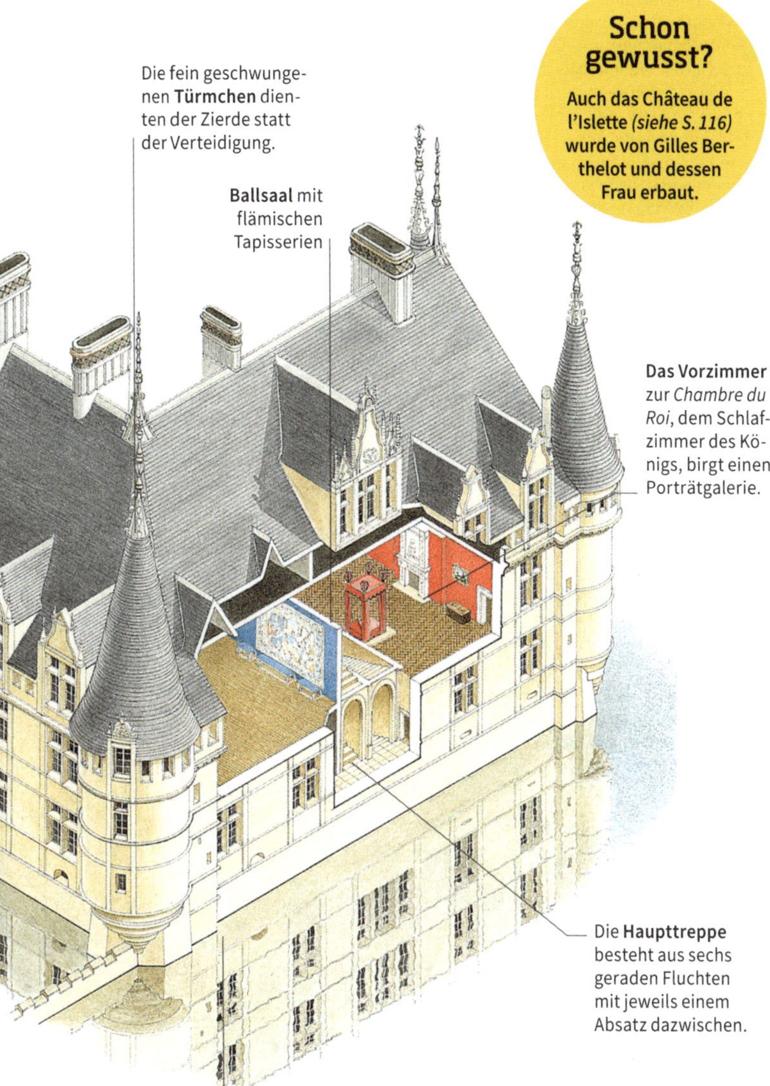


↑ *Illustration des Château d'Azay-le-Rideau*

## Bauherr und -herrin

Gilles Berthelot, Kämmerer von François I und Bürgermeister von Tours, erwarb Azay-le-Rideau 1510. Mithilfe seiner Frau begann er mit dem Umbau der mittelalterlichen Burgruine in ein repräsentatives Renaissanceschloss. Über einige Türen wurden die Wappen von François I und Claude de France in Stein gemeißelt – eine Schmeichelei, die Berthelots Karrieresturz allerdings nicht aufhalten konnte. Er musste vor einer drohenden Anklage wegen Unterschlagung fliehen, noch bevor der Schlossbau vollendet war.

# SEHENSWÜRDIGKEITEN

5

## Chinon

**D4 9000 Blvd Gambetta 1, rue Rabelais, +33 (0)2 4793 1785 Do azay-chinon-valdeloire.com**

Die Stadt ist vor allem für die **Forteresse Royale de Chinon** (12. Jh.) bekannt. In Chinon erkannte Jeanne d'Arc im Jahr 1429 trotz Verkleidung den Erben des französischen Throns, den Dauphin, und überredete ihn zur Bereitstellung einer Armee, um die Engländer aus Frankreich zu vertreiben. Die Geschichte der Festung wird in einer Ausstellung dokumentiert.

Im Zentrum von Chinon – etwa an der Rue Voltaire – sind noch viele Häuser aus dem 15. und 16. Jahrhundert erhalten. Oberhalb der Place Jeanne d'Arc befindet sich die in den Fels gehauene Chapelle de Ste-Radegonde aus dem 12. Jahrhundert.

**Le Carroi, Musée d'Arts et d'Histoire** zeigt u. a. den ersten großen arabischen Wandteppich, der nach Frankreich gebracht wurde.

### Lokale

**Les Caves Painctes**
Für einen Besuch des Weinkellers aus dem 15. Jahrhundert unter der Forteresse Royale de Chinon sollte man im Voraus buchen.

**D4 Impasse des Caves Painctes, Chinon chinon.com/experimentez-chinon/les-caves-painctes**

**La Guinguette Rabelaisienne**
Die Location unter freiem Himmel am Südufer der Vienne bietet einen grandiosen Blick auf die Festung.

**D4 Quai Danton, Chinon +33 (02) 6275 8151**

**Domaine de Noiré**
Das Weingut wurde als »Cave Touristique d'Excellence« ausgezeichnet. Bei der Verkostung werden auch Bio-Weine gereicht.

**D4 160, rue de l'Olive, Chinon domainedenoire.fr**

**Forteresse Royale de Chinon**
**2, rue du Château Zeiten der Website entnehmen 1. Jan, 25. Dez forteressechinon.fr**

**In Chinon erkannte Jeanne d'Arc 1429 trotz Verkleidung den Erben des französischen Throns, den Dauphin, und überredete ihn zur Bereitstellung einer Armee.**

**Le Carroi, Musée d'Arts et d'Histoire**
**44, rue Haute St-Maurice Apr – Dez (Details der Website entnehmen) Jan – März ecomusee-veron.fr**

6

## Château de Langeais

**D4 Indre-et-Loire +33 (0)2 4796 7260 Zeiten der Website entnehmen chateau-de-langeais.com**

Das Château de Langeais erhebt sich aus der Mitte des

↑ *Wandgemälde (17. Jh.) schmücken die Galerie des Châteaux du Roy im Château de Gizeux*

gleichnamigen Städtchens. Jean Bourré, Kämmerer von Louis XI, ließ es 1445–67 für seinen König bauen. Vom Vorgängerbau zeugt nur der Bergfried, den man besteigen kann und der als Kulisse für Historienspektakel dient.

Die abwehrenden Mauern und Türme kontrastieren stark mit dem stilvollen Schlossinnenhof. Jacques Siegfried, der letzte Privatbesitzer des Anwesens, reicherte im späten 19. Jahrhundert die Kollektion von Möbeln, Gemälden und Wandteppichen aus dem 15. und 16. Jahrhundert an.

Zu den Schätzen im Schloss zählt die Hochzeitstruhe der 14-jährigen Herzogin Anne de Bretagne, die hier 1491 den kleinwüchsigen Charles VIII heiratete. Auch die nachgestalteten Außenanlagen des Anwesens lohnen einen Besuch.

Von der Brustwehr aus überblicken Sie das Städtchen. Dort findet am Sonntagmorgen ein Markt statt.

7 

## Château de Gizeux

**D4 Gizeux +33 (0)2 4796 4518 Apr–Juni, Sep–Nov: tägl. 10:30–18; Juli, Aug: tägl. 10–19 chateaudegizeux.com**

Das Schloss von Géraud und Stéphanie de Laffon ist seit dem 18. Jahrhundert in Familienbesitz. Die ältesten Teile des Schlosses – Eingangsturm und Mauer – stammen aus dem Jahr 1334, alle anderen Bereiche aus der Renaissance. Sehenswert ist vor allem La Galerie François I, die 1585 von italienischen Künstlern ausgemalt und nach dem König benannt wurde, der das Schloss zweimal besuchte. Die Galerie des Châteaux du Roy zeigt anhand von Wandgemälden (17. Jh.) Schlösser wie etwa Chambord und Versailles. Man kann im Schloss auch übernachten.

## Candes-St-Martin

**D4 300 Chinon oder Port Boulet, dann Taxi Chinon, +33 (0)2 4793 1785**

Candes überblickt in idyllischer Lage den Zusammenfluss von Loire und Vienne. Sankt Martin starb im Jahr 397 in Candes. Bleiglasmotive der aus dem 12. Jahrhundert stammenden Wallfahrtskirche St-Martin illustrieren, wie man die Leiche des Heiligen heimlich zum Begräbnis nach Tours ruderte. Das Portal wurde im 15. Jahrhundert verstärkt und mit kunstvollen Kopfskulpturen geschmückt. Die Decke der Vorhalle ist ein mustergültiges Beispiel eines Anjougewölbes.

*Forteresse Royale de Chinon am Ufer des Flusses Vienne*

9

## Château de l'Islette

**D4 9, route de Langeais, Azay-le-Rideau Azay-le-Rideau Apr, Okt: tägl. 11–17:30; Mai–Sep: tägl. 10–19 chateaudelislette.fr**

Das Renaissanceschloss ist vor allem bekannt als heimliches Liebesnest für den Bildhauer Auguste Rodin (1840–1917) und seine Schülerin Camille Claudel (1864–1943). Eine Ausstellung zeigt Briefe, die sich die beiden gegenseitig schrieben.

Der Schlosspark ist besonders an sonnigen Tagen ideal für ein gemütliches Picknick. Bänke stehen zur Verfügung, Proviant kann man in einem Laden auf dem Gelände kaufen. Von März bis Oktober verlassen die Besitzer ihr Schloss, das Anwesen steht in dieser Zeit Besuchern offen. Eine schöne Aktivität ist auch eine Fahrt mit einem gemieteten Boot auf dem Fluss Indre.

### François Rabelais (1483–1553)

François Rabelais – Arzt, Priester, Humanist und geistreicher *farceur* (Schelm) der französischen Literatur – ist in der »Rabelaisie«, wie man das Gebiet um La Devinière nennt, allgegenwärtig. Rabelais-Kenner werden im alten Bauernhaus La Devinière das Schloss Grandgousier wiedererkennen, das die Horden des Königs Picrochole belagerten, bis der Riese Gargantua auf seiner Mähre daherritt und mit dem Urinstrahl des Pferdes die meisten Feinde ersäufte. Rabelais projizierte seinen eigenen Wissensdrang auf *Gargantua* und *Pantagruel*.

10 

## Musée Rabelais La Devinière

**D4 4, rue de la Devinière, Seuilly Chinon, dann Taxi +33 (0)2 4795 9118 Zeiten der Website entnehmen 1. Jan, 25. Dez musee-rabelais.fr**

Vermutlich wurde der Autor François Rabelais in dem Bauernhaus (2 km südwestlich von Chinon) geboren. Ein Museum darin widmet sich dem bedeutenden französischen Schriftsteller der Renaissance.

11 

## Château du Rivau

**D4 9, rue du Château, Lémeré Chinon +33 (0)2 4795 7747 Apr, Okt–Mitte Nov: tägl. 10–18; Mai–Sep: tägl. 10–19 chateaudurivau.com**

Das Château du Rivau ist der Urtyp eines Märchen-

*Ein Bauernhaus ist Standort des Musée Rabelais La Devinière* ↑

→
*Markante spätgotische Fassade der Kapelle im Château d'Ussé*

schlosses. Die im 15. Jahrhundert erbaute Burg prägen insbesondere schiefergedeckte Türmchen und hohe Verteidigungstürme aus hellem Stein.

Das Anwesen hat eine bemerkenswerte Historie: Jeanne d'Arc sammelte hier auf ihrem Weg zur Schlacht von Orléans im Jahr 1429 Kriegspferde ein, Rabelais erwähnte es in *Gargantua* und *Pantagruel*.

Bemerkenswert sind die 15 Jardins de Conte de Fées, die einzelne Märchen thematisieren – von *Alice im Wunderland* bis hin zu *Rapunzel*.

Besucher können im ausgezeichneten Restaurant La Table des Fées Platz nehmen (bei schönem Wetter auf der Terrasse). Es befindet sich neben dem Gemüsegarten Potager de Gargantua, dessen Produkte im Restaurant verwendet werden.

12  

## Château d'Ussé

**D4 Rigny-Ussé Chinon, dann Taxi +33 (0)2 4795 5405 Mitte Feb – März, Okt – Mitte Nov: tägl. 10 –18; Apr – Sep: tägl. 10 –19 chateaudusse.fr**

Die zahlreichen spitzen Türme und Türmchen des Schlosses ragen märchenhaft vor dem dunklen Hintergrund der Forêt de Chinon auf. Angeblich inspirierte das Château Charles Perrault zu seiner Version von *Dornröschen*.

Jean de Bueil ließ das Schloss 1462 auf dem Fundament einer mittelalterlichen Burg errichten. 1485 erwarben die Herren Espinay, Kammerherren von Louis XI und Charles VII, den Bau. Sie milderten die Strenge der gotischen Hoffassaden durch Elemente der Renaissance. Im 17. Jahrhundert riss man den Nordflügel ab und verwandelte so den Innenhof in eine zur Indre und dem Loire-Tal hin offene Terrasse. Ein neu angelegter Garten von André Le Nôtre senkte sich in Stufen zum Fluss. Eine Orangerie vollendete die Umwandlung der Burgfeste zum aristokratischen Landsitz. Das bewohnte Schlossinnere wurde in mehreren Stilrichtungen gestaltet. Im Turm kann man eine Wachsfiguren-Szene aus *Dornröschen* sehen.

Am Waldrand steht eine spätgotische Kapelle mit Renaissancedekor und einer Marienstatue aus Terrakotta von Luca della Robbia (1400 – 1482).

> **Bemerkenswert sind die 15 Jardins de Conte de Fées, die einzelne Märchen thematisieren – von *Alice im Wunderland* bis hin zu *Rapunzel*.**

## Hotels

**Château du Rivau**

Das in einem Renaissanceschloss untergebrachte Vier-Sterne-Hotel verfügt über sieben Zimmer. Speisen Sie im Restaurant Le Jardin Secret auf dem Schlossgelände.

**D4 9, rue du Château, Lémeré**
**chateaudurivau.com**

**Château de Rochecotte**

Das wundervolle Hotel in einem Barockschloss an der Loire bietet Zimmer und Suiten.

**D4 43, rue Dorothée de Dino, St-Patrice**
**chateau-de-rochecotte.com**

13
## Villaines-les-Rochers

**D4 1000 Azay-le-Rideau, dann Taxi Azay-le-Rideau, +33 (0)2 4745 4440**

Seit dem Mittelalter flicht man hier Körbe aus den Weiden, die in den nahen Flusstälern wachsen. Ein Gemeindepfarrer schloss die hiesigen Korbflechter *(vanniers)* Mitte des 19. Jahrhunderts zu einer der ersten Genossenschaften des Landes zusammen. Heute noch fertigt man hier sämtliche Korbwaren von Hand. Dies erklärt die hohen Preise der in der **Coopérative de Vannerie de Villaines** angebotenen Möbel und Körbe. In der zugehörigen Werkstatt kann man bei der Produktion zusehen.

Der traditionsreichen Korbflechterei widmet sich auch das kleine **Musée de l'Osier et de la Vannerie**.

In der Umgebung kann man schöne Radtouren unternehmen – u. a. auf dem 21 Kilometer langen Radweg *de l'osier au panier* (»von der Weide zum Korb«).

**Coopérative de Vannerie de Villaines**
**1, rue de la Cheneillère**
**tägl. 1. Jan, 25. Dez**
**vannerie.com**

**Musée de l'Osier et de la Vannerie**
**7, pl de la Mairie**
**Apr – Nov: Mi – So nachm.**
**musee-vanneries.fr**

14
## Saché

**D4 1200 Azay-le-Rideau, dann Taxi Azay-le-Rideau, +33 (0)2 4745 4440 sache.fr**

In Saché hatten zwei weltberühmte Künstler ihren »Zweitwohnsitz«: Honoré de Balzac, der Romancier des 19. Jahrhunderts, und der amerikanische Bildhauer Alexander Calder, dessen »Mobile« den Hauptplatz schmückt.

Balzacs Bewunderer pilgern zum **Musée Balzac** im Château de Saché, das im 16. und im 18. Jahrhundert erbaut wurde. Offenbar inspirierte die Stille den Autor zu vielen seiner Romane. Der Landsitz ist restauriert.

**Museé Balzac**
**Château de Saché Juli, Aug: tägl. 10 – 19; Sep – Juni: Zeiten der Website entnehmen**
**1. Jan, 25. Dez**
**musee-balzac.fr**

15 
## Domaine de Candé

**D4 Route du Ripault, Monts La Horaie Apr – Okt: Mi – So 10 – 12:30, 13:30 – 18:30; Juli, Aug: tägl. 10 – 19**
**domainecande.fr**

Das im Stil der Renaissance erbaute Schloss hatte schon viele Besitzer. Die sehr spezielle Innenarchitektur aus den 1920er Jahren wird Charles Bedaux zugeschrieben, einem französisch-amerikanischen Geschäftsmann, der u. a. Badezimmer im Art-déco-Stil und eine Skinner-Orgel (die einzige in Europa) ergänzte.

1937 war das Anwesen Schauplatz der Hochzeit des vormaligen britischen Königs Edward VIII und der US-Amerikanerin Wallis Simpson.

16
## Richelieu

**D5 2000 Chinon, dann Bus Pl du Marché, +33 (0)2 4758 1362 Mo, Fr ville-richelieu.fr**

Kaum ein anderer Ort steht beispielhafter für die Stadtplanung im 17. Jahrhundert als Richelieu. Die strenge Anlage ist Armand-Jean du Plessis zu verdanken, besser bekannt als Kardinal Richelieu (1585 – 1642). Als Erster Minister besaß er im absolutistischen Staat mehr Macht als König Louis XIII. 1625 übertrug der Kardinal dem Architekten Jacques Lemercier die Planung. 1631 er-

### Balzac in Saché

Zwischen 1829 und 1837 besuchte Honoré de Balzac (1799 – 1850) regelmäßig das Château de Saché, wo er wie besessen schrieb. Dennoch fand er die Zeit, seine Gastgeber, Monsieur und Madame de Margonne, und deren Gäste abends zu unterhalten. Dabei las er aus seinen Romanen vor, wobei er mimisch in die Rollen seiner Figuren schlüpfte.

Balzac verfasste zwei seiner bedeutendsten Romane in Saché: *Le père Goriot (Vater Goriot)* und *Le lys dans la vallée (Die Lilie im Tale)*.

↑ *Blick über das Zentrurm von Richelieu, einen im 17. Jahrhundert angelegten Ort*

**Die strenge Anlage von Richelieu ist Armand-Jean du Plessis zu verdanken, besser bekannt als Kardinal Richelieu (1585-1642).**

laubte ihm der König, außer dem Palast eine neue befestigte Stadt zu errichten.

Der Grundriss basiert auf einem riesigen, von Mauern und – heute zumeist in Gärten verwandelte – Gräben umgebenen Rechteck. Man betritt das Städtchen durch drei monumentale Tore. Die von klassizistischen Villen symmetrisch gesäumte Grande Rue durchschneidet das Zentrum in Nord-Süd-Richtung und verbindet zwei große Plätze. Zu den Bauten an der Place du Marché im Süden zählen die klassizistische Église Notre-Dame und das frühere Gerichtsgebäude, das nun das Rathaus und das **Musée et Espace Richelieu** beherbergt. An der nördlichen Place des Religieuses stehen ein Kloster und die von Richelieu 1640 begründete Königliche Akademie.

Der Palast wurde nach der Französischen Revolution abgerissen. Im **Parc de Richelieu** erhalten Besucher einen Eindruck von seiner einstigen Pracht. In der Grande Rue 28 gibt es eine 3-D-Präsentation *(l'Espace Richelieu)* zur Geschichte des Schlosses und der Stadt. Die 20 Kilometer lange, *voie verte* genannte Radstrecke entlang einer ehemaligen Eisenbahnlinie von Richelieu nach Chinon ist sehr beliebt.

Champigny-sur-Veude nördlich von Richelieu ist bekannt für die nicht zugängliche Renaissancekapelle **Ste-Chapelle** (16. Jh.). In dem Ort werden Ballonfahrten angeboten (www.loire-et-montgolfiere.com).

**Musée et Espace Richelieu**
**Pl du Marché +33 (0)2 4758 1013 Apr–Sep: Mi–Mo; Okt–März: Mo, Mi–Fr Feiertage**

**Parc de Richelieu**
**5, pl du Cardinal tägl. 1. Jan, 25. Dez**

**Ste-Chapelle**
**Champigny-sur-Veude +33 (0)2 4758 1362 für Besucher**

## 17 Le Grand-Pressigny

**E5 1000 Châtellerault, dann Taxi Tours Pl Savoie Villars, +33 (0)2 4794 9682 Do loches-valdeloire.com**

Das **Château du Grand-Pressigny** überragt den Ort und die Flusstäler von Claise und Aigronne. Ausgrabungen prähistorischer Relikte belegen, dass in der Gegend Werkzeuge aus Feuerstein (Flint) produziert wurden. Viele Funde zeigt das im Schloss untergebrachte **Musée de Préhistoire du Grand-Pressigny**.

Das **Archéolab** umfasst Reste einer Siedlung, die 2800–2400 v. Chr. von Steinmetzen bewohnt war.

**Château du Grand-Pressigny: Musée de Préhistoire du Grand-Pressigny**
**Nov–März: Mi–Mo; Apr–Okt: tägl. 1. Jan, 25. Dez prehistoire grandpressigny.fr**

**Archéolab**
**Abilly-sur-Claise +33 (0)2 4791 0748 Juli, Aug: Di–So nachm.**

18

## Loches

**E4 · 6000 · · Pl de la Marne, +33 (0)2 4791 8282 · Mi, Sa · loches-valdeloire.com**

Malerische Häuser flankieren die mittelalterlichen Straßen dieses Städtchens. Die strategische Lage am Indre-Ufer und am Rand der Forêt de Loches machte den Ort im Mittelalter zu einer wichtigen Feste. Foulques Nerra ließ im 11. Jahrhundert den Bergfried errichten. Im Logis Royal, dem Königsschloss (15. Jh.), überzeugte Jeanne d'Arc nach der Befreiung von Orléans den Dauphin, sich in Reims als Charles VII zum König von Frankreich krönen zu lassen. Die mit Wandteppichen behängte Salle Jeanne d'Arc erinnert daran. Das Anwesen ist heute Teil der **Cité Royale de Loches**.

Ein Raum beherbergt die spätgotische Privatkapelle der Anne de Bretagne. Weitere Highlights sind ein die Kreuzigung bebilderndes Triptychon von Jean Fouquet (um 1420–1480) oder einem seiner Schüler sowie eine Kopie von Fouquets Gemälde *Madonna mit Engeln*, für das Agnès Sorel Modell gestanden haben soll.

Folterkammern und Käfige, in denen Gefangene dahinvegetierten, machten den Bergfried zum Ort des Grauens. In der Tour Martelet starb der Herzog von Mailand Ludovico Sforza. Man sieht noch die Wandmalereien, die er während seiner Haft fertigte.

Vier Turmhelme und ein romanisches Portal zieren die Kirche Collégiale St-Ours neben dem Schloss. Hier ist das Grab von Agnès Sorel.

Nahe der Porte Royale bewahrt die **Maison Lansyer** im Geburtshaus des Emmanuel Lansyer (19. Jh.) Werke dieses Malers und eine Sammlung japanischer Rüstungen und Drucke.

**Cité Royale de Loches**
**7, mail du Donjon · tägl. · 1. Jan, 25. Dez · citeroyaleloches.fr**

**Maison Lansyer**
**1, rue Lansyer · +33 (0)2 4759 0545 · Apr–Okt: Mi–So 10–12:30, 14–17:45**

19

## Montrésor

**E4 · 400 · Loches, dann Taxi · 43, Grande Rue, +33 (0)2 4792 7071**

Das betürmte **Château de Montrésor** stammt großteils aus dem 15. und 16. Jahrhundert. Mitte des 19. Jahrhunderts erwarb der polnische Emigrant Graf Branicki das Anwesen. Das Schloss ist noch in Besitz seiner Nachkommen und die Ausstattung im Stil des Second Empire kaum verändert. Das Schloss birgt eine Kollektion

## Schon gewusst?

**Château Royal d'Amboise war 1560 Schauplatz der Hugenottenverschwörung gegen François II.**

früher italienischer Gemälde, edle Porträts sowie Gold- und Silberarbeiten. Die Räume sind mit dunklen Vertäfelungen und Tiertrophäen dekoriert. Von der Terrasse und den naturnahen Gärten eröffnen sich reizvolle Ausblicke über den Fluss Indrois.

Imbert de Bastarnay, Herr über Montrésor, Ratgeber von François I und Großvater von Diane de Poitiers *(siehe S. 41)*, stiftete die von Gotik und Renaissance geprägte Dorfkirche. Er ruht mit Frau und Sohn in einem Marmorgrab. Im Inneren fallen auch flämische und italienische Malereien sowie *Mariä Verkündigung* ins Auge, ein Werk des Barockmalers Philippe de Champaigne (1602–1674), der mit Nicolas Poussin das Palais du Luxembourg in Paris ausgeschmückt hat.

Vier Kilometer westlich von Montrésor stehen die Ruinen der Chartreuse du Liget, Fresken des 12. Jahrhunderts zieren die nahe **Chapelle St-Jean-du-Liget**.

**Château de Montrésor**
**11, rue Xavier Branicki Schloss: Zeiten der Website entnehmen; Schlossgelände: tägl. 25. Dez chateaudemontresor.com**

**Chapelle St-Jean-du-Liget**
**Schlüssel in der Tourist-Info von Loches**

### Amboise

**E4 13 000 Quai du Général de Gaulle, +33 (0)2 4757 0928 Fr, So amboise-valdeloire.com**

Wichtigste Sehenswürdigkeit des Da-Vinci-Städtchens Amboise ist das **Château Royal d'Amboise**. Obwohl nur noch ein Bruchteil der Anlage steht, lässt sich der einstige Prunk erahnen. Auf den Wällen blieb die gotische Chapelle St-Hubert stehen, in der Leonardo da Vinci bestattet sein soll.

Im von Gotik und Renaissance geprägten Logis du Roi sind außer Wachstuben und Prunkräumen die Gemächer von König Louis-Philippe I (1830–48) zu besichtigen. Neben dem Logis du Roi steht die Tour des Minimes, einer der ursprünglichen Eingänge zum Schloss. Das Schlossgelände lädt zu allen Jahreszeiten zu Spaziergängen ein.

Im **Château du Clos-Lucé**, einem Renaissanceschlösschen am Stadtrand von Amboise, verbrachte Leonardo da Vinci seine letzten Jahre bis zu seinem Tod 1519. Im Erdgeschoss sind Modelle zu sehen, die nach aufwendigen Zeichnungen da Vincis angefertigt wurden, einige größere Modelle von Erfindungen stehen im Garten.

Ebenfalls in der Nähe von Amboise befindet sich das **Grand Aquarium de Touraine** mit Tausenden von Fischen. Es ist das größte Süßwasseraquarium in Europa.

**Château Royal d'Amboise**
**Montée de l'Émir Abd El Kader tägl. 1. Jan, 25. Dez chateau-amboise.com**

**Château du Clos-Lucé**
**2, rue du Clos-Lucé tägl. 1. Jan, 25. Dez vinci-closluce.com**

**Grand Aquarium de Touraine**
**Lussault-sur-Loire Zeiten der Website entnehmen Jan, Nov aquariumdetouraine.com**

*Edel ausgestalteter Raum im Château de Montrésor und Fassade* (Detail) *des am Indre gelegenen Schlosses*

# Spaziergang durch Chinon

**Länge** 1 km **Dauer** 20 Min.
**Bahnhof** Blvd Gambetta

Die Altstadt von Chinon ist reich an Geschichte. Jeanne d'Arc *(siehe S. 41)* erreichte die Stadt am 6. März 1429. Hier begann ihre Verwandlung vom Bauernmädchen zur Kriegerin. In der Maison des États Généraux, dem heutigen Le Carroi, Musée d'Arts et d'Histoire, lag 1199 Richard Löwenherz todkrank darnieder. Sein Vater, Henri II, war einige Jahre zuvor im Schloss gestorben, einem der Hauptstützpunkte, von dem aus er England und einen großen Teil des Loire-Tals regiert hatte. Bei einem Bummel durchs Zentrum passiert man viele historische Stätten.

↑ *Häuser entlang einer gepflasterten Straße im Zentrum von Chinon*

← *Altarraum mit Bleiglasfenstern in der Église St-Maurice*

Die **Tour de l'Horloge** (Uhrturm; 14. Jh.) sticht gegenüber den anderen Türmen entlang dem Festungsgraben stark hervor.

Die Umwehrung der **Forteresse Royale de Chinon** umschließt drei einzelne Festungen.

Die **Église St-Maurice** wurde unter Henri II mit einem Anjougewölbe wiederaufgebaut, der romanische Sockel des Kirchturms erhalten.

Im **Le Carroi, Musée d'Arts et d'Histoire**, tagte 1428 die erste französische Ständeversammlung.

**Hôtel Torterue de Langardière** mit klassizistischer Fassade und schmiedeeisernen Balkonen

Die **Caves Painctes** wurden im 15. Jahrhundert unter dem Schloss angelegt.

ZIEL

Im **Musée Animé du Vin** zeigen bewegliche Figuren Winzer- und Küfertechniken des 19. Jahrhunderts.

RUE JEANNE D'ARC

RUE VOLTAIRE

RUE DU GRENIER À SEL

RUE ÉMILE HÉBERT

PLACE DU GÉNÉRAL DE GAULLE

RUE DU COMMERCE

QUAI JEANNE D'ARC

RUE CARNOT

RUE DE LA POTERNE

REPAIRE

Die 1882 von Émile Hébert geschaffene **Bronzestatue** erinnert an den Satiriker François Rabelais.

Dieses mittelalterliche Haus wird wegen seiner roten Backsteinfassade **Maison Rouge** genannt.

Am Brunnen des **Grand Carroi**, einer Kreuzung im Herzen der Altstadt, soll Jeanne d'Arc vom Pferd gestiegen sein.

0 Meter 50

N

*Château de Chambord: größtes Schloss im Loire-Tal* (siehe S. 130–133)

# Blésois und Orléanais

Diese beiden eng verbundenen Regionen sind gute Ausgangspunkte für eine Reise durch das zentrale Loire-Tal. Ihre Wälder und Sumpfgebiete ziehen seit Jahrhunderten Naturfreunde an. In der Renaissance errichteten Könige und Adlige hier prächtige Jagdschlösser, darunter das Schloss von Chambord, den luxuriösen Herrensitz Cheverny und das Château de Beauregard.

In ihrem nördlichen Abschnitt durchquert die Loire Städte, deren Namen sich untrennbar mit Frankreichs Geschichte verbinden. Die Brücken und Burgen von Gien, Orléans, Beaugency und Blois besaßen alle vom Mittelalter bis zum 20. Jahrhundert große strategische Bedeutung.

In Orléans führte Jeanne d'Arc im Jahr 1429 das im Hundertjährigen Krieg aufgeriebene französische Heer zum Sieg über die englischen Belagerer. Im Zweiten Weltkrieg wurde die Stadt schwer beschädigt, später aufgrund ihre Nähe zu Paris ein wichtiges Wirtschaftszentrum. In der wiederaufgebauten, sorgfältig restaurierten Altstadt stößt man allenthalben auf Spuren der großen Vergangenheit.

Das Schloss von Blois war zur Zeit der Religionskriege in politische Intrigen verstrickt: In seinen Gemäuern ereignete sich 1588 auf Anordnung von König Henri III der hinterhältige Meuchelmord am Duc de Guise.

# Blésois und Orléanais

**Highlights**

1 Orléans
2 Château de Chambord
3 Blois

**Sehenswürdigkeiten**

4 Château de Beauregard
5 Château de Villesavin
6 Trôo
7 Perche-Vendômois
8 Lavardin
9 Vendôme
10 Château de Chaumont
11 St-Aignan-sur-Cher
12 Montrichard
13 Thésée
14 Château de Cheverny
15 Beaugency
16 Sologne
17 Château de Talcy
18 Château de Chamerolles
19 Meung-sur-Loire
20 Yèvre-le-Châtel
21 St-Benoît-sur-Loire
22 Château de la Bussière
23 Briare-le-Canal
24 Gien

Blésois und Orléanais
ESSONNE
LOIRET
YONNE
NIÈVRE
CHER
Orsay
Lieusaint
Arpajon
Dourdan
Étampes
Milly-la-Forêt
Vinneuf
Nemours
Malesherbes
Allainville-en-Beauce
Puiseaux
Dollot
Pithiviers
20 Yèvre-le-Châtel
Dordives
Artenay
Chilleurs-aux-Bois
Ferrières
Piffonds
Courtenay
18 Château de Chamerolles
Neuville-aux-Bois
Beaune-la-Rolande
Montargis
Chuelles
Loury
Bellegarde-du-Loiret
Amilly
Châteaurenard
1 Orléans
Canal d'Orléans
Montcresson
Olivet
Châteauneuf-sur-Loire
Germigny-des-Prés
Lorris
Perreux
Varennes-Changy
Les Bordes
Châtillon-Coligny
21 St-Benoît-sur-Loire
Bézards
Ouzouer-sur-Loire
22 Château de la Bussière
La Ferté-St-Aubin
Sully-sur-Loire
Loire
Villeneuve-les-Genêts
Ménestreau-en-Villette
Gien 24
Isdes
Briare-le-Canal 23
Beuvron
Lamotte-Beuvron
16 Sologne
Thou
Berry
Seiten 150–165
Beaulieu-sur-Loire
Aubigny-sur-Nère
Saint-Amand-en-Puisaye
St-Viâtre
Souesmes
Marcilly-en-Gault
Salbris
Saint-Satur
Theillay
Neuvy-sur-Barangeon
Henrichemont
Mennetou-sur-Cher
Vierzon
Nohant-en-Graçay
Bourges
0 Kilometer 20
N
A10
N104
D191
A6
D838
D837
D721
N20
D606
D921
D2152
D97
D81
A19
A6
A19
D2152
D975
D2060
D37
D2060
D943
D961
D2060
D2007
A77
D93
D56
D2020
A71
D952
D940
D2007
D965
A77
D922
D940
D51
D923
D965
D907
D2020
D944
D940
D265
A71
D944
D940
D940
A77
A20
D2076
A71

*Von Fachwerkhäusern gesäumte Straße im Zentrum von Orléans* ↑

❶

# Orléans

F3 116 000 Gare d'Orléans 23, pl du Martroi +33 (0)2 3824 0505 Di – So Fêtes de Jeanne d'Arc (Mai) tourisme-orleansmetropole.com

**Orléans war die Hauptstadt des mittelalterlichen Frankreich und königstreues Herzogtum, bis es sich in der Französischen Revolution auf die republikanische Seite schlug. Seine heutige Bedeutung als Handelszentrum verschleiert das historische Erbe. Zudem wurde die Altstadt im Zweiten Weltkrieg schwer beschädigt. Doch im wiederaufgebauten Altstadtviertel am Fluss entdeckt man viele Sehenswürdigkeiten und, verstreut in dieser »Stadt der Rosen«, malerische Gärten.**

## Maison de Jeanne d'Arc

3, pl de Gaulle +33 (0)2 3868 3263 Apr – Sep: Di – So 10 – 13, 14 – 18; Okt – März: Di – So 14 – 18 Feiertage jeannedarc.com.fr

In dem Gebäude logierte die Heilige 1429 zehn Tage. Das ihr gewidmete Museum bewahrt Andenken wie Kleidung und Kriegsbanner.

Eindrucksvoll sind die akustisch begleiteten Dioramen.

## Cathédrale Ste-Croix

Pl Ste-Croix +33 (0)2 3877 8750 Apr – Okt: tägl. 9 – 19; Nov – März: tägl. 9 – 18 cathedrale-orleans.fr

Die im 13. Jahrhundert begonnene Kathedrale erhebt sich auf einem großen Platz. Der Bau wurde durch die Hugenotten sowie durch einen Brand im 16. Jahrhundert fast vollkommen zerstört und vom 17. bis 19. Jahrhundert gotisierend wiederaufgebaut.

Hinter der schmuckreichen Fassade fällt durch die Louis XIV gewidmete Rosette Licht in das Kirchenschiff. Die Bleiglasfenster der Seitenschiffe illustrieren Stationen des Märtyrerwegs Jeanne d'Arcs. Eine Kapelle nach der Vierung zeigt den knienden Kardinal Touchet, der Anfang des 20. Jahrhunderts Johannas Heiligsprechung betrieb.

Die Krypta hütet kostbare goldene und emaillierte Kirchenschätze. Der *Kreuztragende Christus* von Francisco de Zurbarán (1598 – 1664) ist in der Sakristei zu bewundern.

**Hinter der Fassade fällt durch die Louis XIV gewidmete Rosette Licht in das Kirchenschiff. Die Bleiglasfenster der Seitenschiffe illustrieren Stationen des Märtyrerwegs Jeanne d'Arcs.**

Expertentipp
**Son et Lumière**

In der Cathédrale Ste-Croix finden im Sommer und während des Weihnachtsmarkts spektakuläre Licht- und Ton-Shows statt. Der Eintritt dazu ist frei.

*Highlight*

### Hôtel Groslot

Pl de l'Étape +33 (0)2 3879 2230 Jan–Juni, Okt–Dez: Mo–Fr 10–12, 14–18, Sa 10–19, So 10–18; Juli–Sep: tägl. 9–19 Feiertage

Der reizvolle Renaissancebau wurde 1549–55 errichtet. Er diente bis vor Kurzem als Rathaus.

Die Residenz besteht aus rot-schwarz durchsetzten Mauersteinen. Im schmuckvollen Inneren fallen die Treppenpfeilerschnecken und die Gebälkträger auf. Das Gebäude galt seinerzeit als prachtvoll genug, um Frankreichs Könige zu beherbergen. Hier verstarb der junge François II, nachdem er mit seiner Kindbraut Marie (Maria Stuart, der späteren Königin von Schottland) an einem Treffen der États Généraux teilgenommen hatte.

An der Treppe wacht eine von Prinzessin Marie d'Orléans 1840 entworfene Statue der Jeanne d'Arc. Durch das Gebäude hindurch gelangt man zu einem Park, an dessen Ende die Fassade der spätgotischen Kapelle St-Jacques (15. Jh.) wiederaufgebaut wurde.

## Shopping

**Place du Martroi**

An der Place du Martroi im Zentrum der Stadt können Sie u. a. in Buch- und Musikläden stöbern, in denen Sie auch Raritäten entdecken werden. Freitags findet auf dem Platz ein Markt statt (8–19).

**Pl du Martroi, Orléans**

### Musée Historique et Archéologique

Square Abbé Desnoyers +33 (0)2 3879 2560 Mai–Sep: Di–So 10:30–13, 14–18; Okt–Apr: Di–So 13–18 Feiertage

Wichtigster Schatz dieses im Hôtel Cabu untergebrachten Museums sind die im Jahr 1861 in Neuvy-en-Sullias entdeckten keltischen Skulpturen, darunter ein Pferd, das im 2. Jahrhundert v. Chr. entstand. Ein bemalter Steinkopf zeigt Jeanne d'Arc. Hinzu kommen kunsthandwerkliche Objekte und zahlreiche Alltagsgegenstände vom Mittelalter bis heute.

### Musée des Beaux-Arts

1, rue Fernand Rabier +33 (0)2 3879 2183 Di–So 10–18 Feiertage

Zur Sammlung europäischer Malerei vom 14. bis zum frühen 20. Jahrhundert zählen ein Selbstbildnis von Jean-Baptiste-Siméon Chardin (1699–1779) und der *Apostel Thomas* des jungen Diego Velázquez (1599–1660).

Im zweiten Stock bildet die Kollektion emaillierter Miniaturstatuetten einen Kontrast zu den üppigen Gemälden, die überwiegend aus dem 19. Jahrhundert stammen.

↑ *Neben Gemälden zeigt das Musée des Beaux-Arts auch Skulpturen*

2

# Château de Chambord

E4 Blois, dann Bus oder Taxi +33 (0)2 5450 4000 Apr – Okt: tägl. 9 – 18; Nov – März: tägl. 9 – 17 1. Jan, 25. Dez Spectacle Chevaux et Rapaces (Termine der Website entnehmen) bloischambord.de

**Der amerikanische Schriftsteller Henry James urteilte: »Chambord ist wahrhaft königlich.« Ein Blick auf die märchenhaften Türme und eleganten Gärten dieses prächtigen Schlosses gibt ihm recht.**

Zweifelsfrei war Größenwahn im Spiel, als François I sich den Bau von Chambord in den Kopf setzte. Majestät überwachte höchstselbst die Umfriedung des Wildparks um Chambord mit Frankreichs größter (knapp 32 km langer und 2,5 m hoher) Mauer. 1519 ließ der extravagante König die Burg in der Forêt de Boulogne abreißen und den Grundstein zu Chambord legen. Der Bau war inspiriert von französischer Architektur des Mittelalters und italienischer Renaissance. Bis 1539 war der Schlossturm mit seinen Türmen und Terrassen fertig. 1685, unter Louis XIV, war die 440-Zimmer-Residenz vollendet. Während der Französischen Revolution wurde Chambord zerstört und geriet in Vergessenheit, bis der Staat 1930 das Anwesen kaufte. Heute erstrahlt es in seinem früheren Glanz.

→ *Blick in die Schlosskapelle, die ab 1547 gebaut wurde*

## Chronik

**1519 – 47**
△ François I lässt die Jagdresidenz der Grafen von Blois abreißen und das Schloss aufbauen

**1547 – 59**
Henri II fügt Westflügel und zweiten Stock der Kapelle an

**1560 – 74**
Charles IX setzt die Jagdtradition in Chambord fort und verfasst die Schrift *Traité de la chasse royale*

**1670**
△ Molières *Bürger als Edelmann* wird in Chambord aufgeführt

**1685**
▽ Bauabschluss unter König Louis XIV

Highlight

## Schon gewusst?

**Chambord hat 365 Schornsteine – eine schier unglaubliche Anzahl.**

↑ *Dicht gedrängte vielgestaltige Türme prägen die bizarre Silhouette von Chambord*

*1725–33*
Der im Exil lebende König von Polen bewohnt Chambord

*1745*
Louis XV überlässt Marschall Moritz von Sachsen das Schloss, das nach dessen Tod verfällt

*1840*
▽ Chambord wird zum *monument historique* erklärt

*1981*
△ Chambord wird UNESCO-Weltkulturerbe

## Hotel

**Le Relais de Chambord**
Das Luxushotel auf dem Schlossgelände lässt keine Wünsche offen.

**Pl Saint-Louis**
**relais dechambord.com**

# Überblick: Château de Chambord

Bei einer Besichtigung der drei Stockwerke des Anwesens erlebt man dessen ganze Pracht. Im Lauf der Zeit wurde das Schloss immer aufwendiger ausgestattet. Viele Einrichtungsgegenstände sind in den einzelnen Prunkräumen und Gemächern im ersten Stock zu sehen. Darüber hinaus enthält das Château de Chambord Tausende von weiteren Objekten aus seiner langen Geschichte, darunter Porträts, Wandteppiche und Pferdekutschen. Das auffälligste Gestaltungsmerkmal ist jedoch die in ihrer Art einzigartige Wendeltreppe. Sie wurde angeblich von Leonard da Vinci entworfen und besteht aus zwei separaten Stiegen, die sich konzentrisch um eine zentrale Säule winden und eine Doppelhelix bilden.

Nördlich des Schlosses sind rund 800 Hektar des weitläufigen Geländes für die Öffentlichkeit zugänglich. Besucher stehen vielfältige Möglichkeiten zur Erkundung des Areals zur Verfügung. Man kann auf zahlreichen markierten Wegen spazieren oder auf dem Kanal mit einem Elektroboot fahren. Ein etwa 15 Kilometer langer Radweg führt auch durch die Forêt de Boulogne, Räder können vor Ort ausgeliehen werden. Für Tierbeobachtungen macht man an Aussichtspunkten halt oder bucht eine geführte Tour im Geländewagen. Dabei gelangt man auch in Bereiche, die sonst für die Öffentlichkeit nicht zugänglich sind. Im Herbst werden außerdem Touren mit einem Förster angeboten.

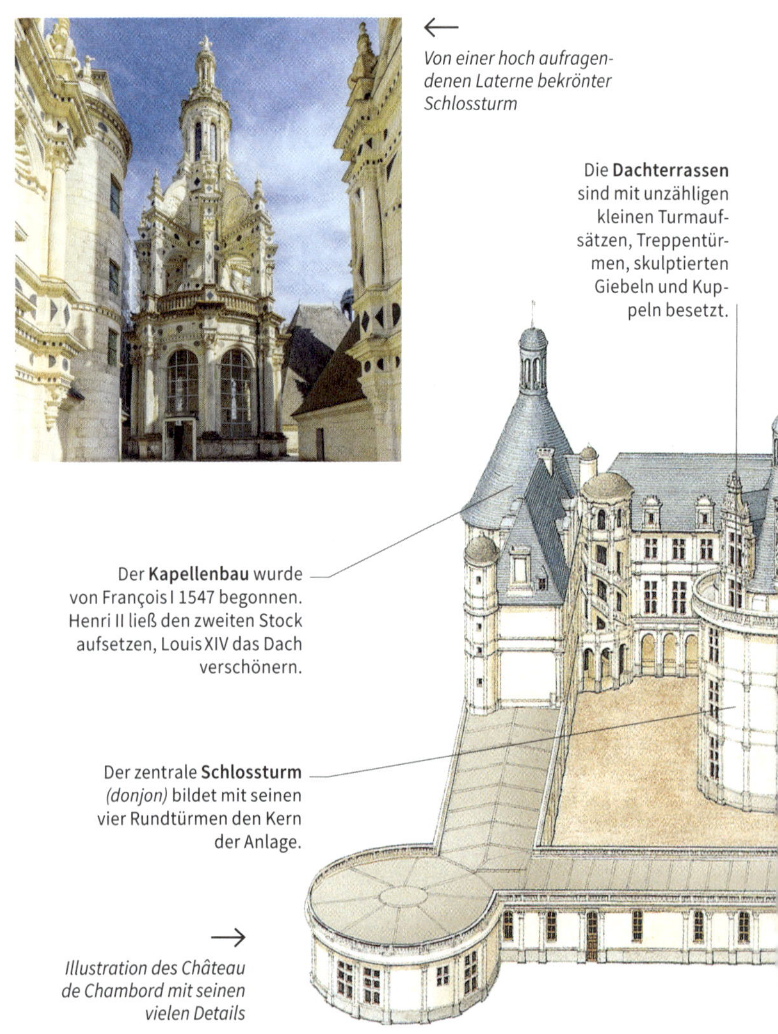


← *Von einer hoch aufragenden Laterne bekrönter Schlossturm*

→ *Illustration des Château de Chambord mit seinen vielen Details*

*Highlight*

↑ *Bei dieser doppelten Wendeltreppe laufen zwei Stiegen umeinander*

### Umweltschutz in Chambord

Die Geschichte des Geländes als Jagdrevier endete 1947 mit Gründung der Domaine National de Chambord. Heute beherbergt der Park eine Vielzahl von geschützten Tier- und Pflanzenarten, darunter mehr als 150 Vogelarten. Es gibt ein Naturschutzprojekt zum Schutz der *abeille noire de Sologne*, einer seltenen schwarzen Biene. Auch auf naturnahe, artgerechte Tierhaltung wird viel Wert gelegt. Dies betrifft etwa die Schafhaltung.

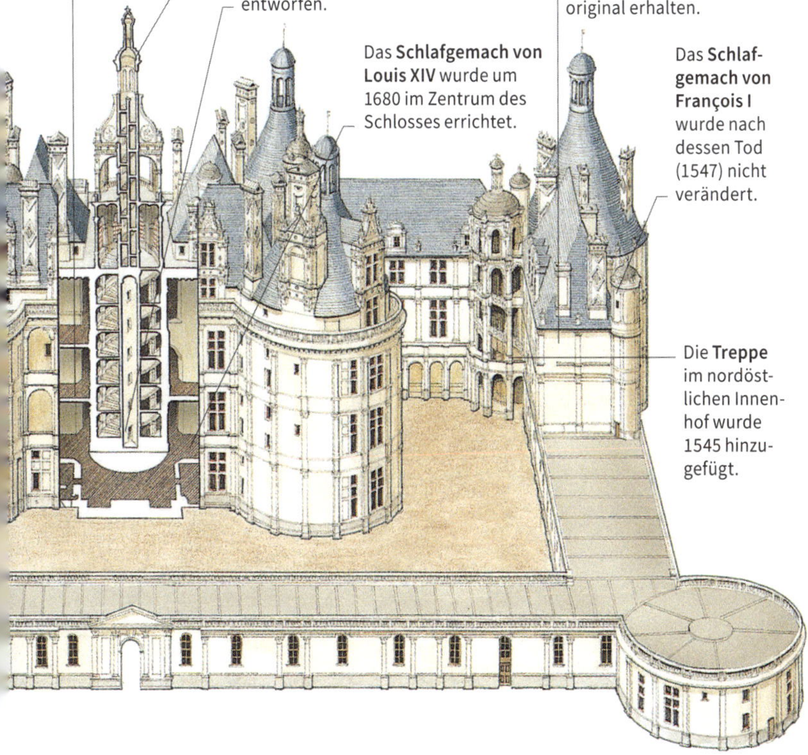

Die **Wachräume**, einst Ort königlicher Bälle und Theaterstücke, haben kunstvoll gewölbte Decken.

Die **Laterne**, der 32 Meter hohe Turmaufsatz, stützt sich auf gebogene Strebepfeiler.

Die doppelte **Wendeltreppe** wurde angeblich von Leonardo da Vinci entworfen.

Holztür und Gewölbedach des **Oratoriums von François I**, einer Kapelle mit Tonnengewölbe, sind noch original erhalten.

Das **Schlafgemach von Louis XIV** wurde um 1680 im Zentrum des Schlosses errichtet.

Das **Schlafgemach von François I** wurde nach dessen Tod (1547) nicht verändert.

Die **Treppe** im nordöstlichen Innenhof wurde 1545 hinzugefügt.

3

# Blois

E4 47 000 23, pl du Château Pl de la Gare +33 (0)2 5490 4141 Di, Sa Son et Lumière (Mitte Apr – Mitte Sep: tägl.) bloischambord.com

**Die einstige Feudalherrenbastion ist heute ein bedeutendes Handelszentrum für die landwirtschaftlich geprägten Regionen Beauce und Sologne. Seine harmonische Kulisse aus weißen Mauern, Schieferdächern und roten Ziegelkaminen macht Blois zu einer typischen Loire-Stadt.**

## Église St-Nicolas

Parvis Saint-Nicolas
tägl. 9 – 17

Die Kirche blickt auf eine über 1000-jährige Historie zurück. Benediktinermönche, die vor einer Wikingerinvasion in Nordfrankreich geflohen waren, gründeten hier im 9. Jahrhundert eine Abtei. Nach Schäden durch einen Großbrand (1114) wurde sie bis 1138 wiederaufgebaut.

Während der Religionskriege im 16. Jahrhundert wurde sie erneut zerstört und später restauriert. St-Nicolas, die älteste Kirche in Blois, ist mit ihren beiden Glockentürmen ein Wahrzeichen der Skyline der Stadt.

## Muséum d'Histoire Naturelle

Rue des Jacobins Mi, Sa 10 – 12, 14 – 18, So 14 – 18

Das Museum für Naturgeschichte ist im ehemaligen Couvent des Jacobins am Ufer der Loire untergebracht. Hier begibt man sich auf eine Reise entlang der Loire und entdeckt dabei die enorme Artenvielfalt der Region. Eine Dauerausstellung widmet sich den Landschaften des Blésois, darunter Feuchtgebieten, Wäldern, Agrarflächen und Wiesen sowie deren Flora und Fauna.

Zudem gibt es Wechselausstellungen und interaktive Stationen, die nicht nur Kinder begeistern.

## Maison de la Magie Robert-Houdin

1, pl du Château Zeiten der Website entnehmen
maisondelamagie.fr

Die Maison de la Magie, ein fünfstöckiges Zaubermuseum, ist eine Hommage an den Zauberer Jean Eugène Robert-Houdin. Sie widmet sich nicht nur seinem Leben, sondern auch dem des US-amerikanischen Zauberers Harry Houdini (Erik Weisz), dessen Künstlername auf Robert-Houdin verweist. Im Grand Théâtre gibt es Räume voller optischer Täuschungen und Zaubershows.

## Maison des Acrobates

3, pl St-Louis

Aufwendige Holzschnitzereien an der Fassade des Fachwerkhauses (1470) gegenüber der Cathédrale St-Louis stellen Jongleure und Akrobaten dar, für die das Gebäude früher ein Treffpunkt war. Heute befindet sich die Maison des Acrobates, ein beliebtes Fotomotiv, in Privatbesitz.

*Highlight*

*Lageplan von Blois mit den wichtigsten Sehenswürdigkeiten* ↓

RUE DU PALAIS
PLACE ST-LOUIS
RUE ST-HONORÉ
RUE HAUTE
RUE DU PUITS-CHÂTEL
RUE DENIS PAPIN
RUE JEANNE D'ARC
RUE PORTE CÔTÉ
RUE DU COMMERCE
RUE ST-MARTIN
RUE DENIS PAPIN
PLACE VICTOR HUGO
PLACE DU CHÂTEAU
PLACE LOUIS XII
RUE EMILE LAURENS
RUE ST-LUBIN
RUE DES JACOBINS
QUAI DE LA SAUSSAYE
QUAI DE L'ABBÉ GREGOIRE
RUE DES TROIS MARCHANDS
↘ *Fleur de Loire (550 m)*

## Schon gewusst?

**Wegen der Hügellage sind Treppen in Blois allgegenwärtig.**

↑ *Blick über die Loire auf Blois mit der markanten Cathédrale St-Louis*

# Restaurant

**Fleur de Loire**
Das Fünf-Sterne-Hotel hat zwei Gourmetrestaurants, die von Michelin-Sterneköchen geleitet werden. Genießen Sie von hier aus den Blick auf den Fluss.

**26, quai Villebois Mareuil, Blois**
**fleurdeloire.com**

5

# Château Royal de Blois

E4 Pl du Château +33 (0)2 5490 3333 Zeiten der Website entnehmen 1. Jan, 25. Dez chateaudeblois.fr

**Alle Schlösser im Loire-Tal waren Bühne für böse Intrigenspiele, keines aber in dem Ausmaß wie diese Residenz der Könige Louis XII, François I und Henri III.**

Die grausamste Heimtücke galt dem Duc de Guise, dem ehrgeizigen Führer der katholischen Heiligen Liga. Er wurde auf Geheiß von Henri III im königlichen Schlafgemach erdolcht. Nach diesem Mord verlor Blois seine politische Bedeutung. Die vier unterschiedlichen Baustile des Schlosses schlagen einen Bogen vom 13. Jahrhundert über Gotik und Renaissance bis zum Klassizismus. Besichtigen Sie auf jeden Fall die Salle des États Généraux (13. Jh.), den größten und am besten erhaltenen gotischen Saal in Frankreich. Nach einer umfassenden Restaurierung wirkt das Schloss schöner denn je.

Klassizismus prägt den **Flügel des Gaston d'Orléans**. Hier finden Ausstellungen zeitgenössischer Kunst statt.

Die **Tour du Foix** ist ein Relikt der mittelalterlichen Wehranlagen aus dem 13. Jahrhundert.

→ *Illustration des Château Royal de Blois*

## Chronik

*1200*
Wiederaufbau einer Festung (9. Jh.) durch die Grafen von Blois

*1391*
Herzog Louis d'Orléans, Bruder Charles VI, erwirbt die Burg

*1498*
Louis XII lässt drei Flügel an- und die Kapelle St-Calais umbauen

*1515*
▽ Umbau des Nordflügels unter François I

*1576*
Tagung der Generalstände

*1588*
△ Erneute Tagung der Generalstände, Ermordung des Duc de Guise

*1635*
Gaston d'Orléans lässt den Westflügel durch einen klassizistischen Bau ersetzen

*Klare Linien: klassizistischer Flügel des Gaston d'Orléans* ↑

Die Vertäfelung im **Zimmer der Königin** besteht aus 237 Teilen.

Der Kamin der **Salle d'Honneur** zeigt die Wappen von François I und seiner Gattin Claudia.

**Die Treppe von François I** weist kunstvolle Schnitzereien auf.

Von der Festung verblieb der **Salle des États Généraux**, Schauplatz von Empfängen und Versammlungen der Generalstände.

**Statue des Louis XII**

Am gotischen **Louis-XII-Flügel** fällt das aufwendige Mauerdekor auf.

Von der **Kapelle St-Calais** ist nur der Chorraum erhalten.

*1788*
Das Schloss wird in eine Kaserne umgewandelt

*1810*
Napoléon überträgt der Stadt Blois die Verantwortung für das Schloss

*1843*
▽ Félix Duban beginnt das Schloss umzugestalten

*1989*
Beginn einer großen Restaurierung

Fotomotiv
**Gesamter Schlosskomplex**

Der Quai Aristide Briand am Südufer der Loire ist einer der besten Orte für einen Blick auf das Château Royal de Blois. Machen Sie am besten Panoramafotos von der gesamten Anlage.

↑ *Blick von einer bezaubernden Straße in Blois auf die Cathédrale St-Louis*

## Maison de la BD

**3, rue des Jacobins**
**+33 (0)2 5442 4922**
**Di–Sa 9:30–12, 14–17:30**
**maisondelabd.com**

Die Maison de la BD (BD bedeutet *bande dessinée*, also Comics) widmet sich einer besonderen Kunst. Das ganze Jahr über werden temporäre Ausstellungen einzelner Comiczeichner organisiert. Zum Themenspektrum gehören etwa Fantasy-Comics und Illustrationen aus Kinderbüchern.

Zudem verfügt das Haus über Bereiche, in denen man den Comickünstlern bei ihrer Arbeit über die Schulter blicken kann, auch Zeichenkurse werden angeboten.

Eine besondere Attraktion ist das Festival bd BOUM in der dritten Novemberwoche, das 2023 sein 40-jähriges Jubiläum feierte. Das Festival ist die größte Veranstaltung in Frankreich, die sich diesem Kunstgenre widmet. Zum Programm gehören auch Konzerte, Seminare und Ausstellungen.

## Cathédrale St-Louis

**Pl St-Louis** **tägl.**

Die im 16. Jahrhundert an dieser Stelle im Renaissancestil errichtete Kirche wurde 1678 bei einem schweren Sturm weitgehend zerstört. Nur Teile der Fassade und die Apsis blieben erhalten. Nach dem Wiederaufbau wurde das Gotteshaus 1697 zur Kathedrale erhoben und dem hl. Ludwig geweiht.

Zu den Glanzstücken im Innenraum zählt eine prächtige Orgel der berühmten Orgelbauerfamilie Clicquot. Sehenswert sind auch Bleiglasfenster des niederländischen Künstler Jan Dibbets, die im Jahr 2000 in Chartres *(siehe S. 174–177)* produziert wurden.

Nordöstlich der Kathedrale erreicht man die eleganten, terrassenförmig angelegten Jardins de l'Évêché. Von dieser Grünanlage hat man einen herrlichen Blick auf die Kathedrale und die Loire.

## Hôtel d'Alluye

**8, rue St-Honoré**
**für Besucher**

Dieses Privathaus gilt als eines der frühesten und schönsten Beispiele der Renaissance in Blois. Errichtet wurde es für Florimond Robertet (Baron von Alluyes), den damaligen Schatzmeister und Notar von König Louis XII.

Die Südfassade wurde ab Ende des 15. Jahrhunderts in einem Mix aus Gotik sowie französischer und italienischer Renaissance erbaut. Ein großer Teil des Hauses wurde im 17. und 18. Jahrhundert von seinen verschiedenen Besitzern zerstört, aufgrund umfangreicher späterer Anbauten ist das ursprüngliche Aussehen des Hauses unbekannt.

Das als historisches Denkmal eingestufte Anwesen befindet sich heute in Privatbesitz und ist nicht öffentlich zugänglich. An bestimmten Gedenktagen wie etwa den Europäischen Tagen des

**Schon gewusst?**

**2019 wurde L'Escalier Denis-Papin vollständig mit dem Motiv der *Mona Lisa* bemalt.**

Highlight

> **Seit 2013 wird die Treppe jedes Jahr mit wechselnden Motiven vollständig bemalt und so in ein öffentliches Kunstwerk verwandelt.**

Denkmals am zweiten Wochenende im September kann jedoch der Innenhof besichtigt werden.

## L'Escalier Denis-Papin

**17, rue Haute  blois.fr/attractive/remarquable/escalier-denis-papin**

Die Treppe mit 120 Stufen zwischen der Rue Denis Papin und der Rue Saint-Honoré verbindet das untere Viertel von Blois mit dem oberen. Von oben bietet sich an klaren Tagen ein wundervoller Panoramablick.

Seit 2013 wird die Treppe jedes Jahr mit wechselnden Motiven vollständig bemalt und so in ein öffentliches Kunstwerk verwandelt. In der Regel basieren die Motive auf für die Stadt Blois wichtigen Ereignissen, können aber auch Reproduktionen berühmter Gemälde sein. Ein Werk aus dem Jahr 2022 stand im Zusammenhang mit der 39. Ausgabe des Festivals bd BOUM *(siehe S. 138)*. Unter dem Bild scheint die Treppe zu verschwinden, wodurch optische Täuschungen hervorgerufen werden.

Am oberen Ende der Treppe steht eine von Aimé Millet errichtete Statue. Sie würdigt Denis Papin (1647–1713), nach dem die Treppe benannt ist. Der Erfinder und Mathematiker leistete Pionierarbeit bei der Entwicklung der Dampfmaschine.

# SEHENSWÜRDIGKEITEN

4

## Château de Beauregard

**E4  Cellettes  Blois, dann Taxi  +33 (0)2 5470 4165  Zeiten der Website entnehmen  beauregard-loire.com**

Ein Jagdhaus am Rande des Russy-Waldes wurde Mitte des 16. Jahrhunderts für Jean du Thier, Minister von Henry II, in ein Schloss umgewandelt. Sehenswert ist vor allem du Thiers Arbeitszimmer, das Cabinet des Grelots. Vergoldete Eichenvertäfelungen, die Schellen *(grelots)* aus du Thiers Wappen und Bilder aus Niccolò dell'Abates Werkstatt dekorieren den hübschen Raum.

Die Porträtgalerie wurde im 17. Jahrhundert ergänzt. Sie enthält 327 Porträts – Monarchen, Heilige und Entdecker. Die Delfter Fayencen auf dem Boden des größten so gefliesten Saals Europas zeigen eine Armee aus dem 17. Jahrhundert auf dem Vormarsch. Zierde der südlichen Galerie sind Brüsseler Teppiche und kunstvoll geschnitzte Möbel.

5  

## Château de Villesavin

**E4  Villesavin  Blois, dann Taxi  +33 (0)2 5446 4288  März–Mitte Nov (Details der Website entnehmen)  chateau-de-villesavin.fr**

Jean Breton ließ 1527–37 dieses Renaissanceschloss errichten. Von hier beaufsichtigte er den Bau des königlichen Château de Chambord *(siehe S. 130–133)*. Die dort beschäftigten Steinmetze schmückten auch Villesavin aus und schenkten Breton den florentinischen Brunnen aus Carrara-Marmor, der im Eingangshof prangt.

Das Gebäude zählt zu den am wenigsten veränderten Loire-Schlössern der Spätrenaissance. Seine niedrigen Mauern mit den ungewöhnlich hohen Dächern umstehen drei weitläufige Höfe. Das Taubenhaus am Ende der Südfassade hat 1500 Nischen und eine Drehleiter.

Die interessante Kutschensammlung umfasst eine etwa 18 Meter lange *voiture de chasse* mit vier Sitzreihen.

↑ *Die kunstvoll gestaltete Porträtgalerie mit über 300 Porträts im Château de Beauregard*

## Trôo

E3 300 Vendôme, dann Taxi trootourisme.jimdo.com

Von der mittelalterlichen Festung ist kaum etwas erhalten. Teile der Église St-Martin stammen aus dem 11. Jahrhundert. In über 4000 Jahren gewachsene Stalaktiten hängen von der Decke der **Grotte Pétrifiante**. Die **Cave Yuccas**, eine restaurierte Höhlenwohnung, zeigt, wie einst das Leben tief in der Erde war.

St-Jacques-des-Guérets (12. Jh.) ist für 13 kunstvolle Wandgemälde byzantinischen Stils bekannt. Besonders besticht die Darstellung *Christi als Majestas domini*.

Durch ihre Farbenpalette beeindrucken die Fresken (12. Jh.) der Kapelle St-Gilles im nahen Montoire-sur-le-Loir. Die **Gare Historique**, eine ehemalige Bahnstation, erinnert an das Treffen von Marschall Philippe Pétain (1856–1951), Staatschef von Vichy-Frankreich, mit Hitler am 24. Oktober 1940 in Montoire-sur-le-Loir.

Alljährlich im August findet ein World-Music-Festival statt, Spielstätte ist auch das Museum **Musikenfête**.

**Umgebung:** Elf Kilometer südwestlich liegt **Le Manoir de la Possonnière**, Geburtsort von Pierre de Ronsard *(siehe S. 101)*. Der Train Touristique de la Vallée du Loir aus den 1950er Jahren verkehrt zwischen Trôo und Thoré-la-Rochette 15 Kilometer westlich.

**Grotte Pétrifiante**
39, rue Arnault, Trôo +33 (0)2 5472 8750 Apr–Okt: Di–So

**Cave Yuccas**
12, rue Gouffier, Trôo +33 (0)2 5485 3045 Apr–Juni, Sep, Okt: Mo–Fr nachm., Sa, So

**Gare Historique**
Av de la République, Montoire-sur-le-Loir +33 (0)2 5485 0029 Apr–Juni, Sep: Mi–Sa; Juli, Aug: Di–So

**Musikenfête**
Espace de l'Europe, Montoire-sur-le-Loir März–Sep: Di–So; Okt–Dez: Di–So nachm. 24., 25. Dez musikenfete.fr

**Le Manoir de la Possonnière**
Couture-sur-Loir Vendôme Zeiten der Website entnehmen vendome-tourisme.fr

### Restaurant

**La Guinguette de Trôo - Les Îles**
Genießen Sie Käse- und Wurstplatten auf einer Insel im Loir.

E3 L'Abord de Dieu, Montoire-sur-le-Loir Mai–Sep Okt–Apr guinguette-troo.fr

## Perche-Vendômois

E3 Loir-et-Cher/Sarthe Vendôme Mondoubleau perche-loiretcher.fr

In dieser idyllischen Region gibt es viele schöne Orte. Ihre ruhigen Gassen eignen sich ideal für gemütliche Spaziergänge.

In Mondoubleau, dem größten Ort, sieht man Reste einer Festung (11. Jh.). Etwa neun Kilometer nordwestlich liegt Valennes mit dem gemütlichen Café Jour de Fête. In der **Maison Botanique** in Boursay kann man bei einem Rundgang viel über die Ökologie der Region erfahren.

Arville ist bekannt für die **Commanderie des Templiers**. Diese vom Templerorden gegründete historische Stätte (12. Jh.) informiert über die Geschichte des Ordens.

**Maison Botanique**
Rue des Écoles Châteaudun tägl. maisonbotanique.com

**Commanderie des Templiers**
1, allée de la Commanderie, Arville Châteaudun Zeiten der Website entnehmen commanderie-arville.com

Blumengarten und Eingang zur Cave Yuccas, einer Höhlenwohnung in Trôo

*Ruinen des einst strategisch bedeutenden Château de Lavardin* ↑

8

## Lavardin

E3 300 Vendôme, dann Taxi 2, passage St-Genest, +33 (0)2 5485 2330 lavardin.net

Eine rekonstruierte mittelalterliche Brücke führt zum Dorf. Darüber thronen die Ruinen des **Château de Lavardin**. Die Festung war jahrhundertelang Zankapfel zwischen der französischen Krone und den Plantagenets.

Zu den sehenswerten Gebäuden in Lavardin zählen das Rathaus (11. Jh.), die alten Steinhäuser in der Route de Villavard und die Église St-Genest.

Entdeckertipp

**Jardin du Plessis Sasnières**

Im Dorf Sasnierès, 15 Kilometer von Vendôme entfernt, lohnt sich eine Erkundung des ausgedehnten Schlossgartens mit reicher Pflanzenwelt (www.jardin-plessis-sasnieres.fr).

**Château de Lavardin**

+33 (0)2 5485 0774
Zeiten tel. erfragen

## Vendôme

E3 18 000
47–49, rue Poterie, +33 (0)2 5477 0507
vendome-tourisme.fr

Ihre Lage auf einigen Inseln im Loir, ihre Brücken und alten Steinhäuser machen diese Kleinstadt reizvoll.

1371 fiel Vendôme an die Bourbonen, 1514 wurde es bourbonisches Herzogtum und in den Religionskriegen eine Bastion der katholischen Heiligen Liga, die der Bourbone und Hugenottenführer Henri IV 1589 zurückeroberte. Die Schädel von Henris katholischen Widersachern kann man im **Musée de Vendôme** sehen.

Vendômes Abteikirche La Trinité wurde 1034 vollendet. Neben ihr ragt ein 80 Meter hoher romanischer Glockenturm (12. Jh.) auf. Jean de Beauce schuf mit dem flammenähnlichen Fassadenmaßwerk ein virtuoses Denkmal der Spätgotik.

Vom Turm (15. Jh.) an der Place St-Martin erklingt ein Glockenspiel. Eine Statue ehrt den einstigen Heerführer Graf von Rochambeau. Bei der nahen Rue Saulnerie finden Sie einen im Stil der Jahrhundertwende überdachten Markt.

Der Square Belot gibt den besten Blick auf die alten Stadtbefestigungen preis. Von dort aus sieht man auch die Porte d'Eau, das »Wassertor« (13. und 14. Jh.). Im Stadtgebiet sind Bootsfahrten auf der Loire möglich.

Der zentrale Parc Ronsard beherbergt ein altes Waschhaus (15. Jh.), den Lavoir des Cordeliers, sowie das Oratorianerkolleg (17. und 18. Jh.). Auf einem Hügel über der Stadt steht vom verfallenen Schloss noch die Tour de Poitiers (12. Jh.). Vom Garten des Schlosses blickt man auf die Stadt hinab.

**Musée de Vendôme**

Cloître de la Trinité
+33 (0)2 54 89 44 50
wegen Renovierung bis 2026

Schöne Aussicht
**Blick vom Burghügel**

Vom hoch aufragenden Hügel, auf dem das mächtige Château de Chaumont steht, hat man einen geradezu atemberaubenden Blick über die Umgebung und auf die Loire.

## 10 Château de Chaumont

E4 Chaumont-sur-Loire Onzain, dann Taxi +33 (0)2 5420 9922 tägl. 1. Jan, 1. Mai, 1., 11. Nov, 25. Dez Festival International des Jardins (Mai – Mitte Okt) domaine-chaumont.fr

Die Burg thront auf einem Hügel, ihr Bergfried und ihre Rundtürme (1466–1510) zeigen noch das ursprüngliche Erscheinungsbild.

Als Charles 1481 die Burg erbte, veränderte er sie im Stil der frühen französischen Renaissance. 1560 erwarb Catherine de Médicis, Gattin von Henri II, das Schloss. 1562 zwang sie die Mätresse ihres toten Gatten Henri II, Diane de Poitiers, zum Tausch des lieblichen Chenonceau *(siehe S. 106–109)* gegen das strenge Chaumont. Spätere Eigentümer veränderten es mehrfach.

Mit Prinz Amédée de Broglie und seiner Frau Marie, einer reichen Erbin, zog 1875 wieder Sinn für Luxus und Schönheit ein. Hiervon profitierten selbst die Stallungen, in denen das Paar einen indischen Elefanten unterbrachte, den der Maharadscha von Kapurtala ihnen verehrt hatte.

Im Sitzungssaal sind flämische Wandteppiche von Martin Reymbouts und Majolika-Bodenfliesen (17. Jh.) zu bewundern, in der Bibliothek finden sich Medaillons (18. Jh.) des Italieners Jean-Baptiste Nini.

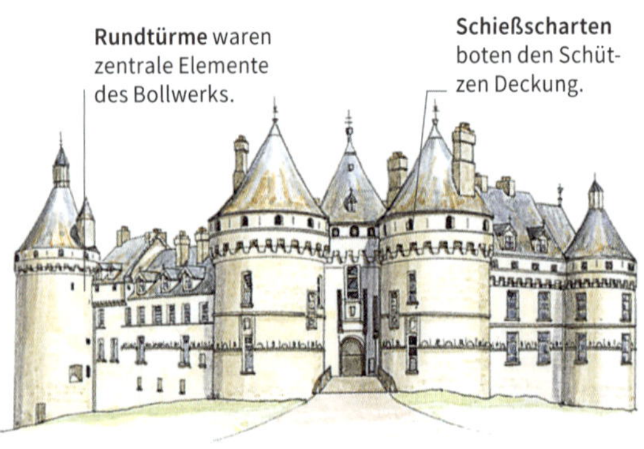


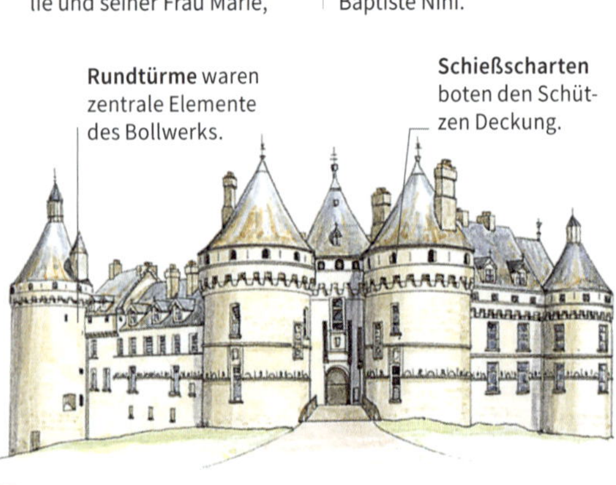

## 11 St-Aignan-sur-Cher

E4 4000 St-Aignan-Noyers-sur-Cher +33 (0)2 5475 2285 Sa tourisme-valdecher-staignan.com

Glanzlichter des Städtchens sind das Renaissanceschloss der Herzöge von Beauvillier und die romanische Stiftskirche St-Aignan. Man kann das Schlossinnere nicht besichtigen, aber die Treppe (19. Jh.) zur Hofterrasse erklimmen, um die Aussicht zu genießen.

Zwei stattliche Glockentürme wachen vor der (um 1080 begonnenen) Collégiale de St-Aignan. Im Innern bestechen Fresken wie eine Darstellung *Christi als Majestas domini* (11. Jh.), die verzierten 250 Reliefkapitelle sowie Deckengemälde (15. Jh.).

*Illustration des Château de Chaumont*

↑ *Blick auf Montrichard und darüber die Ruinen des Château*

12

## Montrichard

E4 3500
67, rue Nationale, +33 (0)2 5432 0510 Mo, Fr
sudvaldeloire.fr

Über dem Dorf ragen die Ruinen des **Château** auf. Davon stehen noch die Zugbrücke (11. Jh.), der Schießturm, Überreste der Wohnbauten und der Bergfried mit dem **Musée du Donjon**, einem kleinen Heimatmuseum.

Ein Bogeneingang führt in die Église Ste-Croix. Dort heiratete 1476 der spätere König Louis XII widerwillig Jeanne, die missgebildete Tochter von Louis XI. Durch Annullation dieser Ehe konnte Louis Anne de Bretagne zum Traualtar führen.

**Château de Montrichard und Musée du Donjon**
4 Montée Grands Degrés Sainte Croix
+33 (0)2 5432 5715
Apr – Sep: Di – So

13

## Thésée

E4 1500
St-Aignan, +33 (0)2 5475 2285 Do

Vor den Toren des kleinen Weindorfs Thésée liegt Les Maselles, eine wichtige gallo-römische Fundstätte. Ein Park umgibt das Rathaus, in dem das **Musée Archéologique** Münzen, Schmuck und Keramiken zeigt.

Drei Kilometer nördlich steht an der Stelle einer früheren mittelalterlichen Festung das **Château du Gué-Péan**. Kapelle, Bibliothek und Salons der Renaissance-anlage sind zu besichtigen.

**Musée Archéologique**
Hôtel de Ville
Zeiten der Website entnehmen tasciaca.com

**Château du Gué-Péan**
Monthou-sur-Cher
Mitte Juli – Aug: tägl.
guepean.com

## Restaurants

**Restaurant Le Grand Chaume**
Genießen Sie ein kulinarisches Erlebnis im Château de Chaumont.
E4 Domaine de Chaumont-sur-Loire
leboisdes chambres.fr
€€€

**Les Hauts de Loire**
Das mit einem Michelin-Stern ausgezeichnete Restaurant überzeugt mit neuen Interpretationen klassischer französischer Gerichte.
E4 79, rue Gilbert Navard, Veuzain-sur-Loire hautsdeloire. com/gastronomie
€€€

14 

## Château de Cheverny

**E4 Av du Château +33 (0)2 5479 9629 Schloss: tägl.; Zwinger: Mitte Apr – Sep chateau-cheverny.fr**

Die Schlossfassade aus weißem Naturstein zeigt schlichte Eleganz. Dank der relativ kurzen Bauzeit (1620 – 34) wird Cheverny von perfekter Harmonie im Louis-XIII-Stil geprägt. Das Innere wurde bis 1648 ausgebaut, das Anwesen setzte ein Zeichen in der Schloss- und Villenarchitektur des Loire-Tals.

Nichts erinnert an den Wehrcharakter einer Burg. Vielmehr ist Schlichtheit das Prinzip der klassizistischen Fassade. Vorgängerin des Schlosses war eine Burg der Familie Hurault. Henri Hurault und seine Frau Marguerite überwachten den Neubau, das Schloss ist bis heute in Besitz der Huraults.

Jean Mosnier zeichnet für die Innenausstattung des Schlosses verantwortlich: üppig vergoldete Balken, Vertäfelungen und Decken. Glanzwerke seines zehnjährigen Schaffens sind die Szenen der Reisen des Don Quijote im Speisesaal und die Deckengemälde im königlichen Schlafgemach, das mit Wandbehängen und Betthimmel aus persischer Seide effektvoll gestaltet wurde. Mosnier malte auch die Salle des Armes aus, in der außer Waffen und Rüstungen der große Wandteppich *Entführung der Helena* zu bestaunen ist.

Die Bildersammlung umfasst Tizians Porträt des Cosimo de' Médicis und Pierre Mignards Porträt der Gräfin von Cheverny über dem Kamin des Grand Salon. In der Galerie nebenan hängen Porträts von Jean Clouet und Hyacinthe Rigaud.

Von April bis September kann man sich bei einer Besichtigung der Zwinger vom Jagdfieber der Schlossbesitzer überzeugen. In Begleitung von Angestellten kann man den Schlosswald besichtigen. Der im englischen Stil angelegte Park des Anwesens lockt ebenso zu Spaziergängen wie die sechs Themengärten, darunter der »Garten der Liebe« und der Gemüsegarten. Um das Gelände und die Kanäle zu erkunden, können Sie einen Elektrobuggy oder ein Elektroboot mieten.

Das Château war Vorbild für das Schloss Mühlenhof in Hergés Comic *Tim und Struppi*. Eine einzigartige interaktive Dauerausstellung verrät mehr zu diesem Thema.

**Schon gewusst?**

**Unter Philippe de Vibraye war Cheverny dienstags für das Kaffeekränzchen seiner Mutter geschlossen.**

15

## Beaugency

**F3 8000 3, pl du Docteur Hyvernaud, +33 (0)2 3844 5442 Sa Festival de Beaugency (1. und 2. Wochenende im Juli) tourisme-beaugency.fr**

Das mittelalterliche Stadtbild ist erstaunlich gut erhalten, die berühmte 23-bogige Loire-Brücke, die schönste und lange Zeit einzige zwischen Orléans und Blois, liebevoll restauriert. Wiederholt war die Brücke Angriffen ausgesetzt, sodass sie schon im 16. Jahrhundert wiederaufgebaut werden musste. 1940 sprengten die Alliierten ihren Südkopf, um die Deutschen am Vormarsch zu hindern.

*In einem Garten des klassizistischen Château de Cheverny* ↑

An der Place Dunois, am höchsten Punkt der Rue de l'Abbaye, wacht ein mächtiger Wehrturm aus dem 11. Jahrhundert. Gegenüber wurden 1152 in der Abteikirche Notre-Dame Louis VII und Éléonore d'Aquitaine geschieden, ein Schritt, der Éléonores Heirat mit dem künftigen Henry II von England ermöglichte.

Höher hinauf gelangt man zur Tour St-Firmin und einer Reiterstatue der Jeanne d'Arc. Beim Turm ließ sich Jeannes Waffenbruder Jean Dunois, Herr über Beaugency mit dem Beinamen Bastard von Orléans, das Château Dunois erbauen. In der nahen Rue des Trois Marchands fallen ein mittelalterlicher Uhrenturm und die Renaissancefassade des Hôtel de Ville ins Auge. In den Innenräumen befindet sich eine Sammlung hochwertiger Stickereien.

*Einer der zahlreichen Seen in der Naturregion Sologne* ↑

16

## Sologne

**F4 Romorantin-Lanthenay +33 (0)2 3831 2451 sologne-tourisme.fr**

Zwischen Gien und Blois bildet die Loire die Nordgrenze der Sologne. Heide, Marsch und Wald prägen dieses knapp eine halbe Million Hektar weite Gebiet. Eingesprenkelt sind *étangs*, fischreiche Seen und Teiche, die Zug- und Wasservögel anlocken. Die Wälder ziehen Jäger und Naturliebhaber heute ebenso an wie einst die Renaissancekönige, die hier ihre Jagdsitze errichteten. Ein Großteil des Bodens ist Privatbesitz, doch es gibt öffentliche Wanderwege.

Romorantin-Lanthenay mit seinen mittelalterlich wirkenden Vierteln und vielen hübschen Häusern aus dem 17. bis 19. Jahrhundert gilt als die »Hauptstadt« der Sologne. Das **Musée de Sologne** widmet sich Fauna und Wirtschaft der Region.

Romorantin-Lanthenays Nachbarstadt St-Viâtre liegt inmitten der *étangs* von Brosses, Grande Corbois, Favelle und Marcilly. Die **Maison des Étangs** organisiert ornithologische Führungen.

In der Nähe des Schlossparks von Chambord *(siehe S.130–133)* kann man von der Maison du Cerf aus Wild sehen – und in der Herbstbrunft auch hören. Ebenfalls öffentlich zugänglich ist der große Naturpark **Domaine du Ciran**, der sich 25 Kilometer südlich von Orléans nahe Ménestreau-en-Villette erstreckt.

**Musée de Sologne**
**Romorantin-Lanthenay wegen Renovierung**
**museedesologne.com**

**Maison des Étangs**
**2, rue de la Poste**
**Apr–Okt: tägl.; Nov–März: Mi, Sa, So, Feiertage nachm. 1. Jan, 25. Dez**
**maison-des-etangs.fr**

**Domaine du Ciran**
**2915, rte de Marcilly, Ménestreau-en-Villette**
**La Ferté-St-Aubin, dann Taxi März–Sep: tägl.; Okt–Feb: Mi–Mo**
**domaineduciran.com**

### Tarte Tatin

Das beliebte französische Dessert *tarte tatin* stammt ursprünglich aus der Sologne. Angeblich erfanden es die beiden Schwestern Stéphanie und Caroline Tatin im Jahr 1890 in Lamotte-Beuvron, wo sie ein Hotel mit Restaurant betrieben. Die ersten Gäste, denen der aus Blätterteig gebackene Apfelkuchen mit dünner Karamellschicht serviert wurde, waren begeistert, so kam er auf die Speisekarte. Das von den Schwestern geführte Hotel, die Maison Tatin, ist nach wie vor in Betrieb. Im Salon de Thé Tatin kann man das berühmte Dessert probieren.

## 17 Château de Talcy

E3 18, rue du Château Mer, dann Taxi +33 (0)2 5481 0301 Mai – Aug: tägl. 9:30 –12:30, 14 –18; Sep – Apr: Mi – Mo 10 –12:30, 14 –17 1. Jan, 1. Mai, 25. Dez chateau-talcy.fr

Hinter der streng wirkenden Fassade überrascht ein »Wohnschloss« mit relativ normalen Ausmaßen – nach den riesigen Loire-Schlössern eine angenehme Überraschung. Vorgänger dieses Schlosses war ein Bergfried aus dem 15. Jahrhundert. Bernardo Salviati, ein Florentiner Bankier und Cousin der Catherine de Médicis, erwarb das Anwesen 1517 und ließ es ausbauen.

Bernardo Salviati verlieh Talcy den Charakter einer mittelalterlichen Burg. Er ließ den Zinnenwehrgang und die Blendgusserker beim Pförtnerhaus anbringen. Eine Arkadengalerie umläuft den ersten Innenhof mit seinem überkuppelten Brunnen. Das Taubenhaus (16. Jh.) im zweiten Innenhof, das besterhaltene der Loire-Region, bietet etwa 3000 Vögeln Unterschlupf.

Kulturhistorisch sehr interessant ist die riesige hölzerne Weinpresse. Sie ist mehr als 300 Jahre alt, aber immer noch funktionsfähig. Besucher des Anwesens können einen Spaziergang durch die großen Gärten genießen. Im Obstgarten werden viele Obst- und Gemüsesorten angebaut.

Gärten und Innenräume im Originaldekor mit Möbeln und Wandteppichen des 17. und 18. Jahrhunderts tragen zum Charme der Anlage bei.

## 18 Château de Chamerolles

F3 Chilleurs-aux-Bois Orléans, dann Taxi +33 (0)2 3839 8466 Feb – Apr, Okt – Dez: Mo, Mi – Fr 13:30 –17:30, Sa, So 10 –12, 13:30 –17:30; Mai, Juni, Sep: Mi – Mo 10 –18; Juli, Aug: tägl. 10 –18 Jan, 25. Dez chateauchamerolles.fr

Das Renaissanceschloss steht am Rand des Waldes von Orléans. Bauherr war der Gouverneur von Orléans, Lancelot du Lac. Das 1500 – 30 errichtete Bauwerk kombiniert Festungselemente – Graben mit Zugbrücke, Hof im Schutz betürmter Flügel – mit dem Komfort einer Privatresidenz. Wege leiten zwischen Gitterspalieren durch die akkurat gepflegten Renaissancegärten zu einem ausgezeichneten Aussichtspunkt, von dem aus man das Schloss und sein Spiegelbild

wundern kann. Viele der seltenen Pflanzen im Duftgarten wurden im 16. Jahrhundert zu Arzneien und Parfums verarbeitet.

Das sehenswerte Schlossmuseum widmet sich der Entwicklung der Parfumherstellung, erklärt die Verwendungen von Duftessenzen, zeigt Labors von Parfumeuren und Botanikern, stellt bezaubernde Flakons und im angeschlossenen Laden verführerische Verkaufsobjekte aus.

**Yèvre-le-Châtel zählt zu den wohl malerischsten Dörfern in Frankreich, zu seinem Charme tragen die zahlreichen cremefarbenen Steingebäude und die hübschen kleinen Straßen bei.**

19

## Meung-sur-Loire

**F3 6500**
**1, rue Emmanuel Troulet, +33 (0)2 3844 3228**
**Do, So tourisme-valdesmauves.fr**

Die Siedlung Magdunum war der keltische Vorläufer dieser hübschen kleinen, sanft zur Loire geneigten Ortschaft. Hier kam Jean de Meung zur Welt, der im 13. Jahrhundert den zweiten Teil des berühmten *Roman de la rose* schrieb.

Vom 11. bis 13. Jahrhundert entstand die romanische Kirche St-Liphard. Daneben erheben sich die Türme des **Château de Meung**, dem die Umbauten vom 12. bis zum 18. Jahrhundert seine Stilvielfalt eingebracht haben. Im Flügel (18. Jh.) wird eine Kollektion von Möbeln, Bildern und Gobelins präsentiert.

Gruseln kann man sich in den Verliesen des Burgteils aus dem 12. bis 13. Jahrhundert. Rund 500 Jahre dienten sie als Kerker. Auch François Villon, für seine Gaunereien ebenso bekannt wie für seine Dichtkunst, darbte fünf Monate in den *oubliettes* (Verliesen) bei Brosamen, die man den Gefangenen auf einen Sims über der Latrine streute. Dank dem Freispruch von Louis XI entkam Villon als einziger Häftling.

Nördlich bzw. südlich vom Zentrum liegen zwei im Sommer geöffnete Grünanlagen, die einen Besuch lohnen: Das Arboretum des Prés de Culands und die Jardins de Roqulin.

**Château de Meung**
**16, pl du Martroi**
**Zeiten der Website entnehmen**
**chateau-de-meung.com**

## Yèvre-le-Châtel

**F3 700 7 km südöstl. von Pithiviers von Pithiviers (Saint-Aignan)**
**yevre-la-ville.fr**

Umgeben von den Ebenen der Beauce liegt Yèvre-le-Châtel inmitten des bewaldeten Flusstals des Rimarde. Das Dorf zählt zu den wohl malerischsten in Frankreich, zu seinem Charme tragen die zahlreichen cremefarbenen Steingebäude und die hübschen kleinen Straßen bei.

Yèvre-le-Châtel setzt sich aus zwei Teilen zusammen. Einer erstreckt sich am Ufer der Rimarde, der andere liegt am Hang und birgt neben der mittelalterlichen Festung und einer romanischen Kirche einige der schönsten Steinhäuser.

←
*Mitten im Wald liegt das Château de Chamerolles mit seinen markanten Türmen*

## 21 St-Benoît-sur-Loire

**F3 3000 55, rue Orléanaise, +33 (0)2 3835 7900 abbaye-fleury.com**

Im ruhigen St-Benoît steht eine der wertvollsten romanischen Abteikirchen Frankreichs (1067–1108). Das reizvollste Merkmal ihrer eher nüchternen Fassade, die Vorhalle des Glockenturms, wurde vermutlich im frühen 11. Jahrhundert erbaut. Gemeißelte Figuren schmücken die Kapitelle der 50 Säulen.

Innen trennen dicht gesetzte Säulen die Seitenschiffe vom gotischen Langhaus. Den frühromanischen Chorraum mit seinen Blindarkaden in mittlerer Höhe ziert ein byzantinischer Mosaikboden. In der Wand des nördlichen Querschiffs zeigt ein Relief den Kopf eines normannischen Brandschatzers.

In der Krypta birgt ein beleuchteter Reliquienschrein die Gebeine von St. Benedikt, der im 6. Jahrhundert das westliche Mönchstum begründete. 672 brachte man die Überreste von Benedikts Heimatkloster Monte Cassino hierher. Als im 11. Jahrhundert der gegenwärtige Bau begonnen wurde, war der Benediktinerorden reich und besaß viele Reliquien. Im angeschlossenen Kloster leben noch Mönche. Man erhält einen Eindruck von der Atmosphäre, wenn man den gregorianischen Gesängen lauscht.

Die fünf Kilometer entfernte Kirche St-Germigny-des Prés (9. Jh.) birgt in der Ostapsis ein Mosaik aus rund 130 000 farbigen, vermutlich im 6. Jahrhundert gesammelten Glasteilchen. Es zeigt die von zwei Cherubim getragene Bundeslade.

### Schon gewusst?

**Nach seiner Aufgabe während der Französischen Revolution diente St-Benoît-sur-Loire als Steinbruch.**

*Statue des Heiligen Benedikt in der romanischen Abteikirche St-Benoît*

## 22  Château de la Bussière

**G3 La Bussière**
**Nogent-sur-Vernisso**
**Apr, Okt: Mi–Mo 14–18; Mai, Juni, Sep: Mi–Mo 10–12, 14–18; Juli, Aug: tägl. 10–18; Dez: Sa, So 14–18**
**Jan–März, Nov chateau-de-la-bussiere.com**

Das im 12. Jahrhundert erbaute Château de la Bussière diente bis Ende des 15. Jahrhunderts als Festung, dann wurde es in eine Wohnresidenz umgewandelt.

Das Anwesen verfügt über einen ausgedehnten Garten, in dem Besucher im Sommer Beeren pflücken und Gemüse kaufen können. Zu den schönsten Spazierwegen gehört eine Lindenallee. Weitere Highlights sind ein Naturspielplatz für Kinder und Bootsfahrten auf dem See.

*Briare-le-Canal an einem der ältesten Kanäle in Frankreich*

## 23 Briare-le-Canal

**G4 6000**
**Pl Charles-de-Gaulle, +33 (0)2 3831 2451 Fr**
**tourisme-briare.com**

Das hübsche Städtchen mit Bootshafen besitzt Europas längsten Brückenkanal. Der von Gustave Eiffel (1832–1923) entworfene Kanal über die Loire ist nicht nur ein Meisterstück der Ingenieurskunst, sondern zeugt auch vom großartigen Können der Steinmetze und Kunstschmiede. Er verbindet den Briare-Loing- mit dem Latéral-Kanal. Mit seiner Fertigstellung im Jahr 1896 vervollständigte der Kanal ein im 17. Jahrhundert begonnenes Wasserstraßensystem, das Seine und Rhône mit der Loire verband. Man kann auf einem Gehweg über den 662 Meter langen Brückenkanal flanieren oder ihn mit einem *bateau-mouche* (Ausflugsboot) befahren.

## 24 Gien

**G4 16 000**
**Pl Jean-Jaurès, +33 (0)2 3867 2528 Mi, Sa**
**gien-tourisme.fr**

Das nach den Zerstörungen im Zweiten Weltkrieg umfas-

send renovierte Gien gilt als eine der hübschesten Loire-Städte. Von der malerischen, im 16. Jahrhundert errichteten Brücke und den Kais steigen die Häuser aus Ziegeln, hellem Stein und Dachschiefer zum sehenswerten Schloss auf. Das exponiert gelegene Anwesen wurde für Anne de Beaujeu gebaut, die gegen Ende des 15. Jahrhunderts die Regentschaft für ihren Bruder Charles XIII übernahm.

Von der angrenzenden Église Ste-Jeanne d'Arc überstand lediglich der Turm die im Zweiten Weltkrieg verursachten Schäden. Im Jahr 1954 wurde die wiedererbaute Kirche eingeweiht. Ihre Verkleidung mit Ziegeln aus Giens berühmten Brennereien harmoniert sehr schön mit dem rot-schwarzen Ziegelmuster des Schlosses. Der Innenraum lebt durch die Farben von Max Ingrands Bleiglasfenstern und des ortstypischen Steinguts. Das Museum für Feinporzellan und Tonwaren in der 1821 gegründeten Fabrik öffnet täglich, außer an Sonn- und Feiertagen zwischen Oktober und April.

Das Château der Anne de Beaujeu entstand 1484–1500 über einer der ältesten Loire-Burgen. Es bot dem jungen Louis XIV und der Königinmutter während des Fronde-Aufstands (1648–53) eine Zuflucht. Seine prachtvollen Balkenwerkhallen und Galerien beherbergen das ausgezeichnete **Château et Musée International de la Chasse**, eine der bedeutendsten Sehenswürdigkeiten von Gien. Es spürt auf spannende Art und Weise der Jägerei bis in die Urzeit nach, präsentiert Jagdgewänder und Waffen und erläutert darüber hinaus Waidwerktechniken und jagdverwandtes Können wie die Falknerei. Diese Themen werden hier anhand von Bildern, Kupferstichen, Radierungen, Skulpturen, Wandteppichen und Tonwaren aus dem 16. bis 20. Jahrhundert anschaulich illustriert.

Zu den Höhepunkten der Ausstellung gehört die Skulptur *Ravegeot et Ravageole* (19. Jh.) von Emmanuel Frémiet, die zwei Hunde zeigt. Auch Jagdszenen von Philips Wouwerman, Jean de Montbel und Benjamin de Rolland sind zu sehen.

**Château et Musée International de la Chasse**
**+33 (0)2 3867 6969 Mai–Sep: Mi–Mo 10–18; Okt–Apr: Di–Fr 10:30–17:30, Sa, So 13:30–17:30 Feiertage chateaumuseegien.fr**

## Shopping

**Faïencerie de Gien**
Die ultimative Adresse für luxuriöse Tonwaren. Stöbern Sie in aller Ruhe nach klassischen und zeitgenössischen Designs.

**G4 78, place de la Victoire, Gien gien.com**

**Biscuiterie de Chambord**
Seit über 40 Jahren ist die Biscuiterie de Chambord für ihre Auswahl an Keksen bekannt, darunter auch die lokale Spezialität *palet solognot*.

**E4 30, rue de Chambord, Chambord biscuiteriedechambord.fr**

**Prasline Mazet**
In dem Laden mit Art-déco-Interieur werden seit 1903 köstliche Pralinen verkauft.

**G3 43, rue du Général Leclerc, Montargis mazetconfiseur.com**

*Viele Radwege in Berry verlaufen an Flussufern*

# Berry

Die Provinz Berry liegt im Herzen Frankreichs, südlich des Pariser Beckens und nördlich des Massif Central – eine vielfältige Landschaft mit Weinbergen, Weizenfeldern, Weiden, Wäldern, sanften Hügeln, Seen, kleinen Orten und stilvollen Herrenhäusern.

Bourges ist heute die bedeutendste Stadt des Berry und war in gallorömischer Zeit eine der Hauptstädte Aquitaniens. Einen weiteren Höhepunkt erlebte die Stadt im 14. Jahrhundert unter Herzog Jean de Berry. Der Kunstmäzen ließ hier einen (heute zerstörten) Prachtpalast errichten und sammelte darin Gemälde, Tapisserien, Schmuck und bebilderte Manuskripte.

Als Charles VII in den 1420er Jahren um die französische Krone kämpfte, wählte er Bourges als sein Hauptlager. Charles' Schatzmeister Jacques Cœur (1395–1456) sanierte später Frankreichs Finanzen, und das zwischen 1443 und 1451 erbaute Palais Jacques-Cœur zieht heute ebenso viele Besucher an wie die prächtige Kathedrale.

Danach entwickelte sich die Region zu einem Zentrum der Landwirtschaft und des Weinbaus, der Pinot Noir aus Berrys Keltereien wurde in Europa bekannt. Eine Reblausplage im 19. Jahrhundert ließ die Erträge jedoch einbrechen und bewirkte eine Umstellung auf die Weißweinsorte Sauvignon Blanc.

Seit dem 19. Jahrhundert hat die abwechslungsreiche Landschaft Künstler und Literaten gleichermaßen inspiriert, darunter George Sand, Claude Monet und Alain-Fournier.

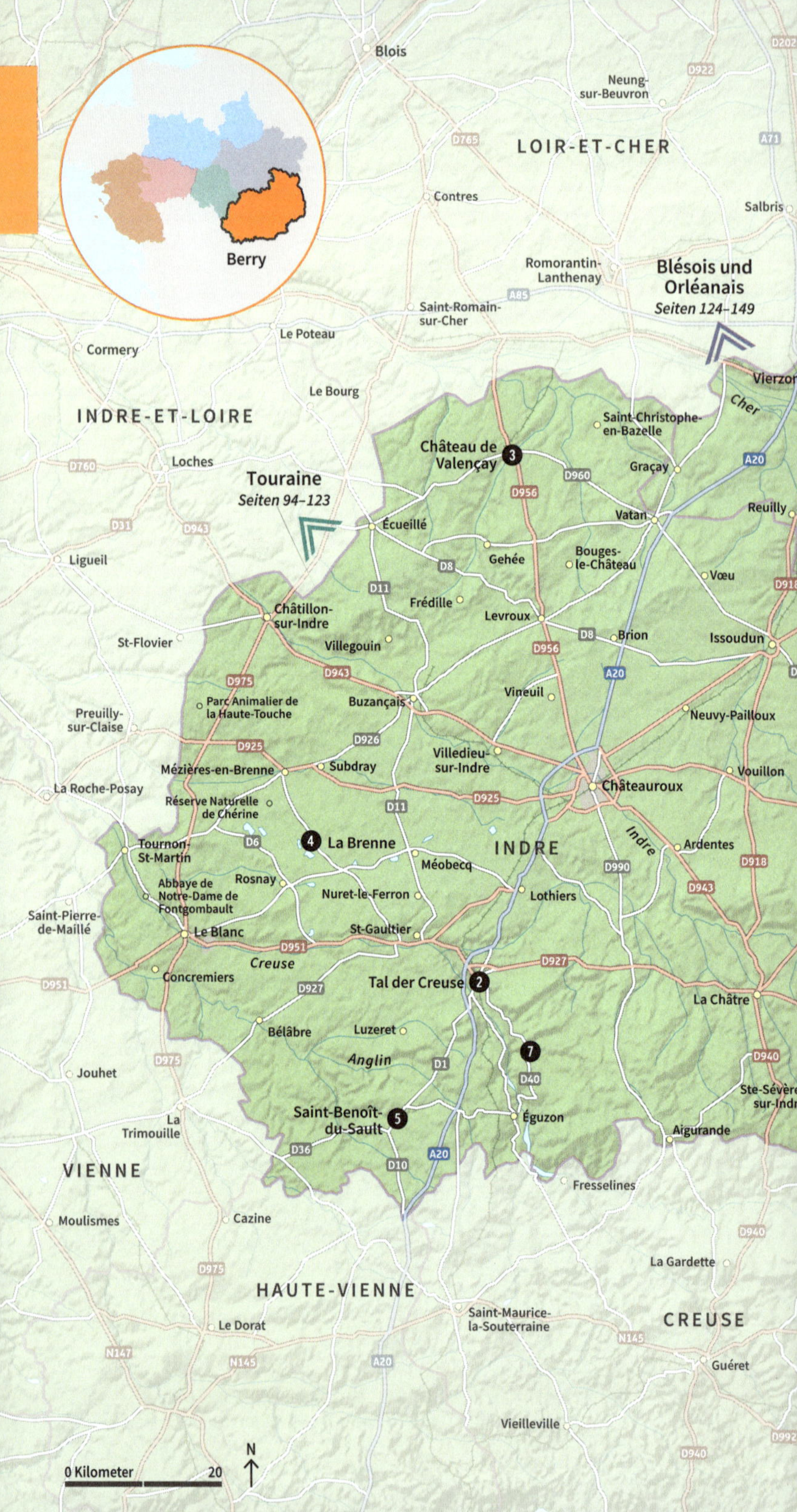

Berry
Blois
Neung-sur-Beuvron
LOIR-ET-CHER
Contres
Salbris
Romorantin-Lanthenay
Blésois und Orléanais
Seiten 124–149
Saint-Romain-sur-Cher
Le Poteau
Cormery
Le Bourg
INDRE-ET-LOIRE
Vierzon
Cher
Saint-Christophe-en-Bazelle
Château de Valençay
Loches
Graçay
Touraine
Seiten 94–123
Vatan
Reuilly
Écueillé
Gehée
Bouges-le-Château
Ligueil
Vœu
Frédille
Levroux
Châtillon-sur-Indre
Brion
Issoudun
St-Flovier
Villegouin
Vineuil
Parc Animalier de la Haute-Touche
Buzançais
Neuvy-Pailloux
Preuilly-sur-Claise
Villedieu-sur-Indre
Vouillon
Mézières-en-Brenne
Subdray
Châteauroux
La Roche-Posay
Réserve Naturelle de Chérine
Indre
Ardentes
Tournon-St-Martin
La Brenne
INDRE
Méobecq
Rosnay
Abbaye de Notre-Dame de Fontgombault
Nuret-le-Ferron
Lothiers
Saint-Pierre-de-Maillé
Le Blanc
St-Gaultier
Creuse
Concremiers
Tal der Creuse
La Châtre
Bélâbre
Luzeret
Anglin
Jouhet
Ste-Sévère-sur-Indre
Saint-Benoît-du-Sault
Éguzon
La Trimouille
Aigurande
VIENNE
Fresselines
Moulismes
Cazine
La Gardette
HAUTE-VIENNE
Saint-Maurice-la-Souterraine
CREUSE
Le Dorat
Guéret
Vieilleville
0 Kilometer 20
N

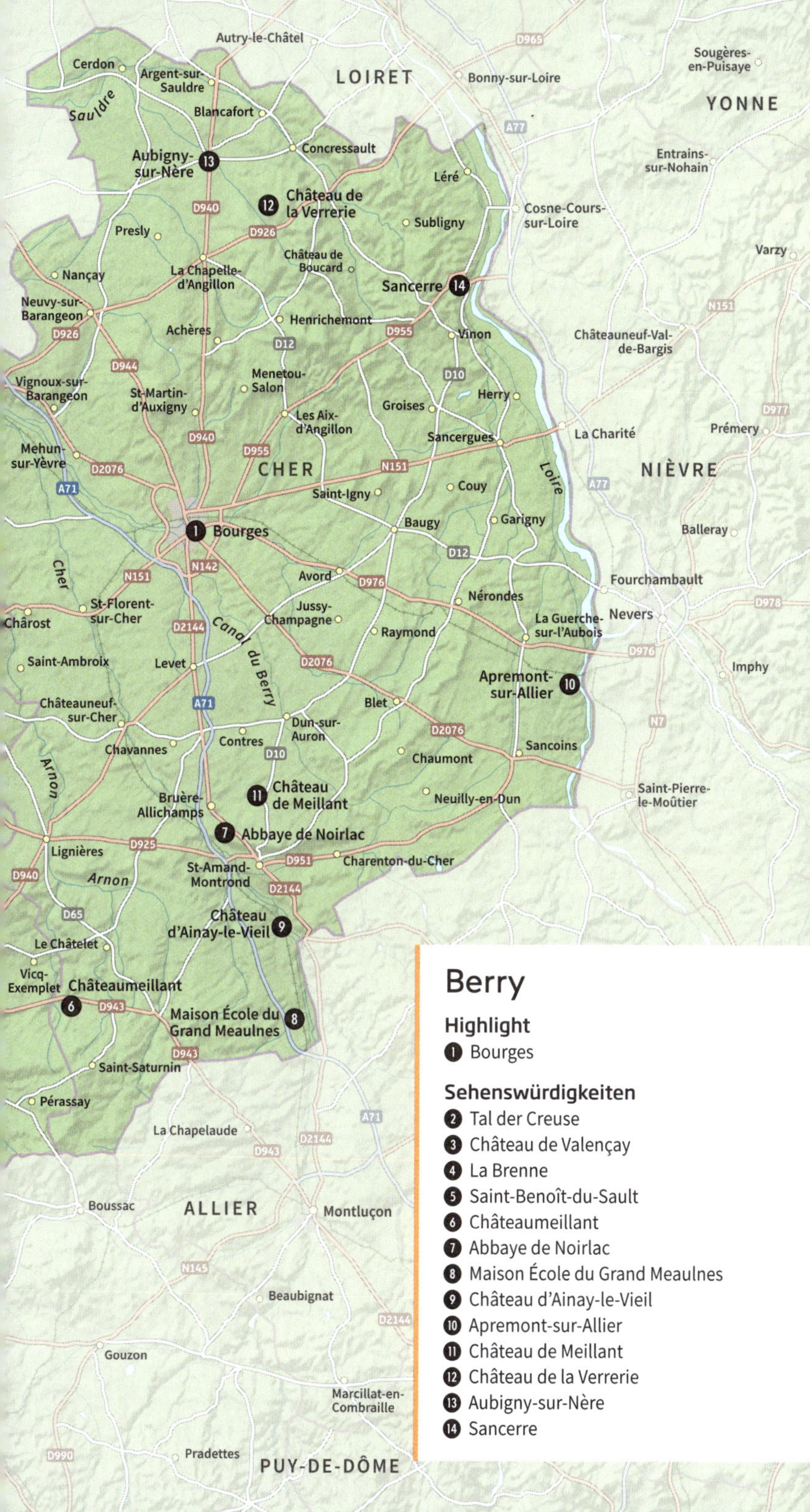
LOIRET
YONNE
NIÈVRE
CHER
ALLIER
PUY-DE-DÔME
Autry-le-Châtel
Cerdon
Argent-sur-Sauldre
Sauldre
Blancafort
Bonny-sur-Loire
Sougères-en-Puisaye
Concressault
Aubigny-sur-Nère
Château de la Verrerie
Léré
Entrains-sur-Nohain
Cosne-Cours-sur-Loire
Sublígny
Presly
Château de Boucard
Varzy
Nançay
La Chapelle-d'Angillon
Sancerre
Neuvy-sur-Barangeon
Henrichemont
Achères
Vinon
Châteauneuf-Val-de-Bargis
Menetou-Salon
Vignoux-sur-Barangeon
St-Martin-d'Auxigny
Herry
Groises
Les Aix-d'Angillon
Prémery
La Charité
Sancergues
Mehun-sur-Yèvre
Loire
Couy
Saint-Igny
Garigny
Baugy
Balleray
Bourges
Cher
Avord
Fourchambault
Nérondes
St-Florent-sur-Cher
Jussy-Champagne
Chârost
Canal du Berry
La Guerche-sur-l'Aubois
Nevers
Raymond
Saint-Ambroix
Levet
Imphy
Apremont-sur-Allier
Châteauneuf-sur-Cher
Blet
Dun-sur-Auron
Sancoins
Contres
Chavannes
Chaumont
Arnon
Saint-Pierre-le-Moûtier
Château de Meillant
Neuilly-en-Dun
Bruère-Allichamps
Abbaye de Noirlac
Lignières
St-Amand-Montrond
Charenton-du-Cher
Château d'Ainay-le-Vieil
Le Châtelet
Vicq-Exemplet
Châteaumeillant
Maison École du Grand Meaulnes
Saint-Saturnin
Pérassay
La Chapelaude
Boussac
Montluçon
Beaubignat
Gouzon
Marcillat-en-Combraille
Pradettes
D965
A77
D940
D926
D955
D12
D10
D944
D2076
A71
N151
D977
N142
D976
D978
D2144
N7
D925
D951
D65
D943
N145
D990
Berry
Highlight
1 Bourges
Sehenswürdigkeiten
2 Tal der Creuse
3 Château de Valençay
4 La Brenne
5 Saint-Benoît-du-Sault
6 Châteaumeillant
7 Abbaye de Noirlac
8 Maison École du Grand Meaulnes
9 Château d'Ainay-le-Vieil
10 Apremont-sur-Allier
11 Château de Meillant
12 Château de la Verrerie
13 Aubigny-sur-Nère
14 Sancerre

❶

# Bourges

F5 64 000 Gare de Bourges 21, rue Victor Hugo +33 (0)2 4323 0260 Sa Printemps de Bourges (Apr); Été à Bourges (Juni–Sep) bourgesberrytourisme.com

**Im Herzen dieser unter den Römern Avaricum genannten Stadt steht die prächtige Kathedrale in einem Netz alter Straßen. Trotz des Großbrands von 1487 blieb Bourges über das Mittelalter hinaus ein bedeutendes religiöses und künstlerisches Zentrum. Im 19. Jahrhundert entwickelte es sich zu einer prosperierenden Industriestadt. Bourges ist auch für seine Museen und Musikfestivals bekannt**

①

## Centre Historique

Das historische Stadtzentrum lädt zum Bummeln ein. Neben einem Besuch der Cathédrale St-Étienne *(siehe S. 156f)* lohnt es sich auch, durch die Rue Bourbonnoux mit ihren über 400 Fachwerkhäusern aus dem 15. Jahrhundert zu schlendern. Weitere Sehenswürdigkeiten im historischen Zentrum sind das Hôtel des Échevins und das Hôtel Lallemant.

② 

## Palais Jacques Cœur

**Rue Jacques Cœur +33 (0)2 4824 7942 Zeiten der Website entnehmen palais-jacques-coeur.fr**

Das Palais gilt als einer der erlesensten gotischen Profanbauten Europas. Bauherr Jacques Cœur *(siehe Kasten)* verwandte erhebliche Mittel für den 1443–51 über Resten der gallorömischen Stadtmauer errichteten Prunkbau.

> **Überall entdeckt man Details – von Trompe-l'Œil-Figuren, die aus der türmchenbewehrten Eingangsfassade hervorragen, bis hin zu mystischen, alchimistischen Zeichen.**

### Jacques Cœur

Cœur (ca. 1400–1456) wurde durch Handel im Mittelmeerraum und Vorderasien zu einem der reichsten Männer des mittelalterlichen Frankreich. 1451 wurde er des Betrugs und der Mitschuld am Tod der Königsmätresse Agnès Sorel beschuldigt, verhaftet und gefoltert, floh aber nach Rom, wo er an der Flottenexpedition des Papstes gegen die Türken teilnahm. Cœur starb auf der griechischen Insel Chios.

Die Räume öffnen sich zu Korridoren, statt ineinander überzugehen wie in den meisten zeitgenössischen Gebäuden. Über den Türen verkünden figürliche Reliefs die Funktion der jeweiligen Räume. Überall entdeckt man Details – von Trompe-l'Œil-Figuren, die aus der türmchenbewehrten Eingangsfassade hervorragen, bis hin zu mystischen, alchimistischen Zeichen.

Schmuckstücke sind auch der Innenhof, die Holzgewölbedecken der Galerien und

↑ *Gasse mit historischen Gebäuden in der Altstadt von Bourges*

der von Jean Fouquet *(siehe S. 120)* gemalte Kapellenhimmel. Jährlich finden Ausstellungen statt.

### Maison des Musées

Pl Étienne Dolet
+33 (0)2 4857 8245
Victor Hugo Mi – Sa 14 – 18 (Juli, Aug: Mo – Sa)
ville-bourges.fr

Einige Kunst- und Geschichtsmuseen sind wegen Umgestaltung ihrer Ausstellungsräume bis 2030 geschlossen. In der Zwischenzeit zeigt die Maison des Musées, warum Bourges eine staatlich anerkannte *ville d'art et d'histoire* ist. Hier sind Objekte der derzeit geschlossenen Museen ausgestellt.

### Villa MONIN

40, rue Moyenne
+33 (0)2 4541 0607
Europe Di – Sa 10 – 18
villamonin.fr

Viele Bars auf der ganzen Welt verwenden für ihre Drinks Sirupe von MONIN, dem von Georges Monin im Jahr 1912 gegründeten Familienunternehmen. Firmenzentrale ist die Villa MONIN, ein elegantes Stadthaus aus dem 19. Jahrhundert. Besucher können in der Bar Le 1912 Cocktails genießen, die von erfahrenen Mixologen zubereitet werden. Im Shop wird ein großes Sortiment dieser Sirupe angeboten. Zudem gibt es Kochkurse, die von einem mit einem Michelin-Stern ausgezeichneten Koch geleitet werden.

⑤

### Marais de Bourges

Marais des Prébendes

Durch die rund 135 Hektar große Parklandschaft nordöstlich des Zentrums fließen die Flüsse Voiselle und Yèvre sowie mehrere Kanäle. Ein großer Teil des Gebiets wird für den Gartenbau genutzt, andere Bereiche sind naturbelassener. Die Tierwelt im Marais de Bourges ist sehr artenreich. Hier leben auch viele Insekten wie Libellen und Schmetterlinge sowie Vögel (u. a. Reiher).

*Highlight*

## Restaurant

**Les Petits Plats de Bourbon**

Die in einer Abtei aus dem 17. Jahrhundert eingerichtete Brasserie verwöhnt ihre Gäste mit traditionellen regionalen Spezialitäten.

**7, pl des Jacobins**
**lespetitsplatsdubourbon.com**

Besucher können das Gelände auf Spaziergängen erkunden, sehr beliebt ist der Weg entlang der Voiselle. Eine noch stimmungsvollere Variante ist eine Fahrt mit einem Kahn, der fast lautlos über das ruhige Wasser gleitet. Das Fährpersonal bietet Informationen zum Feuchtgebiet. Die Kähne fahren von der Place des Frênes ab, auf der Website der Tourist-Info *(siehe S. 154)* kann man eine Fahrt im Voraus buchen.

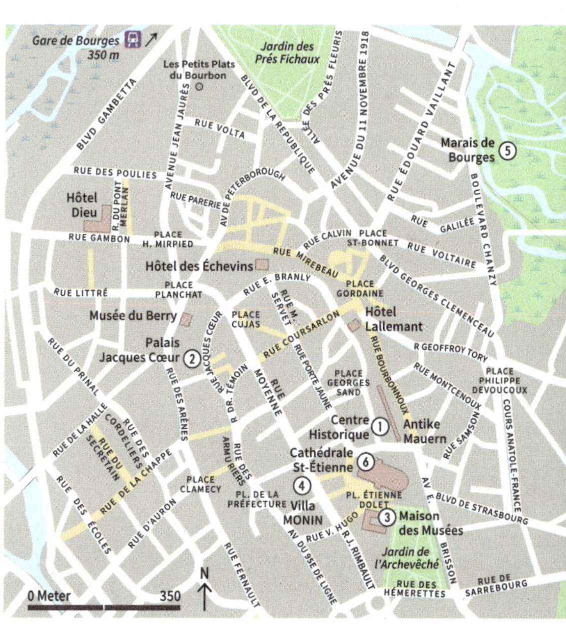

6

# Cathédrale St-Étienne

E2 Pl Étienne Dolet +33 (0)2 4865 4944
Apr – Sep: tägl. 8:30 –19:15; Okt – März: tägl. 9 –17:45
Führungen (Turm und Krypta): Juli, Aug Mo, Mi – Fr 12:15, Sa 18:30, So 11 bourges-cathedrale.fr

**Die 125 Meter lange Kathedrale gehört zu den größten in Frankreich, allein schon ihre Ausmaße faszinieren. Der Innenraum des zum UNESCO-Welterbe erklärten Kirchenbaus erstrahlt bei Sonnenschein in den Rot- und Blautönen der Bleiglasfenster.**

St-Étienne gilt als eine der schönsten gotischen Kathedralen. Sie wurde 1195 –1260 erbaut. Der unbekannte Architekt entwarf den Langbau ohne Querschiffe, stattdessen aber ungewöhnlich hoch und breit. Dadurch wirkt die Kirche wesentlich luftiger als die meisten gotischen Kathedralen. Die Lichtgaden der Bleiglasfenster verstärken diesen ätherischen Eindruck. Außergewöhnlich sind auch die asymmetrische Westfront, die doppelreihigen, pyramidenartig geschichteten Strebepfeiler und die »Krypta«, durch den sechs Meter tieferen Boden des Ostteils eher eine durch Fenster erhellte Kapelle.

Die **Fensterrose** *Grand Housteau* stiftete der Kunstmäzen Jean Duc de Berry.

*Seitenkapelle der Kathedrale mit ihrem Bleiglasfenster*

**Eingang**

Die fünf **Portale der Westfront** weisen in Stein gemeißelte Szenen auf. Sie unterscheiden sich in Größe und Form.

*Blumenbeete und Bäume im französischen Garten der Kathedrale*

*Highlight*

Entdeckertipp
**Jardin de l'Archevêché**

Der geometrisch angelegte französische Garten mit Buchsbäumen und farbenfrohen Blumenrabatten bietet auch einen der besten Ausblicke auf die Kathedrale.

Das romanische **Südportal** zeigt eine Darstellung *Christi als Majestas domini* mit den zwölf Aposteln.

Die **Chapelle Jacques-Cœur** mit dem Fenster der Marienverkündigung.

Stifter der **Bleiglasfenster** des Chors waren die örtlichen Zünfte.

Die **Krypta** (Niederkirche) entstand in einem ehemals gallo-römischen Wehrgraben.

Die **Tour Sourde** (der »Taube Turm«) besitzt keine Glocke.

Die **Skulpturengruppe** *Grablegung Christi* wurde 1540 am hinteren Ende der Niederkirche aufgestellt.

Die **Marmorabbildung** des Jean Duc de Berry bildete ursprünglich den Sarkophagdeckel.

**Das Jüngste Gericht**

Das Tympanon über dem Hauptportal der Westfassade zeigt den Erzengel Michael beim Wägen der Seelen. Die Verdammten werden von Teufeln in den Höllenschlund getrieben, während die Seligen in Abrahams Schoß spazieren. Jugendliche nackte Auferstehende heben schwere Sargdeckel.

↑ *Illustration der gotischen Cathédrale St-Étienne aus dem 12./13. Jahrhundert*

# SEHENSWÜRDIGKEITEN

## Tal der Creuse

**F5 Pl de la République, Argenton-sur-Creuse lavalleedelacreuse.fr/ tourism**

Der wunderschöne 30 Kilometer lange Abschnitt des Flusses Creuse zwischen Crozant und Argenton-sur-Creuse zieht seit Jahrhunderten Künstler an, darunter auch den impressionistischen Maler Claude Monet. Daher wird es auch Vallée des Peintres (»Tal der Maler«) genannt. Das Tal ist sehr gut mit Fahrrad, Boot oder zu Fuß zu erkunden.

Argenton-sur-Creuse, eine hübsche Stadt am Flussufer mit alten Textilfabriken und einer Kapelle, eignet sich als Ausgangspunkt für Erkundungstouren. Im 19. Jahrhundert war die Stadt ein Zentrum der Bekleidungsindustrie. Das **Musée de la Chemiserie et de l'Élégance Masculine** illustriert dies.

Südöstlich von Argenton liegt des Dorfs Le Menoux. In der Kirche sind Wandgemälde des bolivianischen Künstlers Jorge Carrasco (1919–2006) zu sehen, der sich hier niederließ. Auch sein Atelier nahe der Kirche kann besichtigt werden.

Weiter südlich, bei Badecon-le-Pin, erreicht man den Aussichtspunkt Boucle du Pin, von dem man auf eine weite Flussbiegung blickt. Der Lac d'Eguzon ist bei Wassersportlern beliebt.

In Gargilesse-Dampierre gibt es viele Kunstgalerien, im mittelalterlichen Schloss finden regelmäßig Ausstellungen statt. Das Dorf zog auch die Autorin George Sand an, die sich in den Ort verliebte und hier ein Ferienhaus kaufte. Die **Maison de George Sand** zeigt persönliche Gegenstände der Schriftstellerin und ihrer Familie, auch Zeichnungen ihres Sohns Maurice sind hier ausgestellt.

### George Sand

Die französische Autorin und Journalistin Baroness Aurore Dudevant (1804–76) – besser bekannt unter dem Pseudonym George Sand – wuchs in Berry auf. Einige ihrer Romane, u. a. *La Mare au Diable* (»Der Teich des Teufels«) und *La Petite Fadette* (»Die kleine Fee«), spielen hier. Sie ist eine der beliebtesten Schriftstellerinnen Europas und hat über 70 Romane verfasst.

**Musée de la Chemiserie et de l'Élégance Masculine**
**Rue Charles Brillaud Argenton-sur-Creuse Zeiten der Website entnehmen museedelachemiserie.fr**

**Maison de George Sand**
**Gargilesse-Dampierre Argenton-sur-Creuse Apr–Juni, Sep: Mi–Mo 14:30–18; Juli, Aug: Mi–Mo 10–12, 14:30–19 gargilesse.fr/maison-de-george-sand**

## 3 Château de Valençay

**F4 Valençay 2, av de la Résistance, +33 (0)2 5400 0442 Château und Park: Zeiten der Website entnehmen chateau-valencay.fr**

Ab 1510 baute man 300 Jahre an dem Schloss und schuf ein harmonisches Ensemble aus Renaissance und Klassizismus. Außenminister Talleyrand-Périgord kaufte das Schloss 1803 und empfing darin viele Würdenträger.

Innen gibt der Empirestil den Ton an. Viele Objekte stehen in Bezug zu Talleyrand. Bei Führungen erfahren Besucher etwas über die

↑ *Einer der zahlreichen Teiche* (étangs) *im Parc Naturel Régional de la Brenne*

Geliebte des Staatsmanns und dessen berühmte Gäste.

Vor dem Schloss erstrecken sich geometrisch angelegte Gärten, im Park gibt es ein großes Labyrinth.

4

## La Brenne

**E5 Mézières-en-Brenne, +33 (0)2 5439 2908 parc-naturel-brenne.fr**

Der **Parc Naturel Régional de la Brenne**, ein Naturparadies, hat eine Fläche von 165 000 Hektar. Sein Beiname lautet *Pays des Mille Étangs* (»Land der tausend Teiche«).

Mehrere Schutzgebiete sind Besuchern zugänglich, so die **Réserve Naturelle de Chérine**, in der Sie Teichschildkröten beobachten können, und die **Réserve de la Haute-Touche**, Asyl bedrohter Wildarten. In der Nähe liegt das **Château d'Azay-le-Ferron**.

**Parc Naturel Régional de la Brenne**
**Maison du Parc, Rosnay parc-naturel-brenne.fr**

← *Prunkvoll eingerichtetes Schlafgemach im Château de Valençay und Fassade des Schlosses* (Detail)

**Réserve Naturelle de Chérine**
**St-Michel-en-Brenne tägl. reserve-cherine.fr**

**Réserve de la Haute-Touche**
**Obterre Zeiten der Website entnehmen zoodelahautetouche.fr**

**Château d'Azay-le-Ferron**
**31-33, rue Hersent-Luzarche, Azay-le-Ferron Zeiten der Website entnehmen chateau-azay-le-ferron.com**

## Hotels

**Le Sanglier Hirsute**
Zu den Attraktionen des gemütlichen Gästehauses im Herzen des Parc Régional de la Brenne zählt eine vegetarische Kochschule.

**E5 Mézières-en-Brenne lesanglierhirsute.fr**

**Le Manoir de Pierre Levée**
Das direkt am Seeufer gelegene Vier-Sterne-Hotel bietet fünf elegante Zimmer.

**E5 Tournon-St-Martin manoirdepierrelevee.com**

**Le Clos de la Loutre**
Übernachten Sie in einer der beiden abgeschiedenen Blockhütten, die jeweils mit Doppelbett und Holzofen ausgestattet sind.

**G5 Loye-sur-Arnon leclosdelaloutre.com**

*Historischer Klosterkomplex in Saint-Benoît-du-Sault* ↑

5

## Saint-Benoît-du-Sault

**E5 2000 38 km südöstl. von Le Blanc Le Blanc Pl du Champ de Foire**

Saint-Benoît-du-Sault liegt an der historischen Königsroute, die von Paris nach Limoges verlief. Das mittelalterliche Dorf erstreckt sich auf einem Felsvorsprung oberhalb des Flusses Portefeuille. Es entwickelte sich um ein im 10. Jahrhundert gegründetes Kloster, das bis zur Französischen Revolution bestand.

Ein Großteil des Dorfs ist von den Überresten der alten Mauern umgeben. Einen der schönsten Ausblicke auf das Dorf bietet die Befestigungsanlage vor dem Kloster.

Für eine Erkundung folgt man am besten dem markierten Spazierweg, der an vielen historischen Gebäuden vorbeiführt. In die Umgebung führt ein Wanderweg durch das Tal des Flusses Portefeuille.

6

## Châteaumeillant

**F5 2000 Châteauroux 69, rue de la Libération, +33 (0)2 4861 3989 Fr chateaumeillant-tourisme.fr**

Châteaumeillants Hauptattraktion ist die romanische, 1125–50 erbaute Église St-Genès. Ihre Westfassade wirkt stilvoll, der Innenraum luftig. Es gibt sechs Apsiden, doppelbögige Arkaden trennen den Chorumgang ab und verleihen ihm die Wirkung eines Kreuzgangs.

An Châteaumeillants Vergangenheit als galloromisches Zentrum erinnern im **Musée Émile-Chenon** Funde aus der Römerzeit. Das Museum in einem Herrenhaus (15. Jh.) zeigt zudem lokale Relikte aus dem Mittelalter.

**Musée Émile-Chenon**

**Châteaumeillant Feb–Juni, Sep–Nov: Mi–Sa 10–12, 14–17; Juli, Aug: tägl. 10–12, 14–18 1. Jan, 31. Dez musee-emile-chenon.fr**

7

## Abbaye de Noirlac

**G5 Bruère-Allichamps St-Amand-Montrond, dann Taxi +33 (0)2 4862 0101 Feb, März, Nov–Mitte Dez: Di–So 14–17; Apr–Okt: Di–So 10–18:30 (Juli, Aug: tägl.) 23.–31. Dez Les Traversées (Musikfestival; Juni, Juli) abbayedenoirlac.fr**

Zisterzienser gründeten die Abtei im Jahr 1136. Sie ist ein Denkmal mittelalterlicher Klosterarchitektur. Klare

**Châteaumeillants Hauptattraktion ist die romanische, 1125 - 50 erbaute Église St-Genès. Ihre Westfassade wirkt stilvoll, der Innenraum luftig.**

## Schon gewusst?

**In einer Zisterzienserabtei begannen die Tage der Mönche um 2 Uhr morgens und endeten um 19 Uhr.**

Linien dominieren den Charakter der teils aus dem 12. Jahrhundert stammenden Kirche.

Stilvolle Schlichtheit prägt auch das Stiftshaus, in dem die Mönche täglich zusammentrafen, und den *cellier*, in dem sie Essen, Wein und andere Vorräte speicherten. Der Kreuzgang (13.–14. Jh.) mit seinen anmutigen Bogen und verzierten Kapitellen hingegen spricht vom Geist einer weniger strengen Zeit.

Vier Kilometer nordwestlich markiert bei Bruère-Allichamps ein gallorömischer Meilenstein das geografische Zentrum Frankreichs.

### 8 Maison École du Grand Meaulnes

**G5 · 8, rue Alain-Fournier · Vallon-en-Sully · +33 (0)2 4683 0482 · Apr–Sep: Mi–So 10–12, 14–18 (Juli, Aug: tägl.) · le-grand-meaulnes.fr**

Der 1913 veröffentlichte Roman *Le Grand Meaulnes* (»Der große Meaulnes«) ist ein Klassiker der französischen Literatur. Es ist das einzige vollendete Werks des Autors Alain-Fournier, der im Ersten Weltkrieg fiel. Der in Teilen autobiografische Roman basiert auf Fourniers Kindheit als Sohn des Schulmeisters im Dorf Épineuil-le-Fleuriel. Das Museum in der Maison École du Grand Meaulnes ist in der früheren Schule untergebracht. Besucher können mithilfe einer mobilen App eine selbst geführte Tour unternehmen.

### 9 Château d'Ainay-le-Vieil

**G5 · 7, rue du Château · St-Amand-Montrond · +33 (0)2 4863 5003 · Apr, Sep: Mo, Mi–Fr 10–12, 14–18, Sa, So 10–18; Mai–Aug: tägl. 10–19 · chateau-ainaylevieil.fr**

Neun trutzige, von Schießscharten durchsetzte Türme und eine achteckige Umfriedung mit gewaltigen Mauern und Wassergraben lassen Ainay-le-Viel wie eine uneinnehmbare Festung wirken. Doch trotz des düsteren Äußeren steht man hinter dem mächtigen Eingangstor (13. Jh.) in einem anmutigen Renaissanceschloss, dessen Fassadenschmuck kultivierten Lebensstil verrät.

Im 15. Jahrhundert gehörte die Anlage dem Kämmerer von Charles VII, Jacques Cœur *(siehe S. 154)*. 1647 kauften sich die Seigneurs de Bigny ein, deren Nachkommen noch hier leben.

Eine ausgemalte Decke überspannt den um 1500 zu Ehren eines Besuchs von König Louis XII und Anne de Bretagne ausgeschmückten Grand Salon. Sein offener Kamin gilt als schönster im Loire-Tal. An den Wänden hängen Porträts von Jean-Baptiste Colbert (Finanzminister von Louis XIV) und anderen Familienmitgliedern. Ein Bernsteinanhänger Marie-Antoinettes sowie Geschenke Napoléons an General Auguste Colbert bereichern die Sammlung.

In der Renaissancekapelle bestechen Wandgemälde (16. Jh.). Die Bleiglasfenster stammen vom selben Künstler, der in der Cathédrale St-Étienne von Bourges seine Spuren hinterließ *(siehe S. 156f)*.

Im Park lockt ein duftender Rosengarten mit Arten, die hier teilweise schon im 15. Jahrhundert gezüchtet wurden.

→ *Fassade von Château d'Ainay-le-Vieil, einem Renaissanceschloss*

## Hotels

**Le Jardin de Marie**
Wählen Sie in dem abgelegenen Bauernhaus (18. Jh.) zwischen einer Selbstversorgerwohnung für sechs Personen oder einer Suite für vier Personen. Frühstück wird im üppigen Garten serviert.

**G4 Le Bois Pinard, Neuilly-en-Sancerre lejardindemarie.com**

**Château de Pesselières**
Das Bauernhaus für Selbstversorger (bis sechs Personen) wird von einem ausgedehnten Garten umrahmt.

**G4 Château de Pesselières, Jalognes chateau-pesselieres.com**

## 10 Apremont-sur-Allier

**G5 70 Cher Nevers apremont-sur-allier.com**

Dieses mittelalterliche Dorf lockt mit einem Schloss mit Türmen (nicht für die Öffentlichkeit zugänglich), Dorfgärten und einem Park am Fluss Allier. Zudem gibt es ein Museum, das sich historischen Kutschen widmet, sowie den **Parc Floral** mit seltenen Bäumen und Pflanzen.

**Parc Floral**
**Apremont-sur-Allier Apr–Okt: tägl. 10:30–12:30, 14–18:30 (Okt nur Sa, So) apremont-sur-allier.com**

## 11 Château de Meillant

**G5 1, rue d'Uzay St-Amand-Montrond +33 (0)2 4863 3205 Zeiten der Website entnehmen chateaudemeillant.fr**

Den verschwenderisch ausgestatteten Räumen dieses Schlosses entspricht die üppige Fassade. Es wurde 1510 für Charles d'Amboise errichtet und verknüpft die Architektur der Spätgotik und der Frührenaissance. Blickfang ist die Tour de Lion, ein achteckiger, dreigeschossiger Treppenturm.

Der Pavillon des Miniatures auf dem Gelände zeigt mit verkleinerten Modellen, wie sich Baustile über Jahrhunderte verändert haben.

### Schon gewusst?

**Die Besitzer des Château de Meillant bieten Führungen durch das Anwesen an.**

## 12 Château de la Verrerie

**G4 La Verrerie +33 (0)2 4873 6706 Gien Zeiten tel. erfragen**

Das Schloss aus der Frührenaissance liegt am Rand der Forêt d'Ivoy. Charles VII vermachte das Land dem Schotten Sir John Stewart of Darnley, dessen Neffe Robert Stewart den Bau vollendete.

*Apremont-sur-Allier: eines der wohl schönsten Dörfer in Frankreich* ↑

Fresken (16. Jh.) schmücken La Verreries Renaissancegalerie. Aus derselben Zeit stammen die Wandbilder der Kapelle. Den Schlossflügel aus dem 19. Jahrhundert schmücken vier filigrane Alabasterstatuetten vom Grabmal des Duc de Berry *(siehe S. 157)*.

↑ *Das sanfte Hügelland in der Umgebung von Sancerre wird für den Weinbau genutzt*

## 13 Aubigny-sur-Nère

**G4 6000 Rue de l'Église, +33 (0)2 4858 4020 Fête Franco-Écossaise (Mitte Juli)**

Das überaus malerische Fachwerkstädtchen rühmt sich seiner Liaison mit dem schottischen Stewart-Clan. Nach einem Großbrand 1512 ließen die Stewarts Aubigny im Renaissancestil wiederaufbauen und ein Château errichten.

1673 vergab Louis XIV das Herzogtum Aubigny an Louise de Kéroualle. Obwohl Louise die meiste Zeit in La Verrerie verbrachte, ließ sie beim Château d'Aubigny einen großen Garten anlegen. Die ihr vom König überlassenen Aubusson-Tapisserien sind im Rathaus zu bewundern.

Weitere Attraktionen sind die gotische Église St-Martin (13. Jh.), die Maison François I, eines der schönsten Fachwerkhäuser des Städtchens, und der Parc des Grands-Jardins mit seinen englischen und französischen Gärten. Das **Château de la Chapelle d'Angillon** zwischen Aubigny und Bourges birgt ein Museum, das Alain-Fournier (1886–1914) gewidmet ist *(siehe S. 161)*.

### Château de la Chapelle d'Angillon

**La Chapelle-d'Angillon tägl. (So nur nachm.) chateau-angillon.fr**

## 14 Sancerre

**G4 2000 Esplanade Porte-César Di, Sa tourisme-sancerre.com**

In den engen Straßen sind viele alte Häuser (15./16. Jh.) erhalten, von der mittelalterlichen Burg blieb nur die **Tour des Fiefs**. Von hier blickt man über die Loire.

Die **Maison des Sancerre** informiert über den in der Umgebung bedeutenden Weinbau (mit Weinprobe).

### Tour des Fiefs

**Parc du Château de Sancerre Apr, Okt: tägl. nachm.; Mai, Juni, Sep: Sa, So–Fr nachm.; Juli, Aug: tägl. (So nur nachm.)**

### Maison des Sancerre

**3, rue du Méridien Apr–Mitte Nov: tägl. 11–18:30 maison-des-sancerre.com**

Entdeckertipp

**La Cathédrale de Jean Linard**

Etwa 17 Kilometer südwestlich von Sancerre baute Jean Linard sein Haus mit Kirche und Skulpturenpark (www.lacathedraledelinard.fr) aus Ziegeln und Keramikmosaiken.

# Tour: Wein-und-Käse-Route

**Länge** 30 km **Rasten** In Sancerre und Chavignol gibt es einige gute Restaurants und Cafés.

Das Sancerrois im östlichen Berry ist bekannt für seine Weine und Ziegenkäse. Besucher können in Weinkellern die frischen Weißweine aus der Sauvignon-Traube oder die lieblich-leichten Roten und Rosés der Pinot-Noir-Rebe kosten. Die Weinaromen harmonieren ganz hervorragend mit dem kräftigen Geschmack der einheimischen kleinen Ziegenkäse (Crottins de Chavignol). Die Landpartie führt durch sanft hügelige Weingärten, Wiesen und Weiden, auf denen Ziegen grasen. Unterwegs kommen Sie bei Winzern und Käsern vorbei.



**Zur Orientierung**
*Siehe Karte S. 152f*



Das Weingut Eric Louis in **Thauvenay** bietet Wein- und Käseverkostungen sowie Führungen an.

In der **Maison des Sancerre** erhalten Sie Infos über die Vielfalt der Weine dieser Gegend *(siehe S. 163)*.

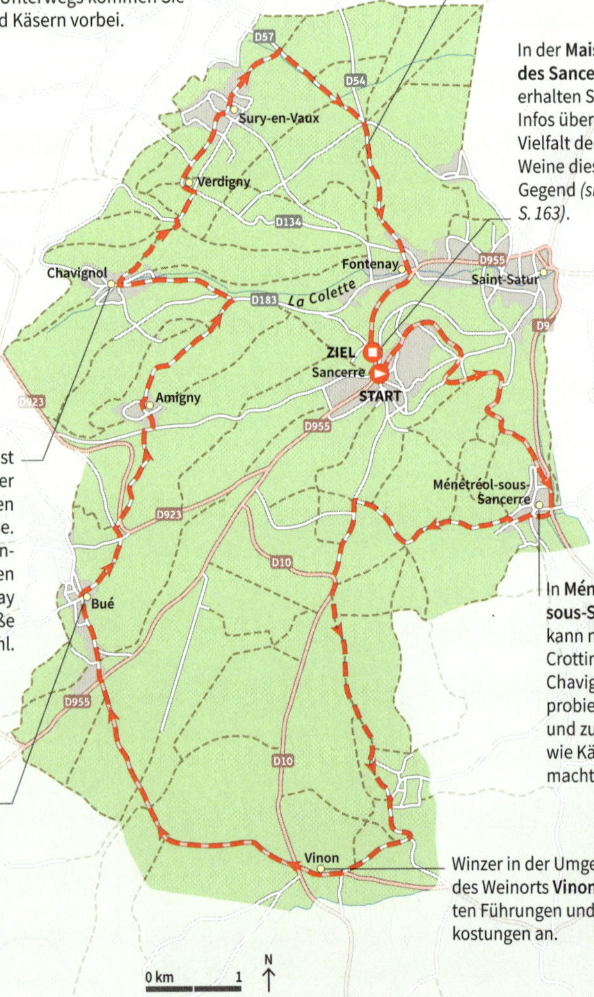

**Chavignol** ist Namensgeber der bekannten kleinen Käse. Der preisgekrönte Käseladen Dubois-Boulay führt eine große Auswahl.

In **Ménétréol-sous-Sancerre** kann man Crottins de Chavignol probieren und zusehen, wie Käse gemacht wird.

Viele namhafte Weinhändler – z. B. Crochet, Balland und Roger – sind in **Bué** ansässig.

Winzer in der Umgebung des Weinorts **Vinon** bieten Führungen und Verkostungen an.

↑ *Felder, Wälder und ein altes Viadukt in der Umgebung von Sancerre*

*Château de Maintenon, ein Wasserschloss im Tal der Eure* (siehe S. 184)

# Nördlich der Loire

Welten scheinen die Regionen Mayenne und Sarthe vom überlaufenen Schlösserparadies des zentralen Loire-Tals zu trennen. Diese Landschaft bietet dafür aber ganz andere Attraktionen: Flüsse und Seen, Wälder und Felder laden zum Angeln, Bootfahren, Reiten, Radeln und Wandern ein.

Auf der stillen Sarthe gleiten Boote durch die Wald- und Wiesenlandschaft in Richtung Sablé-sur-Sarthe, wo in der nahen Abbaye de Solesmes gregorianische Choräle erklingen. Dramatischer wirkt das Mayenne-Tal mit steilen Hängen und auf Hügeln gelegenen Dörfern. Hier kann man sich nach Schlossbesichtigungen bestens entspannen. Sehr reizvoll ist das Tal des Loir, eines Nebenflusses der fast gleichnamigen Hauptwasserader, der gemächlich verschlafene Weiler passiert. Es ist ein idealer Fleck, um die Seele baumeln zu lassen, und bietet zudem Highlights wie das Schloss von Le Lude und das Schloss von Châteaudun. Königliche Mätressen residierten in den anmutigen Schlössern der Region: in Maintenon Madame de Maintenon, die Kurtisane von Louis XIV, in Anet Diane de Poitiers, die Geliebte von Henri II.

In den letzten 150 Jahren ist Le Mans zum Synonym für Fahrzeugbau und Motorsport geworden. Auf die Herstellung von dampfbetriebenen Bussen ab 1873 folgte 1923 das erste 24-Stunden-Rennen von Le Mans. Das Rennen feierte 2023 sein 100-jähriges Jubiläum. Östlich der Stadt weicht das weiche Landschaftsbild den bewaldeten Hügeln der Perche und danach den weiten Weizenfeldern der Beauce-Ebene, in der die großartige Kathedrale von Chartres thront.

# Nördlich der Loire

**Highlights**

1. Le Mans
2. Chartres: Cathédrale Notre-Dame

**Sehenswürdigkeiten**

3. Musée Robert Tatin
4. Château-Gontier
5. Laval
6. Ste-Suzanne
7. Grottes de Saulges
8. Abbaye de Solesmes
9. Fresnay-sur-Sarthe
10. Asnières-sur-Vègre
11. Les Alpes Mancelles
12. Sablé-sur-Sarthe
13. Malicorne-sur-Sarthe
14. La Flèche
15. Le Lude
16. Château de Courtanvaux
17. Château de Maintenon
18. Illiers-Combray
19. Château d'Anet
20. Châteaudun

Nördlich der Loire
EURE
YVELINES
EURE-ET-LOIR
LOIRET
LOIR-ET-CHER
INDRE-ET-LOIRE
Bourgtheroulde-Infreville
Lieurey
Louviers
Le Neubourg
Évreux
Pacy-sur-Eure
Conches-en-Ouche
La Goulafrière
Bailleul
Oulins
19 Château d'Anet
Breteuil
Bazainville
Élancourt
L'Aigle
Nonancourt
Dreux
Eure
Boissy-lès-Perche
Brezolles
Le Boullay-Mivoye
Rambouillet
La Ferté-Vidame
Nogent-le-Roi
Châteauneuf-en-Thymerais
17 Château de Maintenon
Senonches
Challet
Mortagne-au-Perche
La Loupe
Besnez
Courville-sur-Eure
Chartres 2
Auneau
Ollé
Bellême
Thiron-Gardais
Allonnes
Gommerville
Nogent-le-Rotrou
18 Illiers-Combray
Fresnay-l'Évêque
Beaumont-les-Autels
Loir
Voves
Allaines-Mervilliers
Brou
Authon-du-Perche
Bonneval
Orgères-en-Beauce
Janville
Bonnetable
La Ferté-Bernard
Chapelle-Royale
Le Bois Mouchet
Montmirail
Baigneaux
Courtalain
20 Châteaudun
Connerré
Vibraye
Ozoir-le-Breuil
Semur-en-Vallon
Berfay
Cloyes-sur-le-Loir
Bouloire
Blésois und Orléanais
Seiten 124–149
Orléans
St-Calais
Le Grand-Lucé
Château de Courtanvaux 16
Marchenoir
Vendôme
Jupilles
Lhomme
Château-du-Loir
La Ferté-Saint-Cyr
Château-Renault
Blois
Touraine
Seiten 94–123
Flughafen Tours Val de Loire
Tours
0 Kilometer 30
N
A28
D133
D613
A13
D840
N13
D830
N154
D836
D928
N12
D939
D906
A11
D910
A10
D923
D23
D955
D17
N20
D301
D323
D10
D927
D924
D357
D304
D303
N10
A71
D959
D952

↑ *Gepflasterte Straße mit traditionellen Fachwerkhäusern*

❶

# Le Mans

**D3 · 145 000 · Blvd de la Gare · Blvd Robert Jarry · Hôtel des Ursulines, Rue de l'Étoile · +33 (0)2 4328 1722 · La Nuit des Chimères (Juli, Aug) · lemans-tourisme.com**

**Die vor allem für das 24-Stunden-Autorennen bekannte Stadt hat eine reiche Geschichte. Die Altstadt, einst die antike römische Stadt Vindunum, ist noch immer von Mauern aus dem 3. Jahrhundert umgeben. Kulturhistorischer Höhepunkt ist die romanisch-gotische Cathédrale St-Julien.**

①

## Cathédrale St-Julien

**Pl St-Michel · +33 (0)2 4328 2898 · tägl.**

Die Kathedrale vereint zwei Stilrichtungen: Im Langhaus (12. Jh.) dominiert Romanik, der Chor (13. Jh.) ist gotisch. Die Strebepfeiler sind einzigartig in Frankreich und lassen sich am besten von der Place des Jacobins aus betrachten. Beim Eintritt in die Kathedrale durch das romanische Südportal fesseln die Säulen im Chor. Früher waren sie mit Wandteppichen (16. Jh.) verziert, die mit ihrer strahlenden Farbkraft gut mit den mittelalterlichen Bleiglasfenstern korrespondierten. Heute werden die Tapisserien nur wenige Monate im Jahr ausgestellt.

## Musée de Tessé

**2, av de Paderborn · +33 (0)2 4347 3851 · Di–So 10–12:30, 14–18 · Feiertage**

Seit 1927 beherbergt der Bischofspalast mit seinem gepflegten Garten das städtische Kunstmuseum. Neben den schönen und dekorativen Künsten widmet es sich der Archäologie. Die Gemäldeausstellung im Erdgeschoss reicht vom Spätmittelalter ins 19. Jahrhundert, die Archäologieabteilung zeigt vorwiegend altägyptische und gräkoromanische Funde sowie die Repliken

## Lokale

**Brasserie Madeleine**
Die Art-déco-Brasserie serviert Aperitifs, Cocktails, Bier vom Fass und Bistrogerichte.
**7, pl des Jacobins · brasseriemadeleine-lemans.fr**

**Le Chaudron de Salem**
Das charmante Café im mittelalterlichen Stadtzentrum bietet neben Kaffeespezialitäten auch köstliche heiße Schokolade und eine reiche Auswahl an Teesorten.
**65, Grande Rue · +33 (0)6 2277 8454**

zweier Pharaonengräber. Berühmtester Museumsschatz ist das Emailbildnis des Plantagenet Geoffroi V le Bel. Geoffrois Sohn, König Henry II von England, wurde 1133 in Le Mans geboren.

## Abbaye Royale de l'Épau

**Route de Changé, Yvré-l'Évêque** **Gué Bernisson** **Zeiten der Website entnehmen** **epau.sarthe.fr**

Berengaria von Navarra, Königin von England und Witwe von Richard Löwenherz, gründete 1230 diese königliche Abtei. Hier lebten mehr als 500 Jahre Zisterziensermönche. Berengaria wurde in dem Anwesen bestattet.

Die Produkte des angegliederten Gemüsegartens werden für Speisen im hauseigenen Café verwendet.

## Arche de la Nature

**51, rue de l'Estérel**
**+33 (0)2 4347 4000**
**Arche de la Nature**
**tägl. 9–12, 14–17**
**arche-nature.fr**

Das rund 500 Hektar große Gebiet östlich des Stadtzentrum ist ideal für eine Pause vom Sightseeing. Die für die Region typische Landschaft umfasst Wälder, Wiesen und Obstgärten, in denen man ausgedehnte Spaziergänge unternehmen kann. Weitere Aktivitäten sind Kanu- und Radausflüge (Equipment kann gemietet werden).

Sehr beliebt ist ein Ausflug zur Maison de l'Eau am Fluss L'Huisne. Das in einer ehemaligen Wassermühle untergebrachte Museum bietet unterhaltsame interaktive Ausstellungen zum Thema Wasserenergie und mehrere Aquarien.

## Musée des 24 Heures

**9, pl Luigi Chinetti**
**+33 (0)2 4372 7224**
**Zeiten der Website entnehmen** **lemans-musee24h.com**

Das Museum nahe der Rennstrecke zeigt Oldtimer, Rennwagen und Motorräder. Zu sehen sind außerdem frühe Modelle von Amédée Bollée, der im Jahr 1873 seine erste Kraftwagenkonstruktion vorstellte.

### Les 24 Heures du Mans

Das 24-Stunden-Rennen hat Le Mans international bekannt gemacht. Seit dem Beginn am 26. Mai 1923 begeistert das Spektakel im Juni die Massen – etwa 230 000 Zuschauer (www.24h-lemans.com). Die 13,6 Kilometer lange Rennstrecke im Süden der Stadt folgt teilweise normalen öffentlichen Straßen. Heute legen die Rennfahrer hier bis zu 5300 Kilometer zurück.

↑ *Citroën HY SEV Marchal (1964), eines der Highlights im Musée des 24 Heures*

# Spaziergang durch Le Mans

**Länge** 1,5 km **Dauer** 20 Min.
**Bahnhof** Blvd de la Gare

Die malerische, hügelige Altstadt (Le Vieux Mans) ist unbehelligt vom Autoverkehr. Häuser mit Fachwerk aus dem 15. und 16. Jahrhundert und Renaissancevillen stehen an ihren schmalen Kopfsteinpflasterstraßen. In einigen Nobelbauten stiegen Frankreichs Könige und Königinnen ab. Das nach Königin Bérengère (Berengaria) benannte Palais entstand allerdings erst 250 Jahre nach dem Tod der Gemahlin von Richard Löwenherz. Im Nordwesten ist das Viertel von der alten römischen Stadtmauer begrenzt, die dem Verlauf der Sarthe folgt.

Das Reliefdekor an der **Maison d'Adam et Ève** (16. Jh.) illustriert die Bedeutung der Astrologie für die Heilkunde.

Louis XI soll diesem betürmten Palais (heute: **Hôtel d'Argouges**) aus dem 15. Jahrhundert 1467 einen Besuch abgestattet haben.

Die **römische Stadtmauer** zählt zu den besterhaltenen in Europa.

Claude Chappe, Erfinder des Flügeltelegrafen, versah das **Hôtel Aubert de Clairaulnay** aus dem späten 16. Jahrhundert 1789 mit einer Sonnenuhr.

## Schon gewusst?

**Beim Lichterfest La Nuit des Chimères (Juli, Aug) werden die Fassaden der Altstadt jede Nacht illuminiert.**

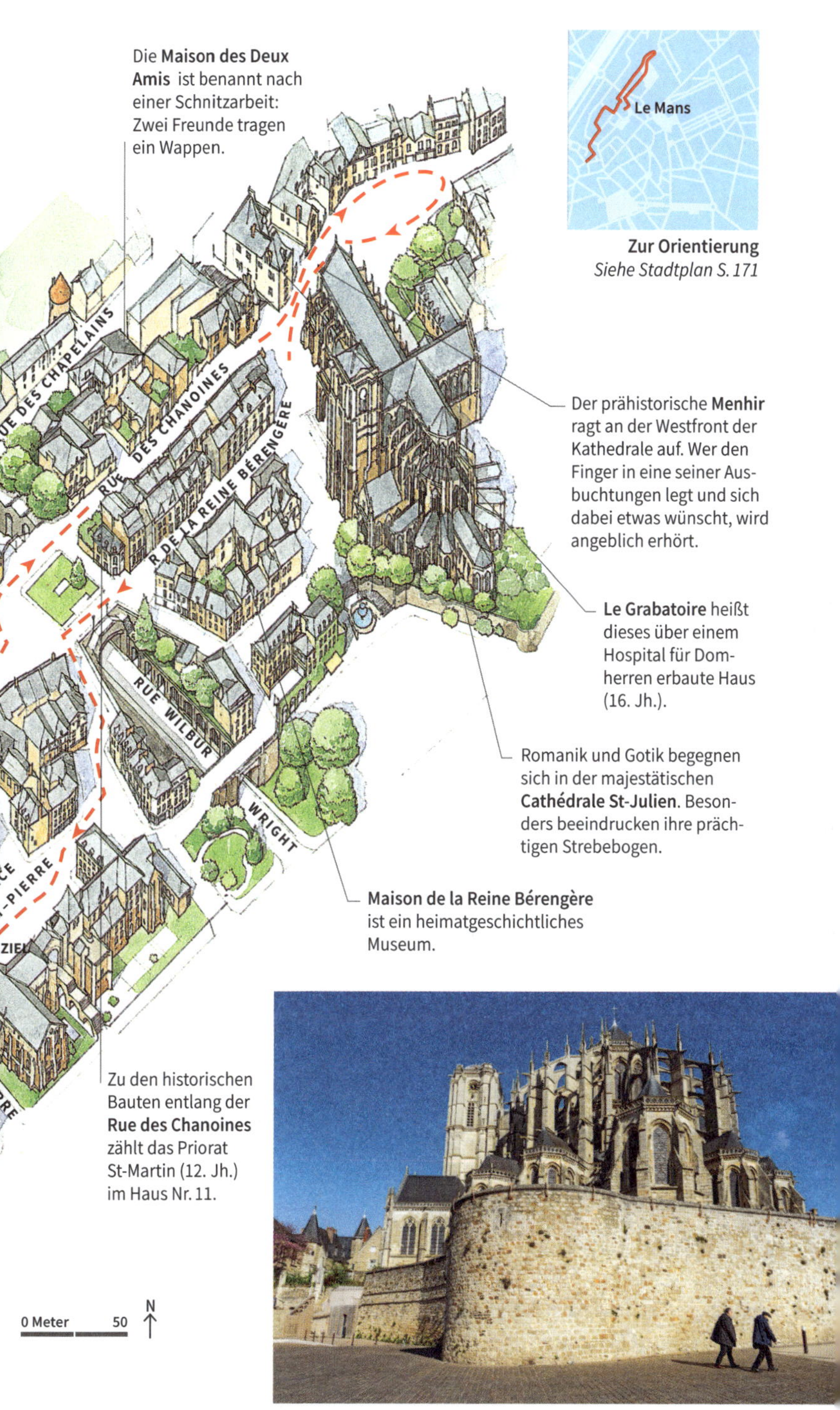


↑ *Fassade der Cathédrale St-Julien, des größten architektonischen Juwels der Stadt*

2

# Chartres: Cathédrale Notre-Dame

E2 Pl de la Cathédrale +33 (0)2 3721 7502 tägl. 8:30–19:30 (Juni–Aug: Di, Fr, So bis 22) Mo–Sa 11:45, Mo–Fr 18:15, Di auch 9, Fr 7, 9, So 9, 11, 18 cathedrale-chartres.org

**Diese monumentale, über der Altstadt von Chartres thronende Kathedrale ist ein Meisterwerk gotischer Architektur. Das zum UNESCO-Welterbe erklärte Bauwerk ist vor allem für einige der schönsten Bleiglasfenster Frankreichs und seine Gewölbedecke bekannt.**

Laut dem Kunsthistoriker Émile Mâle »offenbart sich in Chartres der Geist des Mittelalters«. Die 1020 begonnene, ursprünglich romanische Kathedrale fiel 1194 den Flammen zum Opfer. Übrig blieben nur Südturm, Westseite, Krypta und von den Schätzen im Inneren der Schleier der Jungfrau. Die Feudalherren ließen die Kirche in nur 25 Jahren wiederaufbauen. Nach 1250 erfolgten wenige Ergänzungen. Die Kathedrale nahm weder durch die Religionskriege noch durch die Revolution Schaden. In den vergangenen Jahren wurde im Chorgewölbe die Originalbemalung (13. Jh.) freigelegt.

### Weitere Attraktionen in Chartres

Chartres hat eine hübsche mittelalterliche Altstadt mit vielen Fachwerkhäusern und gepflasterten Straßen. Weitere schöne Bleiglasfenster sind in der Kirche der Benediktinerabtei St-Pierre zu sehen. Das Centre International du Vitrail (www.centre-vitrail.org) zeigt eine Dauerausstellung mit Renaissance-Bleiglasfenstern und zeitgenössische Kunst. Die alten Straßen und Kirchen von Chartres erkundet man am besten zu Fuß.

→ *Reich mit Skulpturen geschmücktes Nordportal der Kathedrale*

Der höhere der beiden **Türme** stammt aus dem 16. Jahrhundert und wurde im spätgotischen Stil errichtet.

Der untere Teil der **Westfront** blieb als Teil des älteren, romanischen Bauwerks (11./12. Jh.) erhalten.

Das mittlere **Tympanon** des Königsportals (1145–55) zeigt die *Majestas domini*.

Das in den Boden eingelassene **Labyrinth** (13. Jh.) ist ein Merkmal vieler mittelalterlicher Kathedralen.

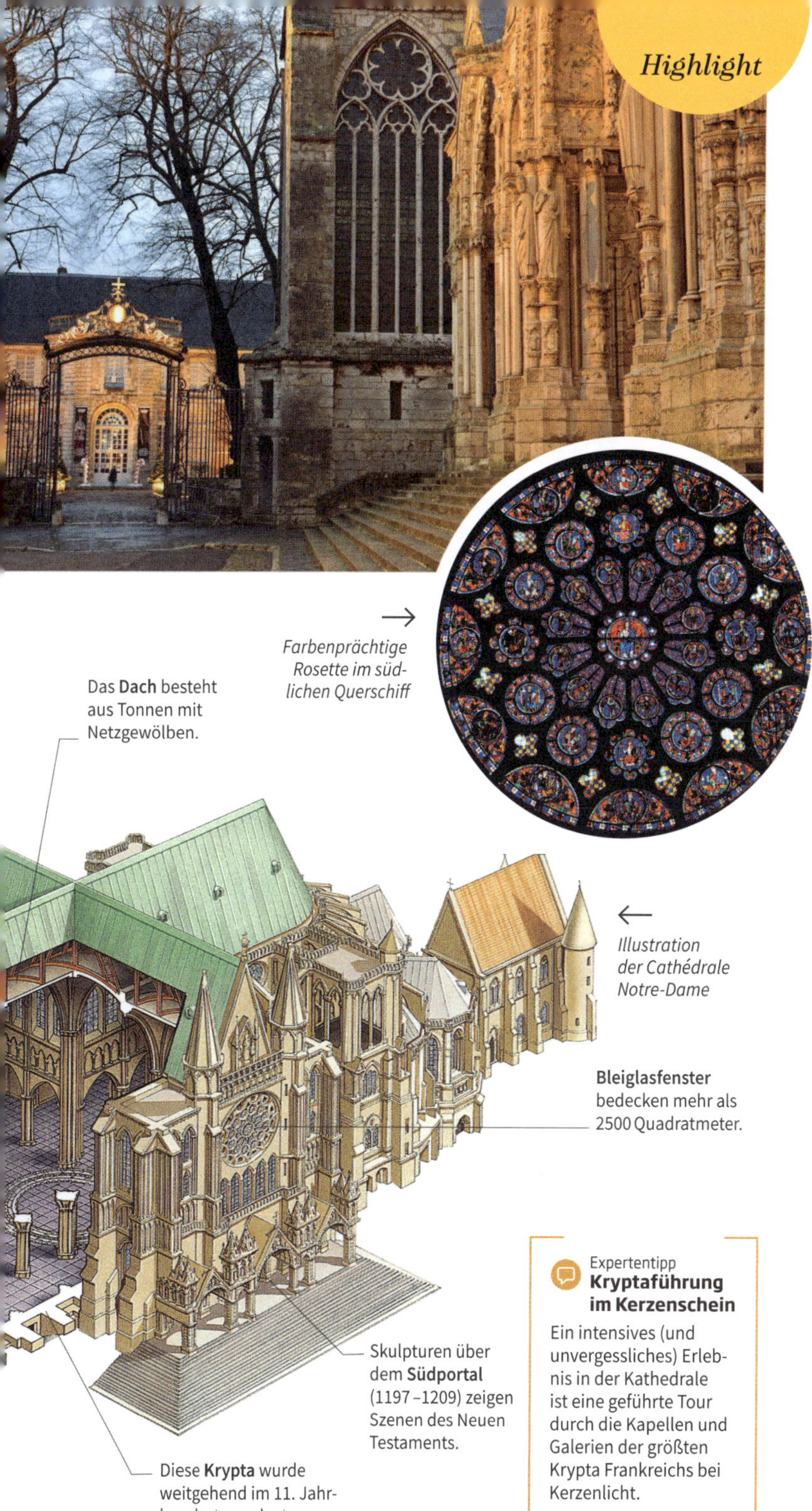


*Farbenprächtige Rosette im südlichen Querschiff*

Das **Dach** besteht aus Tonnen mit Netzgewölben.

*Illustration der Cathédrale Notre-Dame*

**Bleiglasfenster** bedecken mehr als 2500 Quadratmeter.

Skulpturen über dem **Südportal** (1197–1209) zeigen Szenen des Neuen Testaments.

Diese **Krypta** wurde weitgehend im 11. Jahrhundert angelegt.

Expertentipp
**Kryptaführung im Kerzenschein**

Ein intensives (und unvergessliches) Erlebnis in der Kathedrale ist eine geführte Tour durch die Kapellen und Galerien der größten Krypta Frankreichs bei Kerzenlicht.

## Die Bleiglasfenster von Chartres

Zünfte stifteten zwischen 1210 und 1240 die weltbekannten Bleiglasfenster von Chartres. Über 150 Fenster setzen biblische Erzählungen und das Alltagsleben des 13. Jahrhunderts ins Bild (Ferngläser sind hilfreich). Während der Weltkriege lagerte man die Fenster Stück für Stück aus. In den vergangenen Jahrzehnten wurden sie dank großzügiger Spenden ausgebessert und neu verbleit.

Am **Fenster der Erlösung** illustrieren sechs Szenen Passion und Kreuztod Christi (um 1210).

Das Bleiglasfenster mit dem Titel **Wurzel Jesse** (12. Jh.) zeigt den Stammbaum Christi. Baumwurzel ist Davids Vater Jesse, Stammkrone Jesus.

Die **westliche Rosette** (1215) zeigt Christus am Tag des Jüngsten Gerichts.

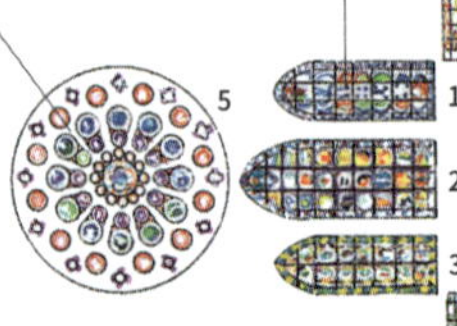

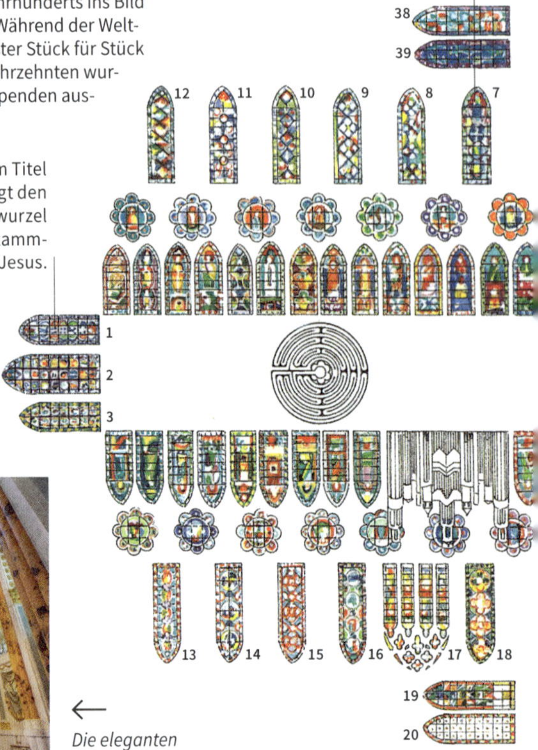

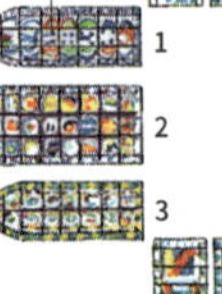

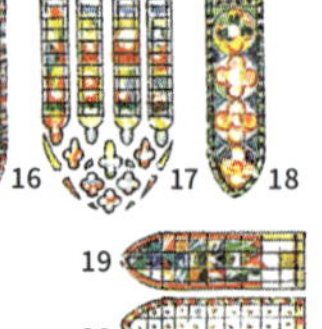

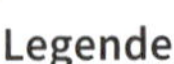

← *Die eleganten Gewölbe der Kathedrale*

### Legende

1 Wurzel Jesse
2 Fleischwerdung
3 Passion und Auferstehung
4 Nördliche Rosette
5 Westliche Rosette
6 Südliche Rosette
7 Fenster der Erlösung
8 St. Nikolaus
9 Joseph
10 St. Eustachius
11 St. Lubin
12 Noah
13 Johannes der Täufer
14 Maria Magdalena
15 Der barmherzige Samariter mit Adam und Eva
16 Mariä Himmelfahrt
17 Fenster der Vendôme-Kapelle
18 Marienwunder
19 St. Apollinaris
20 Neues Fenster
21 St. Fulbert
22 St. Antonius und Paulus
23 Blaue Jungfrau
24 Leben der Jungfrau
25 Tierkreiszeichen
26 St. Martin
27 Thomas Becket
28 St. Margarete und St. Katharina
29 St. Nikolaus
30 St. Remigius
31 St. Jakobus der Ältere
32 Karl der Große
33 St. Theodor und St. Vinzenz
34 St. Stephanus
35 St. Hieronymus
36 St. Thomas
37 Fenster des Friedens
38 Neues Fenster
39 Der verlorene Sohn
40 Hesekiel und David
41 Aaron
42 Jungfrau mit Kind
43 Jesaja und Moses
44 Daniel und Jeremias

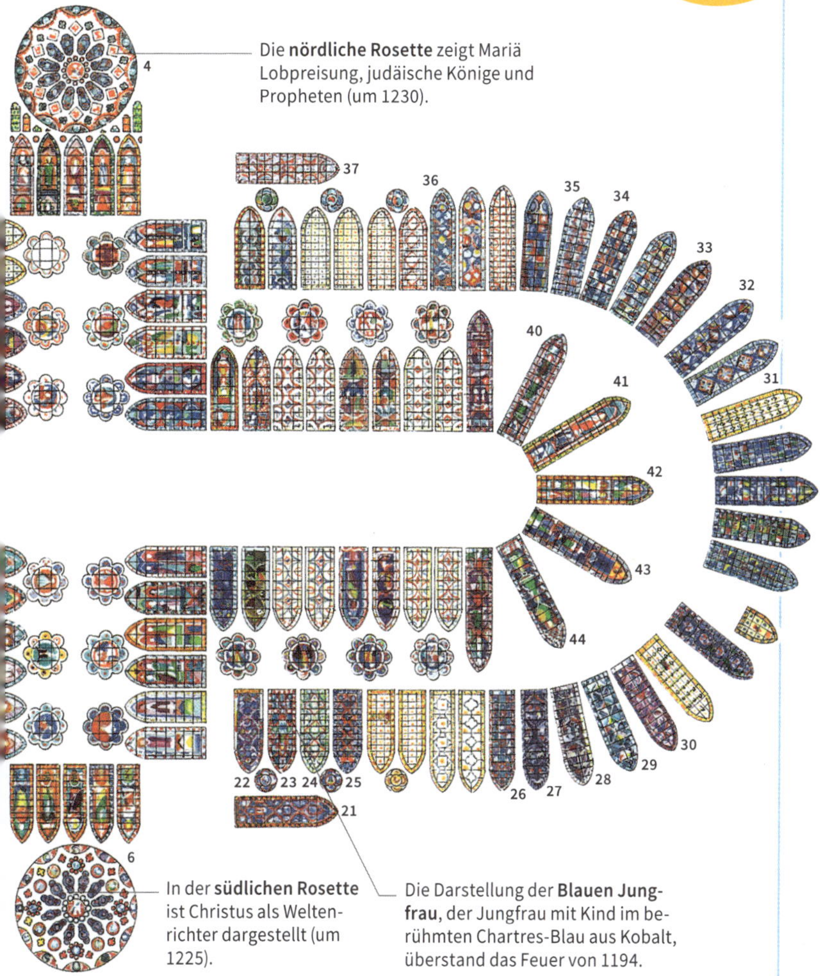

4
Die **nördliche Rosette** zeigt Mariä Lobpreisung, judäische Könige und Propheten (um 1230).
37
36
35
34
33
32
31
40
41
42
43
44
30
29
28
27
26
22
23
24
25
21
6
In der **südlichen Rosette** ist Christus als Weltenrichter dargestellt (um 1225).
Die Darstellung der **Blauen Jungfrau**, der Jungfrau mit Kind im berühmten Chartres-Blau aus Kobalt, überstand das Feuer von 1194.

## Kurzführer zu den Fenstern

Die Felder der Fenster werden von links nach rechts und von unten nach oben »gelesen«. Die Anzahl der Figuren oder Zeichen hat symbolische Bedeutung: Die Ziffer Drei versinnbildlicht die Kirche, Quadrate und die Vier die materielle Welt oder die vier Elemente; Kreise bedeuten ewiges Leben.

**Maria mit Kind** in der Mandorla (um 1150)
**Zwei Engel** verneigen sich vor dem himmlischen Thron.
**Jesu Einzug in Jerusalem** am Palmsonntag

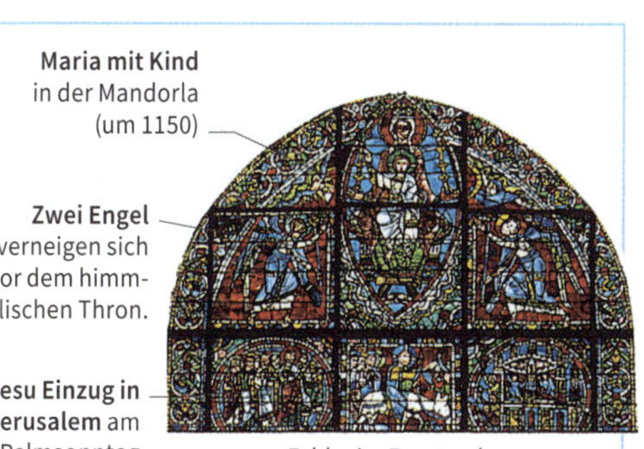

*Felder im Fenster der Menschwerdung Jesu*

# SEHENSWÜRDIGKEITEN

3

## Musée Robert Tatin

**C3 La Frênouse**
**+33 (0)2 4398 8089**
**Laval Cossé-le-Vivien**
**Zeiten der Website entnehmen Feiertage**
**mayenne-tourisme.com/the-robert-tatin-museum**

Schöpfer dieses Museums im Weiler La Frênouse nahe Cossé-le-Vivien war das künstlerische Multitalent Robert Tatin (1902–1983). Zum Museumsbau führt die Allée des Géants (Allee der Riesen). An ihr stehen bizarre Monumentalskulpturen von Persönlichkeiten: der Gallierfürst Vercingetorix, Jeanne d'Arc, Toulouse-Lautrec, Pablo Picasso und andere. Es gibt Themengärten und einen Irrgarten.

Das Museum zeigt einen Querschnitt von Tatins Werken: Bilder, Skulpturen, Fresken und Keramiken. Er widmete sich auch der Kunsttischlerei und ließ sich von den Megalithen und Trachten der Bretagne sowie der Kultur der Azteken beeinflussen.

4

## Château-Gontier

**C3 11 000 Gare de Château-Gontier, Place André Counord Mayenne**
**sudmayenne.com**

In der von Urlaubern oft übersehenen Stadt Château-Gontier findet man Überreste mittelalterlicher Befestigungsanlagen, das Hôtel de Ville (18. Jh.) und neben dem Fluss Mayenne den Jardin Médiéval. Das Musée d'Art et d'Histoire zeigt Antiquitäten und zeitgenössische Kunst, in der Kirche Saint-Jean-Baptiste sind Fresken (11.–13. Jh) zu sehen, die die Geschichte Noahs darstellen.

Einen Besuch lohnt auch das Couvent des Ursulines – vor allem zu einem Konzert oder einer Theateraufführung. Besuche müssen im Informationszentrum des Klosters im Voraus gebucht werden. Markantestes Gebäude der Stadt ist jedoch La Maison Dieu St-Julien – ein Krankenhaus, das Ende des 19. Jahrhunderts eröffnet wurde.

**Tatin widmete sich der Kunsttischlerei und ließ sich von Megalithen und Trachten der Bretagne sowie der Kultur der Azteken beeinflussen.**

Zwischen April und Oktober kann man eine Tour mit einem gemieteten Elektroboot unternehmen (www.canotika-tourisme.fr). Für die Radroute Vélo Francette können E-Bikes und Mountainbikes ausgeliehen werden.

## Laval

**C3 54 000**
**84, av Robert Buron, +33 (0)2 4349 4646 Di, Sa**
**laval-tourisme.com**

Laval bietet rund 260 Hektar Grünflächen, die – wie etwa der Jardin de la Perrine – zu Spaziergängen einladen. Die Wasserwege kann man mit einem ausgeliehenen Elektroboot erkunden.

↑ *Schmale Straße in Laval mit alten Fachwerkhäusern*

Das **Vieux Château** geht auf das 11. Jahrhundert zurück. Es bewahrt einen Instrumentensatz des bei Laval gebürtigen Arztes Ambroise Paré (1510–1590), einem Wegbereiter der modernen Chirurgie. Die wichtigste Sehenswürdigkeit ist das **Musée d'Art Naïf**, eine Verneigung der Stadt Laval vor ihrem berühmten Sohn Henri Rousseau. Im Museum findet man Rousseaus Pariser Atelier rekonstruiert vor.

In Notre-Dame-des-Cordeliers sieht man Beispiele von Altarbildern, für deren Herstellung die Stadt einst berühmt war. Laval ist heute ein Zentrum der Käseherstellung. Im **Lactopôle** erfährt man alles zum Thema Käse. Zu besichtigen sind auch die **Bateaux-Lavoirs**, auf diesen Waschschiffen wusch man ab Mitte des 19. Jahrhunderts am Flussufer die Wäsche.

**Vieux Château und Musée d'Art Naïf**
**Pl de la Trémoille**
**+33 (0)2 4353 3989**
**Zeiten tel. erfragen**

**Lactopôle**
**18, rue Adolphe Beck**
**Zeiten der Website entnehmen** **lactopole.com**

**Bateaux-Lavoirs**
**Quai Paul-Boudet**
**+33 (0)2 4349 4646**
**Zeiten tel. erfragen**

## Ste-Suzanne

**C3** **1000** **Laval, dann Bus** **1, rue Jean de Bueil, +33 (0)2 4301 4360**
**coevrons-tourisme.com**

Das Dorf ist noch immer von Befestigungsanlagen (10. Jh.) umgeben, die zur Verteidigung gegen die Normannen dienten. Das **Château de Ste-Suzanne** und das **Musée de l'Auditoire** widmen sich der Geschichte von Ste-Suzanne und seiner Umgebung.

← *La Maison Dieu St-Julien am Ufer des Flusses Mayenne in Château-Gontier*

Expertentipp
**SlowlyDays**
Malkurse, Workshops zur Herstellung regionaler Produkte oder der Genuss traditioneller Gerichte sind nur drei von vielen Aktivitäten im Rahmen der SlowlyDays in Mayenne (www.mayenne-tourisme.com).

**Château de Ste-Suzanne**
**1, rue Fouquet de la Varenne** **Zeiten der Website entnehmen**
**Mitte Dez–Jan**
**patrimoine.lamayenne.fr**

**Musée de l'Auditoire**
**7, Grande Rue**
**Mitte Mai–Sep: Mi–So nachm.** **museeauditoire.jimdo.com**

## Grottes de Saulges

**C3** **Vaiges**

Die 22 Höhlen liegen im Tal der Erve, das für seine Artenvielfalt und seine Karstlandschaft bekannt ist. In zwei Höhlen werden Führungen angeboten: In der Höhle Rochefort wurden bei Ausgrabungen prähistorische Spuren gefunden. Die Höhle Margot zeigt etwa 180 Gravuren von Tieren aus der Zeit zwischen 17 000 und 10 000 v. Chr. Das **Musée de Préhistoire** zeigt eine spannende Ausstellung dazu.

**Musée de Préhistoire**
**650, chemin de la Roche-Brault, Thorigné-en-Charnie** **Zeiten der Website entnehmen** **grottes-musee-de-saulges.com**

Die Abbaye de Solesmes spiegelt sich im Fluss Sarthe

## 8 Abbaye de Solesmes

**C3 Sablé-sur-Sarthe, dann Taxi oder Fußweg (3 km) am Fluss entlang Abteikirche: tägl. Zeiten der Website entnehmen solesmes.com**

Von nah und fern pilgern Besucher zu den Messen der Abbaye de St-Pierre – sie gehört zur Abbaye de Solesmes –, um den beeindruckenden gregorianischen Gesängen der Benediktinermönche zu lauschen. Vor über einem Jahrhundert belebte das Kloster diese alte Form des liturgischen Gesangs neu. Der Laden beim Klostereingang verkauft außerhalb der Gottesdienstzeiten von den Mönchen veröffentlichte Bücher und Tonträger.

Das Kloster wurde im Jahr 1010 gegründet. Der grundlegende Umbau erfolgte im späten 19. Jahrhundert und verlieh dem Gebäude ein schroffes, festungsähnliches Aussehen.

Der Innenraum der Abteikirche ist von herber Schönheit. Lang- und Querhaus sind im romanischen Stil erbaut, der Chor aus dem 19. Jahrhundert lehnt sich an mittelalterliche Vorbilder an. Steinskulpturengruppen, die sogenannten »Heiligen von Solesmes«, schmücken beide Flügel des Querhauses. In der Figurengruppe *Grablegung unseres Herrn* in der Kapelle links vom Hochaltar rührt besonders die betende, zu Füßen Christi kniende Maria Magdalena an. Die Skulpturengruppe in der rechten Kapelle illustriert im unteren Abschnitt *Tod und Begräbnis der Gottesmutter*, im oberen Teil Mariä Himmelfahrt.

Interessante moderne Bleiglasfenster beleuchten die kleine Pfarrkirche, die sich neben dem Eingang zur Abtei befindet.

## 9 Fresnay-sur-Sarthe

**D3 2500 Alençon, Sillé-le-Guillaume, La Hutte 19, av du Dr Riant, +33 (0)2 4333 2804 Sa fresnaysursarthe.fr**

Vom 16. bis zum 19. Jahrhundert war Fresnay-sur-Sarthe ein Zentrum der Tuchweberei. Das heutige Zentrum von Fresnay ist sehr charmant und beinahe noch mittelalterlich. Ursprünglich umgaben den Ort drei Mauerringe, deren Reste man vom Fluss aus noch gut erkennen kann.

Das Tourismusbüro veranstaltet im Sommer kostenlose Führungen durch den Ort. Das Musée de la Coiffe präsentiert bretonische Hauben.

## 10 Asnières-sur-Vègre

**C3 400 Sablé-sur-Sarthe, dann Taxi Sablé-sur-Sarthe, +33 (0)2 4395 0060 asnieres-sur-vegre.fr**

Gelblich-roséfarbener Stein prägt das hübsche Dorfbild mit den alten Häusern, Wassermühlen und der Brücke aus dem 12. Jahrhundert. In der winzigen Kirche halten Wandmalereien (12./15. Jh.) in Terrakottatönen Szenen des Mittelalters fest – nicht ohne Sündern zu drohen: Da jagen riesige Hunde geifernd die Verdammten zur Hölle. Die gotische Cour de Justice (13. Jh.) wurde als Versammlungsort für die Domherren der Cathédrale St-Julien in Le Mans errichtet.

Die alte Straße zwischen Le Mans und Sablé-sur-Sarthe führt nach Juigné. Sein im 17. Jahrhundert wiederaufgebautes Schloss ist in Privatbesitz. Juignés Minihafen bietet einen Bootsverleih und einen schönen Blick auf die Kirche.

**Schon gewusst?**

**Im Naturgebiet Coteau des Vignes in Fresnay-sur-Sarthe sind seltene Pflanzenarten beheimatet.**

Mit Blätterteppichen bedeckte Häuser in St-Céneri-le-Gérei, Les Alpes Mancelles

## 11 Les Alpes Mancelles

**D2 Alençon Fresnay-sur-Sarthe 19, av du Dr Riant, Fresnay-sur-Sarthe, +33 (0)2 4333 2804 tourisme-alpesmancelles.fr**

Zwischen Fresnay-sur-Sarthe und Alençon erstrecken sich die Alpes Mancelles (»Alpen von Le Mans«). Dieser Name ist zwar, was die Höhe der Berge betrifft, übertrieben, doch die bewaldeten Hügel, von Bächen durchzogenen Schluchten, die Heidehänge, grünen Wiesen, grasenden Schafe und Obstbäume verleihen der Gegend alpinen Charakter.

Weite Teile der Alpes Mancelles sind in den Regionalpark Normandie-Maine integriert. Man kann hier auf markierten Wegen wandern, am Ufer der Sarthe angeln, Boot fahren und zahlreiche andere Sportarten betreiben.

Sehr hübsch präsentiert sich das Dorf St-Céneri-le-Gérei mit seiner romanischen Kirche, die mittelalterliche Fresken birgt. Im 19. und frühen 20. Jahrhundert zog es Künstler wie Eugène Boudin und Camille Corot in die Gegend. Sie hielten sich oft in der **Auberge des Sœurs Moisy** auf, die nun ein Museum ist. Lohnend ist ein Spaziergang durch die **Jardins de la Mansonière**.

Das an der Sarthe gelegene Nachbardorf St-Léonard-des-Bois ist wegen der bergigen Umgebung bei Wanderern beliebt. Passionierte Radfahrer schätzen die hügelige Landschaft in der Umgebung, E-Bikes und Mountainbikes können ausgeliehen werden. Auch Kajaktouren auf der Sarthe sind eine beliebte Aktivität. Außerhalb des Dorfes liegt die **Domaine du Gasseau**, ein Reitsport- und Freizeitzentrum mit Klettergarten, Restaurant, Hotel und Laden.

Expertentipp

### Radeln auf der Vélobuissonnière

Die 250 Kilometer lange Radstrecke Vélobuissonnière von Alençon nach Saumur führt durch unterschiedlichste Landschaften. Radeln Sie nach Möglichkeit ein Teilstück.

**Auberge des Sœurs Moisy**
**Rue du Dessous, St-Céneri-le-Gérei +33 (0)2 3327 8447 Apr – Sep: Mi – Fr, 14 –18, Sa 10 –12:30, 14 –18**

**Domaine du Gasseau**
**St-Léonard-des-Bois +33 (0)2 4334 3444 Apr – Sep: tägl.**

**Jardins de la Mansonière**
**St-Céneri-le-Gérei Mitte Apr – Mai: Fr – So 14:30 –18;30; Juni – Aug: Do – So 14:30 –18;30; Anfang – Mitte Sep: Sa, So 14:30 –18;30 mansoniere.fr.**

## Shopping

**Atelier Vézanne**
Das familienbetriebene Geschäft führt ein breites Sortiment an Kunsthandwerk – neben Keramik auch erlesenen zeitgenössischen Schmuck.
**D3 23, rue Victor Hugo, Malicorne-sur-Sarthe**
**vezanne.fr**

## 12 Sablé-sur-Sarthe

**C3 13 000**
**18, rue Léon Legludic, +33 (0)2 4395 0060 Mo, Fr, Sa Festival de la Musique Baroque (Ende Aug)**
**vallee-de-la-sarthe.com**

Vor nostalgischer Kulisse überrascht zeitgenössische Kunst: An der Place Raphaël-Élizé im Zentrum steht die Skulptur *Hymne à l'Amour* des hiesigen Bildhauers Louis Derbré. Um den Platz liegen mehrere Haufen aus »Kanonenkugeln«, ein modernes Arrangement, das sich vom 18. Jahrhundert inspirieren ließ.

Shopping-Möglichkeiten finden Sie in der Fußgängern vorbehaltenen Rue de l'Île und an dem Platz, an dem die Maison du Sablé die nach der Stadt benannten Kekse verkauft.

Ein Neffe von Jean-Baptiste Colbert, dem berühmten Finanzminister von König Louis XIV, ließ Anfang des 18. Jahrhunderts das Château erbauen. Man kann den Park besichtigen, nicht aber das Schloss.

In Richtung Solesmes eröffnet der Jardin Public einen schönen Blick auf Sablé-sur-Sarthe und die Abbaye de Solesmes.

## 13 Malicorne-sur-Sarthe

**D3 2000 Noyen-sur-Sarthe, La Suze-sur-Sarthe Musée de la Faïence et de la Céramique: Rue Victor Hugo, +33 (0)2 4348 0717 Fr ville-malicorne.fr**

Seit fast 250 Jahren ist dieses Städtchen am Ufer der Sarthe für seine Fayencen – auf weißem Grund bemalte Tonwaren – bekannt. Jean Loiseau, ein Töpfer aus der Fayencen-Hochburg Nevers, gründete hier 1745 die erste Manufaktur. In den **Faïenceries du Bourg-Joly** kann man *faïences de Malicorne* und Kopien traditioneller französischer Fayencen erwerben. Zur Steingutfabrik **Faïenceries d'Art de Malicorne** gehört ein Shop, **Malicorne Espace Faïence** ist ein Museum. In Malicornes kleinem Hafen werden Flussrundfahrten angeboten. Malicorne verfügt über eine romanische Kirche und ein Schloss, das hübsche, ufernahe **Château de Malicorne** (18. Jh.).

**Faïenceries du Bourg-Joly**
**16, rue Carnot**
**tägl. malicorne.com**

**Faïenceries d'Art de Malicorne**
**18, rue Bernard Palissy Mo–Sa Feiertage faiencerie-malicorne.com**

**Malicorne Espace Faïence**
**Rue Victor Hugo**
**Mitte Feb–Dez: Di–So**
**25. Dez, Jan–Mitte Feb**
**musee-faience.fr**

**Château de Malicorne**
**11, rue de Sévigné**
**Juli, Aug: Mi–So chateaudemalicorne.fr**

*Schale aus Malicorne-sur-Sarthe*

*Château du Lude mit eindrucksvoller Gartenanlage*

## 14 La Flèche

**D3 16 000 Blvd de Montréal, +33 (0)2 4338 1660 Mi, So Festival des Affranchis (zweites Wochenende im Juli)**
**vallee-du-loir.com**

Das Städtchen verdankt sein Renommee dem 1604 von Henri IV gestifteten Jesuitenkolleg, das Napoléon 1808 in die bis heute bestehende Militärschule **Prytanée Militaire** umwandeln ließ.

Im Park der Akademie bieten sich sehr schöne Ausblicke auf den Loir. Vom Port Luneau am gegenüberliegenden Ufer brach Jérôme le Royer de la Dauversière (1597–1659) mit seinen Gefährten in die Neue Welt auf. In der Nähe säumen Cafés die von einer Statue des Königs bewachte Place Henri IV.

Im Herzen der Stadt spiegelt sich das Château des Carmes (15. Jh.) im Wasser der Loire. Das Anwesen diente früher als Rathaus, nun ist hier eine Kunstgalerie untergebracht. Das Théâtre de la Halle au Blé kann man an Wochenenden im Sommer in Absprache mit dem Tourismusbüro besuchen.

Der Loir und der von einem Sandstrand gesäumte See beim nahe gelegenen Ort La Monnerie eignen sich zum Kanufahren. La Flèche ist Ausgangspunkt vieler Wander- und Radwege.

**Prytanée Militaire**
**Rue du Collège**
**+33 (0)2 4348 5902**
**Juli, Aug: tägl. zu Führungen (Details tel. erfragen)**

## Le Lude

**D4 4000 Pl François de Nicolay, +33 (0)2 4338 1660 Mi**
**vallee-du-loir.com**

Das älteste, von schmalen Straßen mit Häusern aus dem 15. bis 17. Jahrhundert durchzogene Viertel dieses Marktstädtchens erstreckt sich um das **Château du Lude**. Die Stätte ist seit mehr als 1000 Jahren befestigt, das heutige Schloss wurde aber erst im 15. Jahrhundert erbaut. In den folgenden rund 300 Jahren verwandelte man es in einen Landsitz und veränderte dabei seinen Grundriss und die vier Ecktürme.

Französische und flämische Tapisserien bereichern das Schlossinterieur (19. Jh.), das auch Objekte aus dem 17. und 18. Jahrhundert bietet. Die Fresken im Oratorium (16. Jh.) zeigen Episoden des Alten Testaments.

Eine sportliche Herausforderung für Radfahrer und Wanderer stellt die einstige Eisenbahnstrecke dar, die von Le Lude nach Luché-Pringé führt.

**Château du Lude**
**4, rue Jehan de Daillon Schloss: Apr–Sep: Do–Di (Mitte Juni–Aug: tägl.); Park: Apr–Sep: tägl. lelude.com**

## Château de Courtanvaux

**D3 Bessé-sur-Braye**
**+33 (2) 4335 3443**
**Schloss: Mai–Sep: Di–So (Details der Website entnehmen); Park: tägl. chateau decourtanvaux.com**

Am Ende einer Allee steht ein von Gotik und Renaissance gezeichneter Bau, mit Türmchen über Mauern und dem Torweg. Weiden hängen ihre Zweige in den Wehrgraben. Der Park (63 ha) umfasst u. a. Baumhaine, ein Zierbecken und einen französischen Garten.

**Französische und flämische Tapisserien bereichern das Schlossinterieur (19. Jh.), das auch Objekte aus dem 17. und 18. Jahrhundert bietet.**

17

## Château de Maintenon

**F2 Place Aristide Briand +33 (0)2 3723 0009 Gare de Maintenon Zeiten der Website entnehmen chateau demaintenon.fr**

Das Schloss liegt am Ufer des Flusses Eure. Obwohl Teile des Anwesens aus dem 13. Jahrhundert stammen, erlangte das Schloss seine Berühmtheit erst, nachdem Madame de Maintenon es 1674 gekauft hatte. Das Geld dafür hatte sie als Gouvernante der unehelichen Kinder von Louis XIV verdient. 1683 heiratete Maintenon heimlich den König in Versailles, die Hochzeitsfeier fand im Château de Maintenon statt. Zu dieser Zeit wurde ein neuer Flügel gebaut, in dem der König wohnen sollte.

Im 19. Jahrhundert wurde der Innenhof im neugotischen Stil umgestaltet. Zu den größten Attraktionen des Schlosses zählen die opulenten Gemächer, in denen Louis XIV übernachtete, und die von Versailles inspirierte Porträtgalerie.

### Auf den Spuren von Marcel Proust

Zu einem Besuch von Illiers-Combray gehört ein Spaziergang auf Prousts Kindheitspfaden. In den Ferien lebte Marcel in einer romanhaften Welt, festgehalten in *Auf der Suche nach der verlorenen Zeit* als »Swanns Welt« und »Welt der Guermantes«. Die erste Romanfährte bringt Sie nach Méréglise und führt durch den Park, den Proust in seinem Werk »Tansonville-Park« nannte. Der Weg durch die »Welt der Guermantes« verläuft bis St-Éman. Beide Routen sind ausgeschildert.

Auf einer Insel in der Eure erstreckt sich ein großer Teil der faszinierenden Gartenanlage. Ganz in der Nähe findet man die Überreste eines 17 Kilometer langen Aquädukts, über das Wasser aus der Eure zum Schloss von Versailles geleitet werden sollte.

18

## Illiers-Combray

**E2 3000 5, rue Henri Germond, +33 (0)2 3724 2400 Fr Journée des Aubépines (Proust'scher Maifeiertag, Mai) tourisme-entrebeauceetperche.fr**

Der Namenszusatz »Combray« des Ortes Illiers ist eine Hommage an Marcel Prousts großen Roman *Auf der Suche nach der verlorenen Zeit*, in dem dieser Ort Combray heißt. Proust verbrachte als Kind viele Sommerferien in Illiers, den Loir stellte er in seinem Werk als »Vivonne« vor.

Reisende auf den Spuren des großen französischen Schriftstellers erkennen einige Schauplätze des Romans wieder. Man kann das einstige Haus von Prousts Onkel Jules Amiot besichtigen, die **Maison de Tante Léonie**, heute ein dem Leben des Autors gewidmetes Museum. Während der Renovierung dieses Gebäudes sind einige Objekte im nahe gelegenen **Musée Marcel Proust** ausgestellt.

**La Maison de Tante Léonie**
4, rue du Dr Proust
wegen Renovierung (Details der Website entnehmen) amisdeproust.fr

**Musée Marcel Proust**
19, rue de Chartres
Sep – Juni: Do – Di; Juli, Aug: Fr – So amisde proust.fr

## 19 Château d'Anet

**E2 Dreux, dann Taxi +33 (0)2 3741 007 Feb, März, Nov: Sa, So nachm.; Apr – Okt: Mi – Mo nachm. chateau-d-anet.com**

Nach dem Tod von Henri II – er verunglückte 1559 bei einem Turnier – vertrieb seine Witwe die Mätresse Diane de Poitiers aus Chenonceau. Diane zog sich nach Anet, ein Erbe ihres Ehemanns, zurück. Hier lebte sie bis zu ihrem Tod 1566. Den Umbau des Schlosses nahm Philibert de l'Orme vor, der Chenonceaus Brücke über den Cher *(siehe S. 106 – 109)* entworfen hatte. Die Ausstattung fiel so prunkvoll aus, wie es einer Frau gebührte, die 30 Jahre lang das Herz eines Königs einnahm.

Nach der Revolution wurde das Château verkauft. Der neue Eigentümer riss 1804 die mittleren Räume und den rechten Flügel ab. Man kann noch das prächtige Eingangstor (Benvenuto Cellinis Bronzefigur der nackten Diane nur als Kopie), die mit Reliefs des Renaissancebildhauers Jean Goujon (ca. 1510 – 1568) geschmückte Kapelle und den reich ausgestatteten Westflügel bewundern. Neben dem Schloss liegt die Kapelle mit der Grabstätte der Diane de Poitiers.

*Prunkvoll ausgestaltete Porträtgalerie im Château de Maintenon*

*Das Schloss von Châteaudun thront auf einem Kalksteinfelsen*

## 20 Châteaudun

**E3 14 000 1, rue de Luynes, +33 (0)2 3745 2246 Do Foire aux Laines (Mittelalterfest, Anfang Juli) chateaudun-tourisme.fr**

Der Ort mit dem mächtigen **Château** liegt etwas oberhalb des Loir an der Grenze der Beauce-Ebene und des Départements Perche. Châteaudun gehörte einst dem aristokratischen Poeten Charles d'Orléans. Dieser übergab den Besitz seinem Halbbruder Jean Dunois, bekannt als »Bastard von Orléans« und als Waffengefährte der Jeanne d'Arc *(siehe S. 41)*.

Dunois ließ im Jahr 1460 den Grundstein zum Südflügel legen und die spätgotische, mit Wandgemälden ausgestattete Kapelle bauen. Der andere, im Stil der Renaissance verzierte Flügel entstand ungefähr 50 Jahre später. In beiden Gebäudeteilen hängen schöne Wandteppiche (16. und 17. Jh.).

Châteauduns Altstadt weist interessante Kirchen auf: die romanische Église de la Madeleine, St-Valérien mit dem quadratischen Glockenturm und die ebenfalls romanische, am anderen Loir-Ufer gelegene Église St-Jean-de-la-Chaine. In den **Grottes du Foulon** sind Fossilien prähistorischer Meerestiere zu sehen.

**Château**
Pl Jehan de Dunois tägl. 1. Jan, 1. Mai, 25. Dez chateau-chateaudun.fr

**Grottes du Foulon**
35, rue des Fouleries
Zeiten der Website entnehmen grottes dufoulon.sitew.com

**Schon gewusst?**

**Charles d'Orleans wurde in der Schlacht von Agincourt (1415) gefangen genommen und blieb 25 Jahre in Haft.**

# Tour durch das Tal des Loir

**Länge** 100 km **Rasten** Flussufer und Wälder am Loir laden an vielen Stellen zum Picknick ein. Mit Proviant können Sie sich in Lebensmittelläden eindecken.

Zwischen Poncé-sur-le-Loir und La Flèche strömt der Loir durch naturbelassene Landschaften und malerische Orte. Eine gemächliche Erkundung des Tals beansprucht, inklusive einiger Spaziergänge am Fluss und durch Wälder, zwei Tage. Sie können sich beim Segeln, Reiten, Angeln oder Radeln in frischer Luft betätigen, beim Aufspüren von kleinen Kirchen an romanischen Fresken erfreuen und regionale Weine genießen. Ausgeschenkt werden diese oft in geblasenen Gläsern, einem typischen Produkt des Loir-Tals.

Der reizvolle Ort **La Flèche** bietet idyllische Ausblicke auf den Loir *(siehe S. 182f)*.

Das Marktstädtchen **Le Lude** ist vor allem für sein spektakuläres Schloss bekannt *(siehe S. 183)*.

START
La Flèche
Mareil-sur-Loir
Luché-Pringé
Thorée-les-Pins
Parc Zoologique de la Flèche
Les Cartes
Coulongé
Loir
Le Lude
La Chapelle-aux-Choux
Savigné-sous-le-Lude
Dissé-sous-le-Lude
D304
D224
D305
D306
D54
D307
0 Kilometer 6
N

← *Fassade des Château du Lude und schön angelegter Rosengarten*

**Zur Orientierung**
*Siehe Karte S. 168f*

↑ *Hoch aufragende Eichen im Forêt de Bercé*

Die **Forêt de Bercé** ist für ihre alten Eichen bekannt. Einige sind über 40 Meter hoch und 350 Jahre alt.

**Lhomme** ist für sehr trockenen Jasnières-Weißweine bekannt.

Le Grand-Lucé
Pruillé-l'Éguillé
Saint-Vincent-du-Lorouër
Courdemanche
D96
Forêt de Bercé
D13
D137
Saint-Pierre-du-Lorouër
D63
Jupilles
D304
D63
D61
Rond du Clocher
Beaumont-Pied-de-Bœuf
Thoiré-sur-Dinan
D64
Poncé-sur-le-Loir
Ruillé-sur-Loir
D305
D338
D73
D738
D61
Chahaignes
Lhomme
La Possonnière
Flée
D10
Lavernat
La Chartre-sur-le-Loir
Luceau
A28
Marçon
ZIEL
Les Rochereaux
D30
Château-du-Loir
Vaas
Nogent-sur-Loir
La Bruère-sur-Loir
A28

Der Dichter Pierre de Ronsard (*siehe S. 140*) wurde in **La Possonnière** geboren.

Die Tour endet in **Marçon**. Dort kann man die Weine wie Coteaux-du-Loir kosten.

**Poncé-sur-le-Loir** ist ein malerisches Dorf mit einem beeindruckenden Renaissanceschloss.

In **Vaas** locken die Église Notre-Dame mit schönen Gemälden (17. Jh,) und eine funktionierende Getreidemühle.

## Schon gewusst?

**Eichen aus der Forêt de Bercé verwendete man für die Rekonstruktion des Daches von Notre-Dame de Paris.**

*Plage des Dames – Strand auf der Île de Noirmoutier* (siehe S. 198f)

# Loire-Atlantique und Vendée

Die Region zwischen Guérande im Norden und dem Marais Poitevin im Süden der Vendée orientiert sich zum Meer hin. Die Hügellandschaft im östlichen Teil geht über in ausgedehnte, wasserreiche Marschgebiete und Flussdeltas mit einer artenreichen Tierwelt.

Über viele Jahrhunderte zählten Landwirtschaft und Fischerei zu den wichtigsten Erwerbsquellen der Bevölkerung. Lange Zeit waren die ländlichen Gemeinden isoliert und verteidigten ihre Unabhängigkeit. Konservatismus, Königstreue und religiöser Eifer schürten 1793 den Vendée-Aufstand *(siehe S. 200)* gegen die Revolutionsregierung.

Nantes und sein Umland kamen als eines der letzten Herzogtümer zur französischen Krondomäne und gehörten bis in die 1790er Jahre zur Bretagne. Lukrativer Seehandel machte Nantes wohlhabend und im 18. und 19. Jahrhundert zur siebtgrößten Stadt des Landes. Heute ist Nantes die sympathische Hauptstadt des Département Loire-Atlantique, reizvoll mit Museen, eleganten *quartiers* des 18. Jahrhunderts und den gigantisch-verspielten Machines de l'Île.

Viele Besucher schätzen im Hochsommer die Küsten und Inseln von Loire-Atlantique im Norden und die Vendée-Region im Süden. Zu den Höhepunkten zählen die felsigen Landzungen von Le Croisic und die goldenen Sandstrände zwischen La Baule und Les Sables-d'Olonne. Deutlich herber wirkt das Marais Poitevin an der Südspitze der Vendée, der zu den faszinierendsten Landschaften Frankreichs zählt.

# Loire-Atlantique und Vendée

## Highlights

1. Nantes
2. Marais Poitevin

## Sehenswürdigkeiten

3. Halbinsel Guérandaise
4. Île de Noirmoutier
5. Île d'Yeu
6. Saint-Nazaire
7. Les Sables-d'Olonne
8. La Roche-sur-Yon
9. Luçon
10. Fontenay-le-Comte
11. Vouvant
12. Vendée Bocage
13. Clisson
14. Puy du Fou
15. Pouzauges
16. Château de Goulaine

MAYENNE
0 Kilometer 25
N
Martigné-Ferchaud
Châteaubriant
Pouancé
Moisdon-la-Rivière
St-Julien-de-Vouvantes
Le Lion-d'Angers
Étriché
Don
Nozay
Abbaretz
Grand-Auverné
St-Mars-la-Jaille
Riaillé
Erdre
Candé
LOIRE-ATLANTIQUE
Angers
Anjou
Seiten 66–93
MAINE-ET-LOIRE
Nort-sur-Erdre
Ligné
Oudon
Ancenis
La Pommeraye
Carquefou
Loire
Saint-Laurent-des-Autels
Beaulieu-sur-Layon
Nantes
1
16
Château de Goulaine
Rezé
Vallet
Beaupréau
Vihiers
Flughafen Nantes Atlantique
Lac de Grande-Lieu
Aigrefeuille-sur-Maine
13
Clisson
Cholet
St-Philbert-de-Grand-Lieu
Montaigu
Boësse
Legé
Boulogne
14
Puy du Fou
Les Herbiers
Les Epesses
Vendée Bocage
12
Sèvre
Bressuire
Palluau
L'Oie
Belleville-sur-Vie
Les Essarts
Pouzauges
15
DEUX-SÈVRES
Aizenay
Ferrière
Moncoutant
Clessé
La Roche-sur-Yon
8
Chantonnay
Mouilleron-en-Pareds
Bournezeau
La Châtaigneraie
La Caillère-Saint-Hilaire
La Mothe-Achard
VENDÉE
Nieul-le-Dolent
Secondigny
11
Vouvant
Lay
Ste-Hermine
Mareuil-sur-Lay-Dissais
L'Hermenault
Les Moutiers-les-Mauxfaits
Les Groseillers
Talmont
Luçon
9
Fontenay-le-Comte
10
St-Hilaire-des-Loges
St-Denis-du-Payré
Chaillé-les-Marais
Vix
Maillezais
La Tranche-sur-Mer
St-Michel-en-l'Herm
2
Marais Poitevin
Niort
L'Aiguillon-sur-Mer
Marans
Coulon
Courçon
Île de Ré
Pointe de l'Aiguillon
CHARENTE-MARITIME
Mauzé-sur-le-Mignon
D163
D775
N171
D178
D923
D121
D164
D723
N137
A11
N162
D752
D748
N844
N249
D59
D137
D117
D763
D753
D759
D937
A83
D755
D160
A87
D978
N149
D960
D746
D747
D148
D938
D949
D648
D105
D25
D15
D10A
D137
D11
A10

**1**

# Nantes

B4 · 320 000 · Nantes Atlantique · Allée Baco · Blvd Stalingrad · 9, rue des États · +33 (0)2 7264 0479 · Le Voyage à Nantes (Juli – Aug); Festival des Trois Continents (Nov) · nantes-tourisme.com

**Die alte Hafenstadt, 600 Jahre Sitz der Herzöge der Bretagne, ist der Hauptort der Region Pays de la Loire. Die Profite des Seehandels – vor allem mit Sklaven, Schiffszubehör, Zucker und Baumwolle – finanzierten im 18. und 19. Jahrhundert viele schöne Bauten. Die Hafenaktivitäten haben sich nach Saint-Nazaire verlagert, aber Nantes bleibt eine lebhafte Stadt mit vielen Museen, Boutiquen, Restaurants und Bars.**

① 

## Place Graslin

Pl Graslin

Die vom Stadtplaner Mathurin Crucy entworfene Place Graslin ist ein beliebter Treffpunkt im Zentrum. Dominiert wird sie vom monumentalen neoklassizistischen Théâtre Graslin. Die Fassade des Theater- und Opernhauses zieren acht korinthische Säulen und Statuen griechischer Musen.

Gegenüber der Oper liegt La Cigale, eines der berühmtesten Restaurants Frankreichs *(siehe Kasten)*.

## Cathédrale St-Pierre et St-Paul

Pl St-Pierre · wegen Restaurierung bis 2025

Die jahrhundertelange Bauchronik ist in der Krypta lebendig dargestellt. Die Kathedrale verzeichnet mehr Schäden als jede andere an der Loire. Zuletzt zerstörte ein verheerender Brand im Jahr 2020 die Orgel und einige Glasmalereien aus dem 15. Jahrhundert, woraufhin die Kirche geschlossen wurde und derzeit umfassend restauriert wird.

Entdeckertipp

**Le Jardin Extraordinaire**

In diesem Garten nahe der Loire rauscht ein Wasserfall von einem Steilfelsen 25 Meter in die Tiefe. Die Vegetation besteht aus Palmen und vielen anderen tropischen Pflanzen.

## Château des Ducs de Bretagne

**4, pl Marc Elder · +33 (0)2 5117 4900 · Zeiten der Website entnehmen · 1. Jan, 1. Mai, 1. Nov, 25. Dez · chateaunantes.fr**

Um die an das Château d'Angers *(siehe S. 74f)* erinnernden Rundbastionen läuft ein Graben. In dem restaurierten Schloss kam Anne de Bretagne zur Welt, die mit elf Jahren Herzogin wurde und 1491, im Alter von 14 Jahren, Charles VIII ehelichen musste. Nach dem Tod des Königs 1498 in Amboise heiratete Anne in der hiesigen Schlosskapelle dessen Nachfolger Louis XII.

Highlight

*Place Royale mit der Kirche St-Nicholas und monumentalem Brunnen*

Die Mansardenfenster und Loggien des Grand Logis zur Rechten des Eingangs spiegeln Annes Einfluss auf die Schlossarchitektur wider. Westlich davon liegt eine kleinere königliche Unterkunft. Hier, in der katholischen Bastion der Bretagne, unterzeichnete Henri IV 1598 das Edikt von Nantes, das den Protestanten Glaubensfreiheit gewährte.

## L'Île de Versailles

**5, rue Ecorchard Zeiten der Website entnehmen nature.metropole.nantes.fr**

Die zwei Hektar große Insel im Fluss Erdre erreicht man über Brücken. Zu den größten Attraktionen der grünen Insel mit vielen Spazierwegen gehört ein japanischer Garten mit Wasserbecken. Man kann Elektroboote und Kanus mieten.

⑤

## Jardin des Plantes

**57, rue Cuvier tägl. 8–18:30 jardindesplantesdeparis.fr**

Der im 19. Jahrhundert angelegte botanische Garten umfasst ausgedehnte Rasenflächen, Baumbestände, Teiche und Gewächshäuser. Mit rund 10 000 Pflanzenarten gehört er zu den fünf bedeutendsten in Frankreich. Im Sommer gibt es Konzerte.

⑥    

## Musée d'Arts de Nantes

**10, rue Georges Clemenceau +33 (0)2 5117 4500 Mi–Mo 11–19 (Do bis 21) 1. Jan, 1. Mai, 1. Nov, 25. Dez museedartsdenantes.fr**

Die Größe dieses Museums spiegelt den Reichtum und Stolz der Bürger von Nantes im frühen 19. Jahrhundert wider. Ausstellungsräume, deren klare architektonische Linien vor allem zeitgenössischen Präsentationen entgegenkommen, umlaufen auf zwei Ebenen den Arkadenpatio. Das Museum ist für seine Bilder bekannt, vor allem für die Werke des 15. bis 20. Jahrhunderts. Ein vierstöckiges Gebäude (»Cube«) präsentiert zeitgenössische Kunst.

↑ *Spaziergang durch den idyllischen Jardin des Plantes*

## Restaurants

**Magmaa Food Hall**
Die Food Hall umfasst neun exzellente Restaurants und eine Bar.

**15, rue La Noue Bras de Fer**
**magmaa-nantes.fr**

**Sain**
Das familiengeführte Restaurant verwendet Produkte direkt vom Bauernhof.

**93, rue Maréchal Joffre**
**sain-nantes.com**

**La Cigale**
Genießen Sie köstliche Gerichte zu schönem Jugendstil-Ambiente.

**4, pl Graslin**
**lacigale.com**

7 

## Le Lieu Unique

**Quai Ferdinand-Favre**
**+33 (0)2 4012 1434**
**Kunstzentrum: Di–So 14–19; Restaurant: Mo–Sa ab 12** **lelieuunique.com**

Die südlich vom Schloss gelegene ehemalige LU-Keksfabrik (Lefèvre Utile) ist heute ein außergewöhnliches Zentrum für zeitgenössische Kunst. Neben Theateraufführungen, Tanzdarbietungen und Konzerten finden hier auch Kunstausstellungen statt.

Im Gebäude sind außerdem eine Boutique, ein Spa und ein Restaurant mit Terrasse direkt am Canal St-Félix untergebracht. Vom Jugendstilturm genießt man einen schönen Blick auf die Stadt.

8 

## Les Machines de l'Île und Carrousel des Mondes Marins

**Parc des Chantiers, Blvd Léon Bureau** **Zeiten der Website entnehmen**
**lesmachines-nantes.fr**

Das von der imaginären Welt des Jules Verne *(siehe Kasten)* inspirierte Kunstprojekt am Hafen von Nantes ist ein Mix aus Erlebnispark und Ausstellung. Es befindet sich im Parc des Chantiers auf dem Gelände einer früheren Werft, die zu einem Park mit Alleen, Spielplätzen und Grünflächen umgestaltet wurde.

Le Grand Éléphant, ein zwölf Meter hoher und 21 Meter langer mechanischer Elefant, nimmt bis zu 50 Passagiere mit auf eine besondere Reise. Die von einem 450-PS-Motor angetriebene Figur ist das erste gigantische Spielzeug, das François Delarozière und Pierre Orefice erfanden.

Das 25 Meter hohe Carrousel des Mondes Marins besteht aus drei übereinandergebauten Karussells – vom Meeresboden über Tiefseegräben bis hin zur Meeresoberfläche. Riesige Meeresbewohner drehen hier ihre Runden.

Eine weitere Attraktion ist La Galerie des Machines, die sich ständig verändernde »Werkstatt«. Besucher können selbst Hand anlegen und Maschinen betätigen. Mittels Knöpfen und Schaltern können mechanische Tiere gesteuert werden.

9

## Musée Jules Verne

**3, rue de l'Hermitage**
**+33 (0)2 4069 7252**
**Juli, Aug: tägl. 10–19; Sep–Juni: Mi–Mo: tägl. 14–18 (Sa auch 10–12)**
**1. Jan, 1. Mai, 1. Nov, 25. Dez** **julesverne.nantesmetropole.fr**

Das von unterschiedlichsten Erinnerungsstücken wie Karten, Zeichnungen, Modellen und Büchern überquellende Museum stellt Leben und Werk des französischen Schriftstellers Jules Verne vor. Den Anfang macht ein Raum mit Objekten aus dem Haus in Amiens, in dem er die meisten seiner Bücher schrieb.

### Jules Verne

Hinter dem Pont Anne de Bretagne schmuggelte sich der elfjährige Jules Verne an Bord, um die Welt zu erkunden. Seine Romane wie *Reise zum Mittelpunkt der Erde* (1864) und *In 80 Tagen um die Welt* (1873) wurden zu Bestsellern. Verne zählt zu den meistgelesenen und -übersetzten Autoren der Literaturgeschichte.

Vor dem Gebäude zeigt eine Bronzeskulptur Jules Verne in jungen Jahren, wie er auf die Loire blickt.

## Estuaire Le Voyage à Nantes

**1 – 3, rue Crucy**
**estuaire.info**

Das Freilichtmuseum an der Loire zwischen dem Stadtzentrum von Nantes und Saint-Nazaire an der Flussmündung präsentiert auf einer Strecke von ungefähr 60 Kilometern eine ständige Sammlung von 33 Kunstwerken.

Der Kunstparcours beginnt im Zentrum von Nantes mit 13 Installationen internationaler Künstler, die an verschiedenen Orten entlang beider Ufer der Loire platziert sind. Die Werke sind zu Fuß, mit dem Fahrrad, dem Auto oder dem Boot erreichbar.

Zu den interessantesten Installationen gehören *Les Anneaux* am Quai des Antilles, *Mètre à Ruban* auf der Île de Nantes und *Belvédère de l'Hermitage*. Letztgenannte befindet sich an der Rue de l'Hermitage, die am Jardin Extraordinaire entlangführt *(siehe S. 192)*.

Von der Website des Estuaire Le Voyage à Nantes kann man sich eine Übersichtskarte über den gesamten Kunstparcours herunterladen.

*Le Grand Éléphant, eine Hauptattraktion im Erlebnispark Les Machines de l'Île*

*Mémorial de l'Abolition de l'Esclavage mit Tafeln* (Detail) ↑

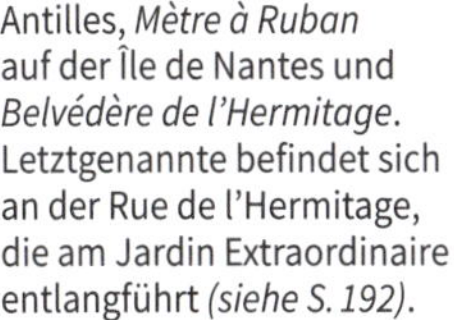

## Mémorial de l'Abolition de l'Esclavage

**Quai de la Fosse**
**Ligne 1 Médiathèque**
**Mitte Mai – Mitte Sep: tägl. 9 – 20; Mitte Sep – Mitte Mai: tägl. 9 – 18**
**memorial.nantes.fr**

Nantes wurde einst durch Sklavenhandel reich. Das Mahnmal für die Abschaffung der Sklaverei gedenkt der unrühmlichen Rolle der Stadt als wichtigstem Hafen für den Sklavenhandel im Frankreich des 18. Jahrhunderts. Das im Jahr 2012 errichtete Mahnmal ist das größte seiner Art weltweit. Es erstreckt sich entlang dem Quai de la Fosse an der Loire über rund 7000 Quadratmeter und umfasst 2000 Glastafeln. Die meisten dieser Tafeln bieten Informationen zu Schiffen, die für den Sklavenhandel eingesetzt wurden, andere beziehen sich auf Handelsposten und Häfen in anderen Kontinenten, in denen versklavte Menschen als Handelsware dienten. Dokumente zum Kampf gegen die Sklaverei ergänzen die Ausstellung.

### Schon gewusst?

**Nantes war 2013 die erste Stadt in Frankreich, die zur Umwelthauptstadt Europas erklärt wurde.**

2

# Marais Poitevin

B6 Niort Maillezais, +33 (0)2 5187 2301; Coulon, +33 (0)5 4924 1879 parc-marais-poitevin.fr

**Der weite Regionalpark des Marais Poitevin erstreckt sich über 96 000 Hektar im Süden der Vendée. Die Sümpfe sind in das auch Venise Verte (»Grünes Venedig«) genannte östliche Marais Mouillé (»feuchter Sumpf«) und das landwirtschaftlich genutzte westliche Marais Desséché (»trockengelegter Sumpf«) unterteilt.**

Die ersten Deiche schützten die Sümpfe zwar vor der Meeresflut, nicht aber vor dem jährlichen Hochwasser der Flüsse. Daher ließen die Mönche, die im Sumpfland Bodenrechte erworben hatten, im 12. und 13. Jahrhundert große Kanäle ausheben. Das östliche und das westliche Marais werden noch immer durch einen dieser Kanäle getrennt: den Canal des Cinq Abbés. Heute reguliert man den Wasserstand von Gebieten, die unter dem Flutspiegel liegen, auch durch druckbetätigte Deichsiele und Spundwände mit Löchern, durch die sich im Sommer Wasser auf die Ebenen des *marais* leiten lässt.

## Östliches Marais

Das von einem Labyrinth aus Kanälen durchzogene feuchte Sumpfland ist der wohl interessanteste Teil des Parks. Am besten erkundet man die Gegend mit dem Boot. In den meisten Dörfern werden geführte Touren angeboten. In Arçais, Coulon, Damvix, La Garette und Maillezais kann man auch Boote für eine eigene Kahnpartie mieten.

Enge Straßen, weiß getünchte Häuser und eine eindrucksvolle Kirche (12. Jh.) prägen das Ortsbild von Coulon, dem Haupttor zum Marais Mouillé. Am Kai des Flusses Sèvre Niortaise drängen sich im Sommer die Besatzungen der Ausflugs-Stakkähne. Hier kann man auch Fahrräder mieten.

Weiter westlich liegt Maillezais, eine der wichtigsten bewohnten Inseln im ehemaligen Golf von Poitou. Die Ruine der weitgehend zerstörten Abbaye St-Pierre (10. Jh.) bietet noch immer einen imposanten Anblick. Das kleine Schloss neben der Abtei wurde 1872 errichtet. Die Maison du Maître de Digues in dem Dorf Chaillé-les-Marais beleuchtet verschiedene Facetten des Marais Poitevin.

↑ *Ein Spaziergang im hübschen Ort Coulon am Ufer der Sèvre Niortaise*

### Tierwelt des Marais Poitevin

Die vielfältigen und eindrucksvollen Naturräume des Marais Poitevin – u. a. Schwemmlandebenen, Niederwald, landwirtschaftliches Nutzland und den Gezeiten ausgesetzte Flussmündungen – beherbergen eine höchst artenreiche Tierwelt. Das Gebiet ist vor allem ein vogelkundliches Paradies: Hier nisten etwa 130 heimische Arten, zudem lassen sich über 120 Zugvogelarten zur Rast oder Winterpause nieder. Außerdem leben hier ungefähr 40 Arten von Säugetieren, 20 Schlangen- und etwa 30 Fischarten.

Highlight

↑ *Boote mit breitem Bug und meißelförmigem Heck sind typisch für das Marais Mouillé*

↑ *Spektakuläre Aussicht auf das Naturschutzgebiet Marais Poitevin, eine Grand Site de France*

## Westliches Marais

Im trockengelegten Sumpfgebiet werden viele Agrarprodukte angebaut. Die Trockenlegung der Sümpfe ging maßgeblich von den Mönchen der 682 begründeten, damals auf einer Insel gelegenen Benediktinerabtei St-Michel-en-l'Herme aus. Die bedeutendsten Überreste des mehrfach zerstörten und wiederaufgebauten Klosters sind der Kapitelsaal und das Refektorium (17. Jh.).

Eine kurze Fahrt nach Süden führt zur Mündung des Flusses Lay mit dem alten Fischerhafen L'Aiguillon-sur-Mer und der Pointe d'Aiguillon, deren Deich im 19. Jahrhundert von Holländern angelegt wurde. Dort schweift der Blick über die Bucht bis hin zur Île de Ré und nach La Rochelle. L'Aiguillon-sur-Mer eignet sich sehr gut für Wassersport. Pointe d'Aiguillon hat viele kleine, aber malerische Strände – perfekt für Besucher, die Einsamkeit suchen. An diesem und anderen Flussdeltas ist die Zucht von Schaltieren, vor allem Muscheln und Austern, ein einträgliches Gewerbe. Die Muscheln wachsen an Seilen heran, die zwischen Pfosten oder an Flöße gespannt sind und bei Ebbe frei liegen.

### Slow Travel im Marais

**Bootfahren**
Mieten Sie in Coulon einen traditionellen Kahn, um die Wasserstraßen des »Grünen Venedig« zu erkunden.

**Radfahren**
Erkunden Sie das Marais ab dem Dorf Lavaud mit dem Fahrrad auf einem elf Kilometer langen Rundkurs. Nähere Informationen finden Sie online (www.guide-de-la-vendee.com).

**Wandern**
Wählen Sie sich aus 111 markierten Wanderwegen Ihre passende Route. Die Länge reicht von drei bis 88 Kilometer, das Niveau von leicht bis mittelschwer.

*Strand an der Küste der Île de Noirmoutier* ↑

# SEHENSWÜRDIGKEITEN

## Halbinsel Guérandaise

A4 Le Croisic, La Baule Le Croisic, La Baule, Guérande Le Croisic, +33 (0)2 4023 0070 tourisme-lecroisic.fr; La Baule labaule-guerande.com

La Baule mit seinem acht Kilometer langen Strand war im ausgehenden 19. Jahrhundert eines der nobelsten Seebäder Frankreichs. Wilder ist der Charme von Le Croisic. Die Küste und ihre Granithöhlen können auf einem sieben Kilometer langen, markierten Küstenwanderweg erkundet werden.

In den weiten Salzmarschen zwischen Guérande und Le Croisic gewann man im Mittelalter das Speisesalz *fleur du sel*. Schöne Steinhäuser mit Boutiquen säumen die Straßen. Sehenswert sind die mittelalterliche Kirche Collégiale St-Aubin und das Torhaus St-Michel mit einem Museum.

Schöne Ausblicke auf die Halbinsel genießt man auf dem Radweg Vélocéan, der an Batz-sur-Mer vorbeiführt. Hier zeigt das **Musée des Marais Salants** Techniken der Salzgewinnung.

Östlich von Guérande liegt der **Parc Naturel Régional de Brière**, ein Marschland, in dem Boots- und Wandertouren angeboten werden. Kerhinet, ein Dorf mit 18 restaurierten Bauernhäusern, bietet Ausstellungen zu regionalen Lebensweisen.

### Strände am Atlantik

**Grande Plage**
B5 Les Sables-d'Olonne
Hübscher Strand nahe dem Zentrum.

**Plage Tahiti**
A4 Pouliguen
Ein traumhaft weißer Strand an türkisfarbenem Wasser.

**Plage de Pont Mahé**
A4 Assérac
Mit seinem flachen und ruhigen Wasser ein toller Strand für Kinder.

**Musée des Marais Salants**
Batz-sur-Mer Di–Sa (Juli, Aug: tägl.) 1. Jan, zwei Wochen im Jan, 1. Mai, 25. Dez museedesmaraissalants.fr

**Parc Naturel Régional de Brière**
La Baule, Le Croisic Kerhinet parc-naturel-briere.com

**4**

## Île de Noirmoutier

A5 Noirmoutier-en-l'Île Noirmoutier-en-l'Île, +33 (0)2 5139 1242 ile-noirmoutier.com

Mildes Klima, Fischreichtum und Salzmarschen waren die Quellen des Wohlstands der Insel. Heute ziehen ihre langen Dünen, die Strände im Nordosten und das Hauptdorf Noirmoutier-en-l'Île zahlreiche Besucher an.

Ein Graben umringt das **Château de Noirmoutier** (12. Jh.), das ein Musuem zur Inselgeschichte birgt. Das **Musée de la Construction Navale** illustriert Bootsbau

und maritime Traditionen. Zu den Attraktionen des **Parc Océanîle** zählen Rutschen, Stromschnellen und Geysire.

**Château de Noirmoutier**
**Pl d'Armes +33 (0)2 5139 1042 Apr – Juni, Sep: Mi – Mo; März, Okt: Mi – Mo nachm.; Juli, Aug: tägl.**

**Musée de la Construction Navale**
**Rue de l'Écluse +33 (0)2 5139 2400 wegen Renovierung**

**Parc Océanîle**
**Site des Oudinières, Route de Noir Moutier Juli, Aug: tägl. oceanile.com**

## Ile d'Yeu

**A5 5000 von Fromentine nach Port-Joinville Rue du Marché ile-yeu.fr**

Die Insel ist beliebt bei Sommerurlaubern. Am Port-de-la-Meule stößt man auf eine Burgruine (11. Jh.) und einen neolithischen Steingiganten, Pierre Tremblante genannt, da er bei Druck auf eine bestimmte Stelle schwankt.

6

## Saint-Nazaire

**A4 66 km westl. von Nantes 72 000 Gare St-Nazaire 3, blvd de la Légion d'Honneur, +33 (0)2 4022 4065 saint-nazaire-tourisme.com**

Die am Nordufer der Loire gelegene Industriestadt besitzt mehrere Museen. Das **Escal'Atlantic** widmet sich der Geschichte des Kreuzfahrtschiffbaus der Stadt, das EOL Centre Éolien dokumentiert die Arbeit von Windkraftanlagen, das **Écomusée de Saint-Nazaire** illustriert die Geschichte der Stadt. Besucher können auch die Industriestandorte Airbus Atlantic und Chantiers de l'Atlantique besichtigen.

**Escal'Atlantic**
**Boulevard de la Légion d'Honneur Feb – Juni, Sep – Anfang Nov: tägl. 10 – 13, 14 – 18 (Feb, März: Di – So); Juli, Aug: tägl. 9:30 – 19:30 saint-nazaire-tourisme.com**

**Écomusée de Saint-Nazaire**
**Avenue de Saint-Hubert Zeiten der Website entnehmen saint-nazaire-tourisme.com**

## Les Sables-d'Olonne

**B5 16 000 1, promenade Wilson, +33 (0)2 5196 8585 Di – So lessablesdolonne-tourisme.com**

Der feine, geschwungene Sandstrand erklärt die Beliebtheit des elegantesten Badeorts Westfrankreichs. Außer mit Strand lockt Les Sables mit Highlights wie dem Morgenmarkt. Er findet in den Markthallen (Les Halles) nahe der Kirche Notre-Dame-de-Bon-Port statt. Zwischen Les Halles und der Rue de la Patrie verläuft Frankreichs schmalste Straße, die am Endpunkt, bei der Rue de la Patrie, lediglich 53 Zentimeter breite Rue de l'Enfer.

Das **Musée de l'Abbaye Ste-Croix** präsentiert Albert Marquets Ansichten von Les Sables aus den 1920er Jahren sowie moderne Gemälde und surrealistische Werke.

→ *Platz mit Straßencafé und Brunnen in Les Sables-d'Olonne*

## Shopping

**Squid Surfboards**
Das Geschäft verkauft Surfbretter aus recycelten Materialien wie Plastikflaschen sowie aus Biomasse.

**A5 10, av de la Plage, Bretignolles-sur-Mer squid-surfboards.com**

**Musée de l'Abbaye Ste-Croix**
**Rue de Verdun Zeiten der Website entnehmen 1. Jan, 1. Mai, 25. Dez lemasc.fr**

8

## La Roche-sur-Yon

B5 54 000
7, pl du Marché, +33 (0)2 5136 0085 Di–Sa
ot-roche-sur-yon.fr

Seinen Aufstieg verdankt der Ort Napoléon Bonaparte, der ihn 1804 zur Hauptstadt der rebellischen Vendée erhob. Auf der heutigen Place Napoléon steht des Kaisers Reiterstandbild. Mit der Église St-Louis (19. Jh.) besitzt die Stadt die größte Kirche der Umgebung.

Zu den prächtigsten Gebäuden des 19. Jahrhunderts gehören die Eglise St-Louis, das klassische Theater und das **Musée de la Roche-sur-Yon** mit schönen Gemälden. Im Gestüt **Haras de la Vendée** finden Reitveranstaltungen statt.

**Musée de la Roche-sur-Yon**
La Roche-sur-Yon
+33 (0)2 5147 4835
Di–Fr 13–18, Sa, So 11–18 Feiertage

**Haras de la Vendée**
120, blvd des États-Unis Apr: So–Do; Juli, Aug: tägl.; Mai, Juni, Sep–Dez: für Veranstaltungen (Termine siehe Website)
nossites.vendee.fr

9

## Luçon

B5 10 000
Pl Édouard Herriot, +33 (0)2 5156 3737

Prominentester Einwohner dieses einst in der Marsch gelegenen Hafens war Kardinal Richelieu *(siehe S. 118f)*, der Luçon Frankreichs schlammigstes Bistum nannte. Er traf 1608 als 23-jähriger Bischof hier ein und machte sich an die Umgestaltung der Stadt. Seine Statue wacht am Platz südlich der Cathédrale Notre-Dame.

Vom Hauptschiff der Kathedrale zweigen Seitenkapellen ab. Eine birgt eine bemalte Kanzel und zwei Gemälde von Richelieus Amtsnachfolger, Bischof und Maler Pierre Nivelle. Sehenswert ist auch der Kreuzgang (16. Jh.).

## Fontenay-le-Comte

C5 15 000 Niort
Pl de Verdun, +33 (0)2 5169 4499 Sa
fontenay-vendee-tourisme.com

Der Ort war Hauptstadt des Bas-Poitou. Napoléon degradierte ihn zugunsten von Roche-sur-Yon.

### Vendée-Aufstand

Die Hinrichtung Ludwigs XVI. 1793 löste in der Vendée Unruhen aus. Adlige, darunter Charette, Bonchamps und La Rochejaquelain, und Bauern kämpften unter dem Banner des heiligen Herzens. Sie nahmen als die »Weißen« (die Große Königliche und Katholische Armee) nahezu die gesamte Vendée ein, wurden jedoch im Oktober bei Cholet von republikanischen Armeen, den »Blauen«, besiegt. Die »Blauen« verwüsteten 1794 die Vendée und töteten über 250 000 Einwohner.

Ein guter Ausgangspunkt für Streifzüge durch die alten Straßen um die Place Viète ist die Église Notre-Dame. Das Haus mit dem Ecktürmchen in der Rue du Pont-aux-Chèvres 9 diente als Residenz der Bischöfe von Maillezais. Rue Guillemet, Rue des Jacobins und die arkadengesäumte Place Belliard beherbergten Größen wie den Dichter Nicolas Rapin und François Rabelais *(siehe S. 116)*. Der Brunnen Quatre-Tias (16. Jh.) in der Rue de la Fontaine trägt das eingravierte Motto der Stadt: »Quell edler Geister«.

Das **Musée de Fontenay-le-Comte** zeigt galloromische Funde sowie ein maßstabsgetreues Modell des Renaissance-Stadtbilds. Gemälde aus dem 19. Jahrhundert schildern die Folgen des Vendée-Aufstands (1793), andere Exponate den Alltag im *bocage*, dem an die Stadt grenzenden Wald.

Der Poet und Probst Nicolas Rapin baute zu Beginn des 17. Jahrhunderts einen Herrensitz zum **Château de Terre-Neuve** um. Höhepunkte der Ausstattung sind prächtige Kamine, eine Bil-

↑ *Blick über den Teich nahe dem Zentrum von La Roche-sur-Yon*

↑ *Abschnitt der im 12. Jahrhundert angelegten Stadtmauer von Vouvant*

dersammlung, edle Möbel, und schöne Vertäfelungen.

**Musée de Fontenay-le-Comte**
Pl du 137e Régiment d'Infanterie +33 (0)2 5153 4004 voraussichtlich bis 2025

**Château de Terre-Neuve**
Rue de Jarnigande Zeiten der Website entnehmen W chateau-terreneuve.com

## Vouvant

**C5 1000 Fontenay-le-Comte Luçon Pl du Bail Fête Franco Britannique (zweiter So im Aug) W fontenay-vendee-tourisme.com**

Hauptsehenswürdigkeit der romanischen Église Notre-Dame von Vouvant ist ihr prachtvolles Zwillingsportal: Über dem mit einem Bestiarium illustrierten Rundbogen wachen in Reihen Skulpturen. Im Tympanon ringt Samson mit dem Löwen, während Delila ihm den Quell seiner Kraft, das Haupthaar, zu rauben droht.

Von Vouvant aus kann man im Mervant-Vouvant-Wald spazieren gehen. Dort gibt es Wander- und Radwege, Grotten – und Reminiszenzen an die Meerfee Melusine, die als Mensch leben wollte, doch einmal wöchentlich wieder Nixengestalt annahm.

**Schon gewusst?**

Fontenay-le-Comte trägt die Auszeichnung *ville d'art et d'histoire* (Stadt der Kunst und Geschichte).

## Vendée Bocage

**B5 Puy du Foy W vendeebocage.fr**

Dieses ländliche Gebiet umfasst Weiden und Hügel *(collines Vendéennes)*. Einen schönen Blick bietet der Mont des Alouettes (232 m), auf dem eine Kapelle mit Bleiglasfenstern steht. St-Michel-Mont-Mercure ist mit 290 Metern höchstgelegene Gemeinde in der Vendée. Den Glockenturm krönt eine vergoldete Engelsstatue, 199 Stufen führen hinauf.

Im Nordosten liegt das Sèvre-Nantaise-Tal mit dem **Château de Tiffauges** (12. Jh.), das schon oft als Filmkulisse diente. Westlich von Rabatelière erreicht man **Le Sanctuaire de la Salette**, eine Ansammlung von Denkmälern (19. Jh.) von Abbé Hillairet. Einen Besuch lohnt auch das **Logis de la Chabotterie.** François Charette, einer der Anführer beim Vendée-Aufstand, wurde auf dem Gelände gefangen genommen. Eine Ausstellung widmet sich dem Thema.

**Château de Tiffauges**
Tiffauges Gare de Torfou-Tiffauges tägl. W nossites.vendee.fr

**Le Sanctuaire de la Salette**
101 La Salette, La Rabetelière Gare de Torfou-Tiffauges tägl.

**Logis de la Chabotterie**
Saint-Sulpice-le-Verdon, Montréverd Gare de Torfou-Tiffauges Jan, Apr – Sep W nossites.vendee.fr

13

## Clisson

B4 7000 Pl du Minage, +33 (0)2 4054 0295 Les Médiévales (letztes Wochenende Juli) levignobledenantes-tourisme.com

Clisson nimmt zwei Hügel beiderseits des Flusses Sèvre Nantaise ein. Das Ortsbild hat italienischen Anstrich. 1794, nach der Niederschlagung des Vendée-Aufstands, verwüsteten republikanische Truppen weite Teile der Stadt. Ihren Wiederaufbau verdankt sie den Brüdern Pierre und François Cacault, die dafür den Bildhauer Frédéric Lemot engagierten. Lemots Landsitz, der **Parc de la Garenne Lemot** mit der Villa Lemot, ist mit seinen Grotten und Grabmälern eine Hommage an das antike Rom.

Das verfallene **Château de Clisson** (12.–16. Jh.) war eine Schlüsselbastion der bretonischen Herzöge. Es spiegelt die Entwicklung der Wehrarchitektur wider. Besucher können die Verliese sehen und den Brunnen, der bei der Bestrafung der Vendée Ort einer Bluttat war: Republikanische Soldaten töteten 18 Menschen. Der überdachte Renaissancemarkt neben der Burg blieb unversehrt.

In den Weingütern außerhalb der Stadt werden Muscadet-Weißweine produziert.

### Cinéscénie

Mit einem Aufgebot von 1100 Darstellern und 14 000 Sitzplätzen ist Puy du Fou Nachtvorstellung eine Großveranstaltung. Hier wird die Historie der Vendée mit moderner multimedialer Freilicht-Bühnentechnik in Szene gesetzt: Computer steuern Laserbeleuchtung, Musik, Wasserspiele und Feuerwerk. Vor der Kulisse der Schlossruine und des Sees formieren sich Hunderte lokaler Laienschauspieler zu Szenen, in denen getanzt und getrauert, im Turnier und auf dem Schlachtfeld gekämpft wird.

**Parc de la Garenne Lemot**
+33 (02) 4054 7585
Park: tägl.; Villa Lemot: nur für Ausstellungen

**Château de Clisson**
Pl du Minage
+33 (02) 4054 0222
Zeiten tel. erfragen

14

## Puy du Fou

C5 Cholet, dann Taxi puydufou.com

Das Renaissanceschloss liegt rund zwei Kilometer vom Weiler Les Epesses entfernt. Es wurde im Vendée-Aufstand zerstört und später teilweise restauriert. Heute ist das Anwesen Standort des Themenparks **Le Grand Parc**, der zahlreiche Attraktionen bietet. Auf dem Gelände befinden sich zwei rekonstruierte Dörfer, eines aus dem Mittelalter und eines aus dem 18. Jahrhundert. In Trachten gekleidete »Dorfbewohner« und Kunsthandwerker beleben die Szenerie. Zudem gibt es einen Markt und ein Puppentheater. Täglich finden hier sechs Shows statt – von Ritterturnieren und Gladiatorenkämpfen über Wikingerangriffe bis zur Falkenschau.

Das Schloss ist auch die Kulisse für die **Cinéscénie**, ein spannendes Son-et-Lumière-Spektakel. Für diese Show benötigen Sie ein separates Ticket.

*Das Château de Clisson am Ufer des Sèvre Nantaise* ↑

**Le Grand Parc**
+33 (8) 2009 1010 Mitte Apr – Sep: tägl. (vorher anrufen)

**Cinéscénie**
+33 (0)8 2009 1010 Juni – Mitte Sep: Fr, Sa; Show: Juni, Juli: 22:30; Aug – Anfang Sep: 22 (Einlass 1 Std. vorher); Reservierung erforderlich

## 15 Pouzauges

**C5 6000 La Roche 30, pl de l'Église, +33 (0)2 5191 8246 tourisme-paysdepouzauges.fr**

Die verfallene Burg (12. Jh.) des Städtchens gehörte im 15. Jahrhundert Marschall Gilles de Rais, einem Kampfgefährten von Jeanne d'Arc. Anklagen wegen Entführung und Mordes beendeten seine glanzvolle militärische Karriere – ein Stoff, aus dem die Sage vom Ritter Blaubart schöpfte.

Die Église Notre-Dame du Vieux-Pouzauges zählt zu den Perlen der Vendée. Ihre 1948 freigelegten Fresken (13. Jh.) schildern Szenen aus dem Leben der Jungfrau Maria und ihrer Familie.

## 16 Château de Goulaine

**B4 Nantes, dann Taxi Bas Goulaine +33 (0)2 4054 9142 Zeiten der Website entnehmen Les Spectacles (25. Sep – 29. Okt: Fr – So) Feiertage chateaudegoulaine.fr**

Das westlichste Schloss des Loire-Gebiets erhebt sich im Südosten von Nantes. Es ist seit über 1000 Jahren im Besitz derselben Familie, die hier Wein produziert. Das heutige Hauptgebäude ist aus dem 15., die Flügel aus dem 17. Jahrhundert. Aus dem 14. Jahrhundert hat ein Turm überdauert. Einen Seitenturm ziert eine Skulptur der Yolande de Goulaine. Sie soll mit der Drohung, sich eher zu erdolchen, als sich den Engländern zu ergeben, den Kampfgeist ihrer Mannen angestachelt haben. Das Schloss überstand die Französische Revolution unbeschadet, weil die Eigentümer es an einen Holländer veräußerten – um es 70 Jahre später zurückzukaufen. Marquis Robert de Goulaine ließ das Anwesen restaurieren und einen Schmetterlingspark einrichten. Schmetterlinge zieren das Etikett des Muscadet-Weins.

**Marquis Robert de Goulaine ließ das Anwesen restaurieren und einen Schmetterlingspark einrichten. Schmetterlinge zieren das Etikett des Muscadet-Weins.**

### Restaurant

**Voitures des Grands Express**

Genießen Sie bei der Fahrt von Mortagne-sur-Sèvre durch die bezaubernde Landschaft der Vendée ein Mittagessen im Speisewagen eines ehemaligen Orient-Express-Waggons.

**C5 2, av de la Gare, Mortagne-sur-Sèvre**
**vendeetrain.fr**

€€€

# REISE-INFOS

Im Zentrum von Tours

069M1

# LOIRE-TAL
# REISEPLANUNG



**Mit etwas Planung sind die Vorbereitungen für die Reise schnell zu erledigen. Die folgenden Seiten bieten Ihnen Tipps und Hinweise für Anreise und Aufenthalt.**

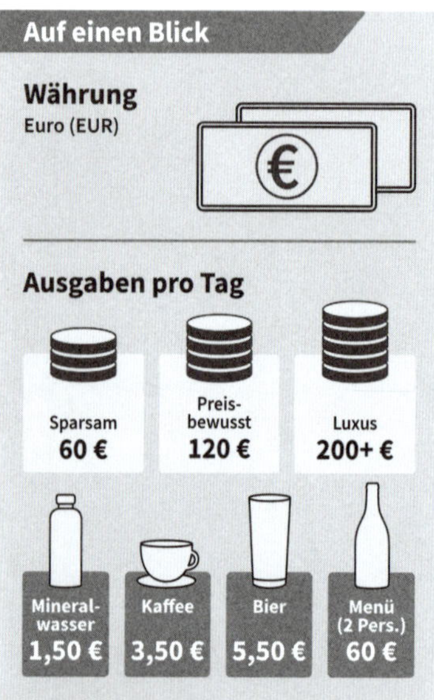

### Französische Ausdrücke

| | |
|---|---|
| Guten Tag/ Hallo | Bonjour |
| Auf Wiedersehen | Au revoir |
| Bitte | S'il vous plaît |
| Danke | Merci |
| Sprechen Sie Deutsch? | Parlez-vous allemand? |
| Ich verstehe nicht. | Je ne comprend pas. |

### Strom

In Frankreich beträgt die Stromspannung wie überall in Europa 230 Volt, 50 Hz. Adapter sind nicht erforderlich; flache zweipolige Stecker passen immer.

## Einreise

Für Bürger aus Mitgliedsstaaten der Europäischen Union und der Schweiz gibt es bei der Ein- und Ausreise keinerlei Grenzkontrollen. Für Ihren Aufenthalt ist jedoch ein gültiger Personalausweis bzw. Reisepass erforderlich, um sich jederzeit ausweisen zu können. Auch Kinder jeden Alters benötigen einen eigenen Ausweis.

## Sicherheitshinweise

Aufgrund unvorhersehbarer Entwicklungen kann es zu Änderungen und Einschränkungen kommen. Aktuelle Hinweise zur Einreise sowie Sicherheitshinweise bieten das deutsche Auswärtige Amt (www.auswaertiges-amt.de), das österreichische Bundesministerium für europäische und internationale Angelegenheiten (www.bmeia.gv.at) oder das Eidgenössische Departement für auswärtige Angelegenheiten der Schweiz (www.eda.admin.ch).

## Zoll

Frankreich wendet das Schengen-Abkommen an. Bürger aus EU-Staaten und der Schweiz dürfen alle Waren für den persönlichen Gebrauch zollfrei ein- oder ausführen. Dafür werden etwa bei Tabakwaren, Alkohol und Bargeld bestimmte Grenzwerte angesetzt.

Weitere Informationen zu geltenden Zollvorschriften bieten das Auswärtige Amt *(siehe oben)* und die Bundeszollverwaltung (www.zoll.de).

## Versicherungen

Da man bestimmte medizinische Leistungen selbst bezahlen muss, ist möglicherweise der Abschluss einer Auslandskrankenversicherung zu erwägen, die auch einen Krankenrücktransport oder teure Zahnarztkosten miteinschließt *(siehe S. 213)*.

Auch der Abschluss einer Reiseversicherung (u. a. gegen Diebstahl) kann sinnvoll sein. Manche Haftpflichtpolicen gelten auch im Ausland – aber nicht alle. Für das Auto besorgt man sich vor Reiseantritt die bewährte »Grüne Karte«, die in allen europäischen Ländern gilt.

## Hotels

Das Loire-Tal verfügt über ein riesiges Angebot an Unterkünften aller Preiskategorien – von Luxushotels über familienbetriebene Pensionen, Apartments und Privatzimmer bis zu Hostels und Campingplätzen. Für einen Urlaub in ländlichen Regionen bieten sich *gîtes* an. Dabei handelt es sich oft um zu Ferienunterkünften umgestaltete Bauernhäuser.

Hauptsaison sind die Sommermonate sowie die Zeit zwischen Weihnachten und Neujahr. Wenn Sie Ihren Aufenthalt für eine Hauptreisezeit planen, müssen Sie mit teils deutlich höheren Preisen rechnen. Auch wegen der großen Nachfrage ist dann frühzeitige Reservierung zu empfehlen. Tourismusbüros können Ihnen dabei behilflich sein.

## Bezahlen

Bargeldloses Bezahlen rückt immer stärker in den Vordergrund. Die allermeisten Hotels und Restaurants sowie viele Läden akzeptieren die gängigen Kredit- und Debitkarten. Trotzdem sollten Sie unterwegs immer etwas Bargeld für Kleinigkeiten dabeihaben – für einen Kaffee, ein Eis oder einen Snack an der Straße. Auf Wochenmärkten und in kleineren Familienbetrieben ist immer noch Barzahlung Usus.

Besonders in den Stadtzentren findet man an nahezu jeder Ecke einen Geldautomaten, an dem man rund um die Uhr Geld abheben kann. Auch in kleinen Orten kann man unabhängig von den Banköffnungszeiten Geld ziehen. Bei Verlust Ihrer Kredit- oder Debitkarte lassen Sie diese sofort sperren.

**Allgemeine Notrufnummer**
**116 116**

## Reisende mit besonderen Bedürfnissen

In vielen mittelalterlich geprägten Dörfern des Loire-Tals sind die engen, steilen und häufig auch kopfsteingepflasterten Gassen für Rollstuhlfahrer problematisch. Insgesamt jedoch ist die Situation für Menschen mit eingeschränkter Mobilität gut, viele Attraktionen bieten spezielle Dienstleistungen an.

Organisationen wie **Association Tourisme & Handicaps** und **APF France handicap** bieten umfassende Informationen zur Zugänglichkeit von Sehenswürdigkeiten und Unterkünften im Loire-Tal. Das Portal Accès plus der französischen Eisenbahngesellschaft **SNCF** informiert über barrierefreies Zugreisen und verfügt über einen speziellen Buchungsservice für Reisende mit besonderen Bedürfnissen.

**APF France handicap**
**W apf-francehandicap.org**
**Association Tourisme & Handicaps**
**W tourisme-handicaps.org**
**SNCF**
**W accessibilite.sncf.com**

## Sprache

Viele Mitarbeiter in Tourist-Informationen und bei wichtigen Sehenswürdigkeiten sprechen Englisch. Deutsch ist weniger verbreitet. Es kann nicht schaden, sich ein paar geläufige französische Begriffe und Redewendungen anzueignen. Eine gute Basis für viele Alltagssituationen vermittelt der Sprachführer *(siehe S. 220–222)*.

## Öffnungszeiten

**Mittags** Kleinere Läden und Museen schließen mittags für ein bis zwei Stunden.
**Montag** Viele städtische Museen, kleine Läden sowie Restaurants und Bars bleiben montags geschlossen.
**Sonntag** Läden bleiben geschlossen.
**Feiertage** Läden sowie viele Museen haben an (manchen) Feiertagen geschlossen.

### Feiertage

| | |
|---|---|
| 1. Jan | Jour de l'An (Neujahr) |
| März/Apr | Lundi de Pâques (Ostermontag) |
| 1. Mai | Fête du Travail (Tag der Arbeit) |
| 8. Mai | Fête de la Victoire (Tag des Siegs 1945) |
| Mai/Juni | L'Ascension (Christi Himmelfahrt) |
| Mai/Juni | Lundi de Pentecôte (Pfingstmontag) |
| 14. Juli | La fête nationale (Nationalfeiertag) |
| 15. Aug | L'Assomption (Mariä Himmelfahrt) |
| 1. Nov | Toussaint (Allerheiligen) |
| 11. Nov | Armistice (Waffenstillstand 1918) |
| 25. Dez | Noël (Weihnachten) |

# IM LOIRE-TAL UNTERWEGS

**Ob für eine Schlössertour, eine Städtereise oder Ferien in der Natur – hier erhalten Sie Informationen zur Anreise und zu den Transportmöglichkeiten im Loire-Tal.**

## Auf einen Blick

### Ticketpreise

### Tempolimits

**Innerhalb von Ortschaften**
**50 km/h**

**Außerhalb von Ortschaften**
**80 km/h**

**Schnellstraßen**
**110 km/h**

**Autobahnen**
**130 km/h**

## Anreise mit dem Flugzeug

Der elf Kilometer südwestlich von Nantes gelegene **Aéroport Nantes Atlantique** ist die Drehscheibe für den Flugverkehr im Loire-Tal. Von hier gibt es Direktverbindungen mit einigen mitteleuropäischen Städten, darunter Frankfurt, München, Berlin, Zürich, Genf und Basel. Auch der **Aéroport Tours Val de Loire** sechs Kilometer nordöstlich von Tours fertigt internationale Flüge ab.

Die Flughäfen Charles de Gaulle und Orly in Paris sind die nächstgelegenen internationalen Drehkreuze. Beachten Sie: In Frankreich werden keine Inlandsflüge mehr angeboten, wenn für die Strecke eine direkte Bahnverbindung unter 2:30 Stunden vorhanden ist.

**Aéroport Nantes Atlantique**
**W nantes.aeroport.fr**
**Aéroport Tours Val de Loire**
**W tours.aeroport.fr**

## Anreise mit dem Zug

### Internationale Züge

Die Anreise mit der Bahn ins Loire-Tal ist schnell und bequem. Die schnellsten Verbindungen bieten Hochgeschwindigkeitszüge wie der ICE, die an das Schienennetz des französischen TGV *(train à grande vitesse)* angeschlossen sind. Viele Zugreisende werden das Loire-Tal via Paris mit Zügen dieses Typs erreichen, sie verbinden die meisten Großstädte Frankreichs mit Höchstgeschwindigkeiten von über 300 km/h.

Für alle TGVs muss man seinen Sitzplatz reservieren. Da die Tickets schnell ausgebucht sind, sollte dies möglichst frühzeitig geschehen.

In Frankreich kann man auch mit Bahnpässen **Interrail** reisen.

**Interrail**
**W interrail.eu**

### Regional- und Lokalzüge

Auch im Loire-Tal sind größere Städte an das TGV-Netz angeschlossen, kleinere Orte erreicht man mit dem **TER** *(train express régional)*. Der TER 200 Interloire fährt zwischen

## Von den Flughäfen in die Stadt

| Flughafen | Entfernung zum Zentrum | Preis (Taxi) | Verkehrsmittel | Fahrzeit |
|---|---|---|---|---|
| Nantes Atlantique | 11 km | 25 € | Bus | 35 Min. |
| Tours Val de Loire | 6 km | 20 € | Bus | 30 Min. |

## Zugverbindungen

Die Karte zeigt direkte Zugverbindungen zwischen einigen der größten Städte im Loire-Tal sowie mit Paris. Die unten angegebenen Fahrzeiten beziehen sich auf die jeweils schnellste Verbindung.

••• Direkte Zugverbindungen

Paris
Le Mans
Orléans
Blois
Amboise
Chenonceau
Tours
Angers
Saumur
Saint-Nazaire
Nantes
Bourges

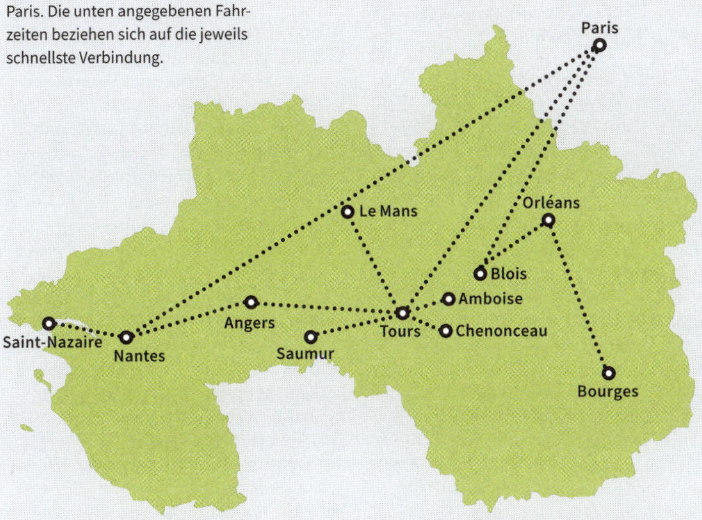

| | | | |
|---|---|---|---|
| Paris – Blois | 1:30 Std. | Tours – Le Mans | 2 Std. |
| Paris – Tours | 1 Std. | Tours – Chenonceau | 0:30 Std. |
| Paris – Nantes | 2:30 Std. | Tours – Saumur | 0:50 Std. |
| Bourges – Orléans | 1:10 Std. | Tours – Angers | 1:20 Std. |
| Orléans – Blois | 1 Std. | Angers – Nantes | 0:40 Std. |
| Amboise – Tours | 0:35 Std. | Nantes – St-Nazaire | 0:35 Std. |

Orléans im Osten und Le Croisic an der Atlantikküste im Westen.

Manche der Streckenabschnitte entlang der Loire – wie etwa die Verbindung zwischen Nantes und Angers – sind dermaßen beliebt, dass man – insbesondere in Ferienzeiten – die Zugtickets möglichst frühzeitig reservieren sollte.

**TER**
**W sncf-connect.com/de-de/ter**

## Anreise mit dem Bus

Busfahrten sind eine weitere Anreisemöglichkeit, das Angebot an Fahrstrecken ist groß. Busreisen sind zum Teil sehr viel günstiger als Bahnfahrten, dafür muss man eine verminderte Bewegungsfreiheit an Bord in Kauf nehmen. In vielen Reisebussen werden Fahrgäste mit Videofilmen unterhalten, manche bieten auf Nachtfahrten Liegesessel an. Getränke und in der Regel auch ein Imbiss sind im Bus erhältlich.

Busse von **Flixbus** fahren regelmäßig von vielen Städten nach Paris und weiter ins Loire-Tal. Die Busbahnhöfe, an denen die Fernbusse ankommen, befinden sich in der Regel in den Stadtzentren. Sie sind sehr gut an den öffentlichen Personennahverkehr angeschlossen.

Viele Reiseveranstalter bieten Pauschalreisen an, die neben der Anfahrt per Bus auch Unterkunft, Verpflegung und Führungen umfassen.

**Flixbus**
**W flixbus.fr**

## Öffentliche Verkehrsmittel

Jede größere Stadt im Loire-Tal verfügt über ein eigenes ÖPNV-System, das jeweils auch die äußeren Bezirke einschließt. Fahrpläne, Streckennetzpläne und Informationen zu den Tickets finden Sie auf den entsprechenden Websites. Nantes Métropole Mobilités (**Naolib**) organisiert den öffentlichen Nahverkehr in Nantes, **Irigo** in Angers, Société des Transports de l'Agglomération Mancelle (**SETRAM**) in Le Mans, **Filbleu** in Tours, **TAO** in Orléans, **Azalys** in Blois (mit Ausnahme des Shuttlebusses zwischen Blois und dem Château de Chambord), **AggloBus** in Bourges.

In den Städten des Loire-Tals ist das ÖPNV-System überaus effizient. In ländlichen Gebieten sind Busse das wichtigste öffentliche Verkehrsmittel. Dort beschränken sich die Betriebszeiten vieler Linien jedoch auf die Spitzenzeiten am Morgen und am späten Nachmittag, an Wochenenden werden manche Strecken überhaupt nicht bedient.

Das Réseau de Mobilité Interurbaine (**RÉMI**) ist das öffentliche Verkehrsnetz in der Region Centre-Val de Loire und verbindet die wichtigsten Städte sowie viele Touristenattraktionen wie etwa Schlösser verkehrstechnisch miteinander. Für die Region Pays de la Loire finden Sie auf der Website von **Aleop** Infos zum Zug- und Busverkehr.

**AggloBus**
**W agglobus.com**
**Aleop**
**W aleop.paysdelaloire.fr**
**Azalys**
**W azalys.agglopolys.fr**
**Filbleu**
**W filbleu.fr**
**Irigo**
**W irigo.fr**
**Naolib**
**W naolib.fr**
**RÉMI**
**W remi-centrevaldeloire.fr**
**SETRAM**
**W setram.fr**
**TAO**
**W tao-mobilites.fr**

## Taxis

Sie können ein Taxi auf der Straße anhalten, telefonisch bzw. per App bestellen oder am Taxistand nehmen. Taxis können auch über das Online-Portal **Taxis de France** gerufen werden, dort finden Sie auch eine Übersicht über die Tarife in den einzelnen Départments.

**Taxis de France**
**W taxis-de-france.com**

## Auto fahren

Das Straßennetz im Loire-Tal ist sehr gut ausgebaut. Die Hauptstrecken führen über die Autobahnen *(autoroutes)*. Viele Landstraßen verlaufen durch malerische Landschaften, insbesondere entlang den Flussufern. Beliebte Routen – z. B. an der Atlantikküste oder zwischen einzelnen Schlössern – sind in der Hauptreisezeit im Sommer besonders stark befahren.

In Städten jedoch sollten Sie auf das Auto verzichten. Staus und mühsame Parkplatzsuche kosten viel Zeit, das Netz von Einbahnstraßen kann verwirren, zudem sind in vielen Städten mehr oder weniger umfangreiche Verkehrsbeschränkungen zu beachten.

## Anreise mit dem Auto

Autofahrer müssen den nationalen Führerschein und den Fahrzeugschein griffbereit haben. In Frankreich ist es Vorschrift, ein Warndreieck, einen Verbandskasten und eine reflektierende Warnweste mitzuführen.

Wenn Sie Ihr Reiseziel schnell erreichen möchten, nehmen Sie entweder die Autobahn A11, die südwestlich von Paris über Chartres, Le Mans und Angers nach Nantes führt, oder die Route A85, die nordwestlich von Bourges über Tours nach Angers verläuft. Autobahnen sind in Frankreich mautpflichtig. Viele Mautstellen *(gares de péage)* sind nicht besetzt, man zahlt dann an Automaten mit Karte oder Bargeld. Gemütlicher (und günstiger) als auf Autobahnen fährt man durch das Loire-Tal auf Landstraßen.

Die Zahl der Ladestationen für Elektroautos wächst auch im Loire-Tal rasant. Sie finden sie an Autobahnraststätten sowie in den Städten in immer größerer Zahl an Parkplätzen. Auch immer mehr Dörfer verfügen über Ladestationen, die sich dann meist am Hauptplatz befinden.

Bei einem Unfall oder einer Panne wenden Sie sich am besten an einen Automobilclub wie den **ADAC**.

**ADAC**
**W adac.de**
**☎ +49 89 22 22 22**

## Autovermietung

Wer in Frankreich ein Auto mieten will, muss mindestens 21 Jahre alt sein und ein Jahr den Führerschein besitzen. Ihr nationaler Führerschein wird akzeptiert. Mietwagenfirmen verlangen in der Regel als Sicherheit die Vorlage einer Kreditkarte.

## Verkehrsregeln

Für alle Insassen (auch auf der Rückbank) besteht Anschnallpflicht. Die Benutzung von Mobiltelefonen am Steuer ohne Freisprechanlage sowie Geschwindigkeitsübertretungen *(siehe S. 208)* und Überschreitungen der erlaubten Alkoholgrenze von 0,5 Promille werden mit recht hohen Geldbußen belegt. Beachten Sie: In Frankreich ausgestellte Strafzettel werden auch in Deutschland nachverfolgt.

Für Motorrad- und Rollerfahrer besteht Helmpflicht. In Städten ist das Hupen verboten. Ausgewiesene Busspuren dürfen nicht befahren werden.

## Parken

Parken unterliegt in Städten strengen Vorschriften, achten Sie auf die entsprechenden Schilder und Hinweise. Falsch parkende Autos werden rasch abgeschleppt, die Wiederbeschaffung ist teuer und zeitaufwendig.

Nutzen Sie in größeren Städten wie etwa Nantes und Orléans das gut ausgebaute Park-and-Ride-System und fahren dort von den meist etwas abseits gelegenen Parkplätzen mit öffentlichen Verkehrsmitteln ins Zentrum.

## Radfahren

Die überwiegend flache Landschaft macht das Loire-Tal zu einem wahren Paradies für Radfahrer. Viele Schlösser liegen so dicht beieinander, dass man in nur wenigen Tagen mehrere mit dem Rad ansteuern kann.

Das Netz an Radwegen im Loire-Tal hat eine Gesamtlänge von rund 5000 Kilometern, weite Strecken führen durch idyllische Landschaften fernab des Autoverkehrs. Auch einige Fernradwege verlaufen durch die Region, sehr beliebt ist vor allem **La Loire à Vélo** *(siehe S. 47)*, der von Cuffy über rund 900 Kilometer bis zur Atlantikküste führt. Entlang der Strecke gibt es zahlreiche Fahrradverleihstellen (auch für E-Bikes). Hotels, Pensionen und Campingplätze, die mit dem entsprechenden grün-weißen Schild mit der Aufschrift *Accueil Vélo* gekennzeichnet sind, heißen Radfahrer willkommen und bieten bei Bedarf einen Gepäckservice zum nächsten Etappenziel.

In vielen Städten des Loire-Tals gibt es Bike-Sharing-Systeme. Dazu gehören etwa das Programm **Vélo Naolib** in Nantes und **Vélo+** in Orléans.

In Nahverkehrszügen darf man Fahrräder meist kostenlos transportieren. Auf Hauptstrecken der SNCF muss man sie registrieren lassen und eine Gebühr entrichten. Von Juni bis September werden Passagiere mit Rad in speziell ausgestatteten Zügen (Trains Loire à Vélo) kostenlos befördert, so kann man auf längeren Radtouren auch eine Etappe »überspringen« oder mit dem Zug wieder zum Ausgangspunkt zurückkehren. Plätze in diesen Zügen müssen im Voraus reserviert werden.

Autobahnen und einige andere Schnellstraßen sind Radfahrern verwehrt; weiße Schilder mit rotem Rand und einem Radler in der Mitte weisen darauf hin. Sind Fahrradwege vorhanden, ist ihre Benutzung Pflicht. Das Tragen eines Helms ist nicht verpflichtend, wird aber dringend empfohlen.

**La Loire à Vélo**
**W loireavelo.fr**
**Vélo Naolib**
**W velo.naolib.fr**
**Vélo+**
**W cykleo.fr**

## Boote und Fähren

Boote spielen auf der Loire als Transportmittel eine relativ geringe Rolle. Zu den wichtigsten Routen zählt die von April bis Oktober von **Marine et Loire** betriebene Verbindung zwischen Nantes und St-Nazaire. Die Boote sind nicht rollstuhlgerecht, im Juli und August dürfen keine Fahrräder mitgeführt werden.

An mehreren Stelle kann man mit Fähren an das gegenüberliegende Ufer der Loire übersetzen.

**Marine et Loire**
**W marineetloire.fr**

## Zu Fuß

Ob in Weinbauregionen, am Ufer von Flüssen und Kanälen oder entlang der Atlantikküste: Zahlreiche traumhaft schöne Wanderwege durchziehen das Loire-Tal. Obwohl diese Routen in der Regel gut ausgeschildert sind, empfiehlt sich die Verwendung von detailliertem Kartenmaterial.

In den Städten liegen die Sehenswürdigkeiten meist nahe beieinander, sodass man dort zu Fuß am besten unterwegs ist.

# PRAKTISCHE HINWEISE

**Das Loire-Tal ist nicht nur ein traumhaftes, sondern auch ein unkompliziertes Reiseziel. Trotzdem können ein paar Hinweise zu den Gepflogenheiten vor Ort nicht schaden.**

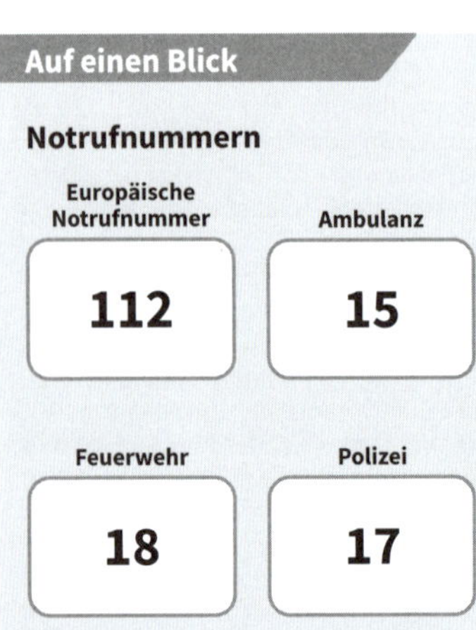


**Zeit**
MEZ (Mitteleuropäische Zeit); von Ende März bis Ende Oktober MESZ (Mitteleuropäische Sommerzeit)

**Leitungswasser**
Falls nicht anders angegeben, ist Leitungswasser trinkbar. Trinken Sie nicht aus Brunnen.

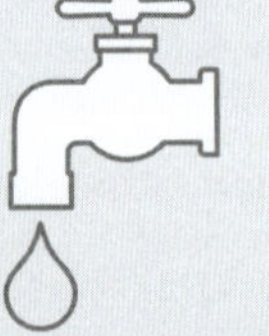

**Trinkgelder**

| | |
|---|---|
| Bedienung | 5–10 % |
| Gepäckträger | 1 € pro Gepäckstück |
| Zimmermädchen | 1 € am Tag |
| Hotelportier | 1–2 € |
| Taxifahrer | nach Belieben |

## Information

Eine sehr hilfreiche Quelle ist das Internet-Portal **France Tourism** *(siehe Kasten S. 213)*, auf dessen Website man sich schon vor der Reise informieren kann. Auch alle größeren Orte haben eine eigene Website, wo man ebenfalls viele Informationen erhält.

Vor Ort helfen Touristenbüros weiter. Sie versorgen Besucher mit kostenlosen Karten und Stadtplänen, informieren über Ausflugsmöglichkeiten und Verkehrsmittel und unterstützen auch bei der Suche noch Hotel- oder Privatzimmern.

## Persönliche Sicherheit

Das Loire-Tal ist ein insgesamt sicheres Reiseziel. Selbstverständlich sollten Sie auch hier die auf Reisen übliche Umsicht an den Tag legen, zum Beispiel Ihre Wertgegenstände nicht unbewacht lassen und nachts verlassene, dunkle Gegenden meiden.

Taschendiebe sind besonders dort aktiv, wo viele Menschen zusammenkommen, also z. B. in öffentlichen Verkehrsmitteln während der Stoßzeiten, an Bahnhöfen und Flughäfen sowie in Einkaufszentren. Achten Sie jederzeit auf Ihre Wertgegenstände, sofern Sie diese nicht ohnehin im Safe Ihres Hotels lassen wollen. Wird Ihnen trotz aller Vorsichtsmaßnahmen etwas gestohlen, melden Sie dies unverzüglich auf dem nächsten Polizeirevier. Für Ihre Versicherung brauchen Sie unbedingt eine Kopie des Polizeiprotokolls.

Beim Verlust von Pass oder Personalausweis oder wenn Sie anderweitig in größere Schwierigkeiten geraten, wenden Sie sich an die Botschaft oder ein Konsulat Ihres Heimatlandes.

**Deutsche Botschaft**
**13/15, av Franklin D. Roosevelt, 75008 Paris +33 1 5383 4500 allemagneenfrance.diplo.de**

**Österreichische Botschaft**
**6, rue Fabert, 75007 Paris +33 1 4063 3063 bmeia.gv.at/oeb-paris**

**Schweizer Botschaft**
**142, rue de Grenelle, 75007 Paris +33 1 4955 6700 eda.admin.ch**

### Gesundheit

Bei kleineren gesundheitlichen Problemen bekommen Sie in einer Apotheke *(pharmacie)* die benötigten Medikamente. Einige sind rund um die Uhr geöffnet. Einen Hinweis auf die nächstgelegene Apotheke mit Nachtdienst finden Sie an den Türen der Apotheken.

Gesetzlich versicherte Reisende aus EU-Staaten und der Schweiz haben in Frankreich Anspruch auf medizinische Versorgung. Hierfür benötigen Sie die Europäische Versicherungskarte (EHIC). Es kann vorkommen, dass Sie spezielle Leistungen selbst bezahlen müssen. Daher lohnt sich zusätzlich eine private Reisekrankenversicherung *(siehe S. 206)*.

### Etikette

Rauchen ist in Frankreich in allen öffentlichen Gebäuden, also auch in Restaurants, Cafés und Bars, verboten. Dies gilt auch für überdachte Terrassen, nur auf offenen Terrassen darf geraucht werden.

Der Zutritt zu Kirchen, von denen viele mit wertvollen Kunstwerken bestückt sind, ist in der Regel frei. Für die Besichtigung einzelner Bereiche (u. a. Kapellen, Krypten oder Katakomben) kann vereinzelt eine kleine Gebühr erhoben werden. Spenden werden jederzeit gern gesehen.

Betreten Sie Kirchen nur in angemessener Kleidung: Oberarme, Schultern und Knie sind bedeckt zu halten.

### Mobiltelefone und WLAN

Alle in Europa gängigen Handys und Smartphones funktionieren auch in Frankreich problemlos. Seit Abschaffung der Roaming-Gebühren können EU-Bürger auch in Frankreich ihr Mobiltelefon ohne zusätzliche Kosten benutzen.

In fast allen Hotels, an Flughäfen und in Bahnhöfen sowie auf vielen öffentlichen Plätzen und in Cafés und Bars gibt es WLAN-Hotspots. Das Einloggen ist oft kostenlos. In den Städten kann man immer noch in einigen Internet-Cafés online gehen.

### Post

Der Postdienst in Frankreich funktioniert sehr schnell und reibungslos. Briefmarken *(timbres)* bekommt man in Postämtern und *tabacs*. Ein Standardbrief oder eine Postkarte (als *lettre prioritaire*) kostet innerhalb Frankreichs 1,26 Euro, innerhalb der EU oder in die Schweiz 1,96 Euro.

### Mehrwertsteuer

Der Mehrwertsteuersatz beträgt in Frankreich 20 Prozent, der ermäßigte Satz (u. a. für Hotel- und Restaurantdienstleistungen) 10 Prozent.

Nur Bürger eines Lands, das nicht EU-Mitglied ist, können sich die Mehrwertsteuer bei der Ausreise rückerstatten lassen.

### Ermäßigungen

Mit Besucherpässen können Sie die Kosten für Besichtigungen und ÖPNV-Benutzung senken. Großstädte wie **Angers**, **Le Mans**, **Nantes**, **Orléans** und **Tours** bieten Pässe mit einer Gültigkeit von einem, zwei oder drei Tagen, in Nantes gibt es auch einen 7-Tage-Pass. Diese Pässe beinhalten den Eintritt zu wichtigen Sehenswürdigkeiten, kostenlose oder ermäßigte Fahrten mit öffentlichen Verkehrsmitteln sowie verschiedene andere Ermäßigungen.

**Angers**
**W tourisme.destination-angers.com**
**Le Mans**
**W lemans-tourisme.com**
**Nantes**
**W levoyageanantes.fr**
**Orléans**
**W tourisme-orleansmetropole.com**
**Tours**
**W tourscitypass.com**

#### Websites und Apps

**France Tourism**
Internet-Portal mit vielen Tipps rund um den Urlaub in Frankreich.
**W francetourism.com**

**En Pays de la Loire**
Infos zur Region Pays de la Loire.
**W enpaysdelaloire.com**

**En Val de Loire**
Infos zur Region Centre-Val de Loire.
**W valdeloire-france.com**

**PayByPhone**
App zum Bezahlen von Parkgebühren.

# REGISTER

Seitenzahlen in **fetter Schrift** beziehen sich auf Haupteinträge.

## K



## L



## M

## N



## O



## P

## Q



## R



## S

# T



# U



# V



# W



# Y



# Z

# SPRACHFÜHRER

## Notfälle

| | | |
|---|---|---|
| Hilfe! | **Au secours!** | [o sə'ku:r] |
| Stopp! | **Arrêtez!** | [arɛ'te] |
| Rufen Sie einen Arzt! | **Appelez un médecin!** | [a'ple œ̃ med'sɛ̃] |
| Rufen Sie einen Krankenwagen! | **Appelez une ambulance!** | [a'ple yn ɑ̃by'lɑ̃:s] |
| Rufen Sie die Polizei! | **Appelez la police!** | [a'ple la pɔ'lis] |
| Rufen Sie die Feuerwehr! | **Appelez les pompiers!** | [a'ple le pɔ̃'pje] |
| Wo ist das nächste Telefon? | **Où est le téléphone le plus proche?** | [u e lə tele'fɔn lə ply prɔʃ] |
| Wo ist das nächste Krankenhaus? | **Où est l'hôpital le plus proche?** | [u e lɔpi'tal lə ply prɔʃ] |

## Grundwortschatz

| | | |
|---|---|---|
| Ja | **Oui** | [wi] |
| Nein | **Non** | [nɔ̃] |
| Bitte | **S'il vous plaît** | [sil vu plɛ] |
| Danke | **Merci** | [mɛr'si] |
| Entschuldigung | **Excusez-moi** | [ɛksky'se mwa] |
| Guten Tag | **Bonjour** | [bɔ̃'ʒu:r] |
| Auf Wiedersehen | **Au revoir** | [o rə'vwa:r] |
| Guten Abend | **Bonsoir** | [bɔ̃'swa:r] |
| Vormittag | **le matin** | [lə ma'tɛ̃] |
| Nachmittag | **l'après-midi** | [laprɛmi'di] |
| Abend | **le soir** | [lə swa:r] |
| gestern | **hier** | [jɛ:r] |
| heute | **aujourd'hui** | [oʒur'dɥi] |
| morgen | **demain** | [də'mɛ̃] |
| hier | **ici** | [i'si] |
| dort | **là** | [la] |
| Was? | **Quoi?** | [kwa] |
| Wann? | **Quand?** | [kɑ̃] |
| Warum? | **Pourquoi?** | [pur'kwa] |
| Wo? | **Où?** | [u] |

## Nützliche Redewendungen

| | | |
|---|---|---|
| Wie geht es Ihnen? | **Comment allez-vous?** | [kɔ'mɑ̃-t ale vu] |
| Danke, sehr gut. | **Très bien, merci.** | [trɛ bjɛ̃ mɛr'si] |
| Ich freue mich, Sie kennenzulernen. | **Enchanté de faire votre connaissance.** | [ɑ̃ʃɑ̃'te də fɛr votrə kɔnɛ'sɑ̃:s] |
| Bis bald. | **À bientôt.** | [a bjɛ̃'to] |
| Das ist gut. | **C'est bien.** | [sɛ bjɛ̃] |
| Wo ist / sind …? | **Où est / sont …?** | [u ɛ /sõ: ...] |
| Wie weit ist es nach …? | **Combien de mètres / kilomètres y-a-t-il d'ici à …?** | [kɔ̃'bjɛ̃ də 'mɛ:trə/ kilo'mɛ:trə ja'til di'si a ...] |
| Welches ist die Richtung / der Weg nach …? | **Quelle est la direction pour …?** | [kɛl ɛ la dirɛk'sjɔ̃: pu:r] |
| Sprechen Sie Deutsch? | **Parlez-vous allemand?** | [par'le vu al'mɑ̃] |
| Ich verstehe nicht. | **Je ne comprends pas.** | [ʒə nə kɔ̃'prɑ̃ pa] |
| Könnten Sie etwas langsamer sprechen, bitte? | **Pouvez-vous parler moins vite, s'il vous plaît?** | ['puve vu par'le mwɛ̃ vit sil vu plɛ] |
| Tut mir leid. | **Excusez-moi.** | [ɛksky'ze mwa] |

## Nützliche Wörter

| | | |
|---|---|---|
| groß | **grand** | [grɑ̃] |
| klein | **petit** | [pə'ti] |
| heiß | **chaud** | [ʃo] |
| kalt | **froid** | [frwa] |
| gut (Adjektiv) | **bon, bonne** | [bɔ̃, bɔn] |
| gut (Adverb) | **bien** | [bjɛ̃] |
| schlecht | **mauvais** | [mo'vɛ] |
| genug | **assez** | [a'se] |
| geöffnet | **ouvert** | [u'vɛ:r] |
| geschlossen | **fermé** | [fɛr'me] |
| links | **gauche** | [go:ʃ] |
| rechts | **droite** | [drwat] |
| geradeaus | **tout droit** | [tu drwat] |
| nah | **près** | [prɛ] |
| weit | **loin** | [lwɛ̃] |
| auf/über | **en haut** | [ɑ̃no] |
| hinunter/unter | **en bas** | [ɑ̃ ba] |
| früh | **de bonne heure** | [də bonœr] |
| spät | **en retard** | [ɑ̃ rə'ta:r] |
| Eingang | **l'entrée** | [lɑ̃'tre] |
| Ausgang | **la sortie** | [la sɔr:ti] |
| Toilette | **les toilettes, les WC** | [le twa'lɛt, le dublə've se] |
| mehr | **plus** | [ply] |
| weniger | **mois** | [mwɛ̃] |
| frei (nicht besetzt) | **libre** | ['librə] |
| frei (gratis) | **gratuit** | [gra'tɥi] |

## Telefonieren

| | | |
|---|---|---|
| Ich möchte ein Ferngespräch führen. | **Je voudrais faire un interurbain.** | [ʒə wu'drɛ fɛ:r œ̃ ɛ̃tɛryr'bɛ̃] |
| Ich versuche es später noch einmal. | **Je rappelerai plus tard.** | [jə raple'rɛ ply ta:t] |
| Kann ich eine Nachricht hinterlassen? | **Est-ce que je peux laisser un message?** | [ɛskə jə pœ lɛ'se: œ̃ məsa:ʒ] |
| Bitte warten Sie. | **Ne quittez pas, s'il vous plaît.** | [nə ki'te pa sil vu plɛ] |
| Können Sie bitte etwas lauter sprechen? | **Pouvez-vous parler un peu plus fort?** | [puve vu par'le œ̃ pœ ply fɔ:r] |
| Ortsgespräch | **communication locale** | [kɔmynika'sjɔ̃ lɔ'kal] |

## Shopping

| | | |
|---|---|---|
| Wie viel kostet das? | **C'est combien, s'il vous plaît?** | [sɛ kɔ̃'bjẽ sil vu plɛ] |
| Haben Sie …? | **Est-ce que vous avez …?** | [eskə vuz a've:] |

| | | |
|---|---|---|
| Ich suche … | **Je cherche …** | [ʒə ʃɛrʃ] |
| Ich schaue mich nur um, danke. | **Je regarde seulement, merci.** | [ʒə rə'ga:r sœl'mɑ̃ mɛr'si] |
| Akzeptieren Sie Kreditkarten? | **Est-ce que vous acceptez les cartes de crédit?** | [ɛskə vu aksɛp'te le kart də kre'di] |
| Wann öffnen Sie? | **A quelle heure ouvre le magasin?** | [a kɛl œ:r uvrə lə maga'zɛ̃] |
| Wann schließen Sie? | **A quelle heure ferme le magasin?** | [a kɛl œ:r fɛrm lə maga'zɛ̃] |
| Dies hier. | **Celui-ci.** | [sə'lɥi si] |
| Das da. | **Celui-la.** | [sə'lɥi la] |
| teuer | **cher** | [ʃɛ:r] |
| billig | **pas cher, bon marché** | [pa ʃɛ:r bɔ̃ mar'ʃe] |
| Größe (Kleidung) | **la taille** | [la tɑ:j] |
| Größe (Schuhe) | **la pointure** | [la pwɛ̃'ty:r] |
| weiß | **blanc** | [blɑ̃] |
| schwarz | **noir** | [nwa:r] |
| rot | **rouge** | [ru:ʒ] |
| gelb | **jaune** | [ʒo:n] |
| grün | **vert** | [vɛ:r] |
| blau | **bleu** | [blø] |

## Läden

| | | |
|---|---|---|
| Antiquitätenladen | **le magasin d'antiquités, brocante** (fam.) | [lə maga'zɛ̃ dɑ̃tiki'te brɔ'kɑ̃t] |
| Apotheke | **la pharmacie** | [la farma'si] |
| Bäckerei | **la boulangerie** | [la bulɑ̃ʒə'ri] |
| Bank | **la banque** | [la bɑ̃:k] |
| Buchhandlung | **la librairie** | [la librɛ'ri] |
| Fischgeschäft | **la poissonerie** | [la pwasɔ'ri] |
| Friseur | **le coiffeur** | [lə kwa'fœ:r] |
| Gemüseladen | **le marchand de légumes** | [lə marʃɑ̃ də le'gym] |
| Konditorei | **la pâtisserie** | [la patise'ri] |
| Lebensmittelgeschäft | **l'alimentation, l'épicerie** | [lalimɑ̃tɑ'sjɔ̃ lepis'ri] |
| Markt | **le marché** | [lə mar'ʃe] |
| Metzgerei (Fleisch) | **la boucherie** | [la buʃə'ri] |
| Metzgerei (Wurst) | **la charcuterie** | [la ʃarky'tri] |
| Postamt | **la poste, le bureau de poste** | [la pɔst lə by'ro də pɔst] |
| Reisebüro | **l'agence de voyages** | [la'ʒɑ̃:s də vwa'ja:ʒ] |
| Schuhgeschäft | **le magasin de chaussures** | [lə maga'zɛ̃ də ʃo'sy:r] |
| Supermarkt | **le supermarché** | [lə sypɛrmar'ʃe] |
| Tabakladen | **le tabac** | [lə ta'ba] |
| Zeitungskiosk | **le magasin de journaux** | [lə maga'zɛ̃ də ʒur'no] |

## Sightseeing

| | | |
|---|---|---|
| Bahnhof | **la gare SNCF** | [la ga:r ɛs ɛn se ɛf] |
| Bibliothek | **la bibliothèque** | [la bibliɔ'tɛk] |
| Busbahnhof | **la gare routière** | [la ga:r ru'tjɛ:r] |
| Fremdenverkehrsamt, Tourismusbüro | **l'office du tourisme, les renseignments touristiques, le sydicat d'initiative** | [lɔ'fis dy tu'rismə, le rɑ̃sɛɲ'mɑ̃s turis'tik, lə sɛ̃di'ka dinisja'tif] |
| Garten | **le jardin** | [lə ʒar'dɛ̃] |
| Herrenhaus | **l'hôtel particulier** | [lo'tɛl partiky'lje] |
| Kathedrale | **la cathédrale** | [la kate'dral] |
| Kirche | **l'église** | [le'gli:z] |
| Kloster, Abtei | **l'abbaye** | [labe'i] |
| Kunstgalerie | **le galerie d'art** | [lə gale'ri da:r] |
| Museum | **le musée** | [lə my'se] |
| Rathaus | **l'hôtel de ville** | [lo'tɛl də vil] |
| Wegen Ferien geschlossen | **fermeture jour férié** | [fɛrmə'ty:r ʒu:r fe'rje] |

## Im Hotel

| | | |
|---|---|---|
| Haben Sie ein freies Zimmer? | **Est-ce que vous avez une chambre libre?** | [ɛskə vuz a've yn 'ʃɑ̃:brə 'librə] |
| Doppelzimmer | **la chambre à deux personnes** | [la 'ʃɑ̃:brə a dø pɛr'sɔn] |
| mit Doppelbett | **avec un grand lit** | [a'vɛk œ̃ grɑ̃ li] |
| mit zwei Betten | **à deux lits** | [a dø li] |
| Einzelzimmer | **la chambre à une personne** | [la 'ʃɑ̃:brə a yn pɛr'sɔn] |
| Zimmer mit Bad | **la chambre avec salle de bain** | [la 'ʃɑ̃:brə a'vɛk sal də bɛ̃] |
| Dusche | **la douche** | [la duʃ] |
| Schlüssel | **la clef** | [la kle] |
| Ich habe reserviert. | **J'ai fait une réservation.** | [ʒɛ fɛ yn rezɛrvɑ'sjɔ̃] |

## Im Restaurant

| | | |
|---|---|---|
| Haben Sie einen Tisch für …? | **Avez-vous un table libre pour …?** | [ave vu yn 'tablə 'librə pu:r] |
| Ich möchte einen Tisch reservieren. | **Je voudrais réserver une table.** | [ʒə vu'drɛ rezɛr've yn 'tablə] |
| Die Rechnung, bitte. | **L'addition, s'il vous plaît.** | [ladi'sjõ sil vu plɛ] |
| Ich bin Vegetarier/in. | **Je suis végétarien/ végétarienne.** | [ʒə sɥi veʒeta'rjɛ̃ veʒeta'rjɛn] |
| Kellnerin | **Madame, Mademoiselle** | [ma'dam madmwa'zɛl] |
| Kellner | **Monsieur** | [mə'sjø] |
| Speisekarte | **la carte, le menu** | [la kart lə mə'ny] |
| Tagesmenü | **le menu à prix fixe** | [lə mə'ny a pri fiks] |
| Weinkarte | **la carte des vins** | [la kart de vɛ̃] |
| Gedeck | **le couvert** | [lə ku'vɛr] |
| Glas | **le verre** | [lə vɛ:r] |
| Flasche | **la bouteille** | [la bu'tɛj] |
| Messer | **le couteau** | [lə ku'to] |
| Gabel | **la fourchette** | [la fur'ʃɛt] |
| Löffel | **la cuillère** | [la kɥi'jɛ:r] |
| Frühstück | **le petit déjeuner** | [lə pə'ti deʒœ'ne] |

| | | |
|---|---|---|
| Mittagessen | **le déjeuner** | [lə deʒœ'ne] |
| Abendessen | **le dîner** | [lə 'di'ne] |
| Hauptgericht | **le plat principal** | [lə pla prɛ̃si'pal] |
| Vorspeise | **l'entrée, le hors d'œuvre** | [lɑ̃'tre lə ɔr' dœ:vre] |
| Tagesgericht | **le plat du jour** | [lə pla dy ʒu:r] |
| Kaffee | **le café** | [le ka'fe] |
| blutig | **saignant** | [sɛ'ɲɑ̃] |
| medium | **à point** | [a pwẽ] |
| durchgebraten | **bien cuit** | [bjẽ kɥi] |

## Auf der Speisekarte

| | | |
|---|---|---|
| **l'agneau** | [a'ɲo] | Lamm |
| **l'ail** | [aj] | Knoblauch |
| **la banane** | [ba'nan] | Banane |
| **le beurre** | [bœ:r] | Butter |
| **la bière** | [bjɛ:r] | Bier |
| **la bière à la pression** | [bjɛ:r a la prɛ'sjɔ̃] | Bier vom Fass |
| **le bifteck, le steak** | [bif'tɛk, stɛk] | Steak |
| **le bœuf** | [bœf] | Rindfleisch |
| **bouilli** | [bu'ji] | gekocht |
| **le café** | [ka'fe] | Kaffee |
| **le canard** | [ka'na:r] | Ente |
| **le chocolat** | [ʃɔkɔ'la] | Schokolade |
| **le citron** | [si'trɔ̃] | Zitrone |
| **le citron pressé** | [si'trɔ̃ prɛ'se] | frisch gepresster Zitronensaft |
| **les crevettes** | [krə'vɛt] | Garnelen |
| **les crustacés** | [krysta'se] | Krustentiere |
| **cuit au four** | [kyi o fu:r] | gebacken |
| **le dessert** | [de'sɛr] | Nachspeise |
| **l'eau minérale** | [o mine'ral] | Mineralwasser |
| **les escargots** | [ɛskar'go] | Schnecken |
| **les frites** | [frit] | Pommes frites |
| **le fromage** | [frɔ'ma:ʒ] | Käse |
| **les fruits frais** | [frɥi frɛ] | frisches Obst |
| **les fruits de mer** | [frɥi də mɛ:r] | Meeresfrüchte |
| **le gâteau** | [gɑ'to] | Kuchen |
| **la glace** | [glas] | Eiscreme |
| **grillé** | [gri'je] | gegrillt |
| **le homard** | [ɔ'ma:r] | Hummer |
| **l'huile** | [ɥil] | Öl |
| **le jambon** | [ʒɑ̃'bɔ̃] | Schinken |
| **le lait** | [lɛ] | Milch |
| **les légumes** | [le'gym] | Gemüse |
| **la moutarde** | [mu'tard] | Senf |
| **l'œuf** | [œf] | Ei |
| **les oignons** | [ɔ'ɲɔ̃] | Zwiebeln |
| **les olives** | [ɔ'li:v] | Oliven |
| **l'orange** | [ɔ'rɑ̃:ʒ] | Orange |
| **le pain** | [pɛ̃] | Brot |
| **le petit pain** | [pə'ti pɛ̃] | Brötchen |
| **poché** | [pɔ'ʃe] | pochiert |
| **le poisson** | [pwa'sɔ̃] | Fisch |
| **le poivre** | [pwa:'vrə] | Pfeffer |
| **la pomme** | [pɔm] | Apfel |
| **les pommes de terre** | [pɔm də tɛr] | Kartoffeln |
| **le porc** | [pɔ:r] | Schweinefleisch |
| **le potage** | [pɔ'pa:ʒ] | Suppe |
| **le poulet** | [pu'lɛ] | Hühnchen |
| **le riz** | [ri] | Reis |
| **rôti** | [ro'ti] | gebraten |
| **la sauce** | [so:s] | Sauce |
| **la saucisse** | [so'sis] | Würstchen |
| **sec** | [sɛk] | trocken |
| **le sel** | [sɛl] | Salz |
| **le sucre** | ['sykrə] | Zucker |
| **le thé** | [te] | Tee |
| **le toast** | [tost] | Toast |
| **la viande** | [vjɑ̃:d] | Fleisch |
| **le vin blanc** | [vɛ̃ blɑ̃] | Weißwein |
| **le vin rouge** | [vɛ̃ ru:ʒ] | Rotwein |
| **le vinaigre** | [vi'nɛgrə] | Essig |

## Zahlen

| | | |
|---|---|---|
| 0 | **zéro** | [ze'ro] |
| 1 | **un, une** | [œ̃, yn] |
| 2 | **deux** | [dø] |
| 3 | **trois** | [trwa] |
| 4 | **quatre** | ['katrə] |
| 5 | **cinq** | [sɛ̃k] |
| 6 | **six** | [sis] |
| 7 | **sept** | [sɛt] |
| 8 | **huit** | [uit] |
| 9 | **neuf** | [nœf] |
| 10 | **dix** | [dis] |
| 11 | **onze** | [ɔ̃:z] |
| 12 | **douze** | [du:u] |
| 13 | **treize** | [trɛ:z] |
| 14 | **quatorze** | [ka'tɔrz] |
| 15 | **quinze** | [kɛ̃:z] |
| 16 | **seize** | [sɛ̃:z] |
| 17 | **dix-sept** | [di'sɛt] |
| 18 | **dix-huit** | [di'zɥit] |
| 19 | **dix-neuf** | [diz'nœf] |
| 20 | **vingt** | [vɛ̃] |
| 21 | **vingt-et-un** | [vɛ̃teœ̃] |
| 30 | **trente** | [trɑ̃:t] |
| 40 | **quarante** | [ka'rɑ̃:t] |
| 50 | **cinquante** | [sɛ̃'kɑ̃:t] |
| 60 | **soixante** | [swa'sɑ̃:t] |
| 70 | **soixante-dix** | [swasɑ̃t'dis] |
| 80 | **quatre-vingts** | [katrə'vɛ̃] |
| 90 | **quatre-vingts-dix** | [katrəvɛ'diš] |
| 100 | **cent** | [sɑ̃] |
| 200 | **deux cent** | [dø'sɑ̃] |
| 1000 | **mille** | [mil] |

## Zeit

| | | |
|---|---|---|
| eine Minute | **une minute** | [yn mi'nyt] |
| eine Stunde | **une heure** | [yn œ:r] |
| halbe Stunde | **une demi-heure** | [yn dəmi'œ:r] |
| ein Tag | **un jour** | [œ̃ ʒu:r] |
| eine Woche | **une semaine** | [yn sə'mɛn] |
| ein Monat | **un mois** | [œ̃ mwa] |
| ein Jahr | **un an** | [œ̃ ɑ̃] |
| Montag | **lundi** | [lœ̃di] |
| Dienstag | **mardi** | [mar'di] |
| Mittwoch | **mercredi** | [mɛrkrə'di] |
| Donnerstag | **jeudi** | [ʒø'di] |
| Freitag | **vendredi** | [vɑ̃drə'di] |
| Samstag | **samedi** | [sam'di] |
| Sonntag | **dimanche** | [di'mɑ̃:ʃ] |

# DANKSAGUNG

Dorling Kindersley möchte sich bei allen bedanken, die dieses Buch möglich gemacht haben.

# BILDNACHWEIS

l = links; r = rechts; o = oben; u = unten; m = Mitte; d = Detail.

Dorling Kindersley hat sich bemüht, alle Copyright-Inhaber zu ermitteln. Sollte das in einigen Fällen nicht gelungen sein, bitten wir, dies zu entschuldigen. In der nächsten Auflage werden wir Versäumtes gern nachholen.

Dorling Kindersley dankt folgenden Personen, Institutionen, Unternehmen und Bildarchiven für die Erlaubnis, ihre Fotos zu reproduzieren:

**123RF.com:** Boris Stroujko 109ol.

**Alamy Stock Photo:** Active Museum / Active Art / Collection 130ur; agefotostock / Christian Goupi 32 – 33u, 175o; agefotostock / Jos Antonio Moreno 144u; agefotostock / Laurent Marolleau 12mlu; AGF Srl / Lorenzo De Simone 71or; Gazeau / Andia.fr 200ul; Lachas D / Andia.fr 63o; Leonid Andronov 10 –11um, 179ol; Antiqua Print Gallery 131um; Rodolphe Antonetti 202 – 203u; ART Collection 107ol; Art Collection 2 53or, 107mo; Associated Press / Stephane Mahe / Pool photo 57mru; Stuart Barry 82ul; Martin Bennett 80o, 108ml; Fabrice Simon / Biosphoto 47ul; John Birdsall 33mlo; Chris Bosworth 43ml; Ed Buziak 17o, 27or, 94 – 95, 104ul, 160o; Castelli / Andia 47mr; Cephas Picture Library / Hervé Champollion 41ml; Wojtkowski Cezary 130mu; Chronicle 53mu, 55or, 56um; Classic Image 54um; CNP Collection 137um; Ian Dagnall 137o, 196ul; Babarit Didier 198 –199o; Joel Douillet 50mlu; John Elk III 130mlu; Eskimo 11ur, 19o, 188 –189; Michael Evans 77o; Everett Collection Historical 55um; Thomas Faull 40 – 41o, 42 – 43o; Francofile 117or; Thomas Garcia 24o; GL Archive 75mlu; Manfred Gottschalk 74mru, 176ml; GRANGER - Historical Picture Archive 52ul, 130mu; Hemis / Bertrand Gardel 18ul, 166 –167; Avenet Pascal / Hemis.fr 12o, 13mr, 20o, 29u, 43u, 93or, 115ol, 118 –119o, 120ml; Blanchot Philippe / Hemis.fr 40ul, 44 – 45u, 140ul, 148ul; Body Philippe / Hemis.fr 26 – 27om, 57or; Chicurel Arnaud / Hemis.fr 90ml; Dozier Marc / Hemis.fr 24mru, 81ul, 139ur; Escudero Patrick / Hemis.fr 45mlo, 51or; Gardel Bertrand / Hemis.fr 86ol, 193or, 195mro; Gerault Gregory / Hemis.fr 173ur; Gorgiski Alan / Hemis.fr 35u; Guiziou Franck / Hemis.fr 38ul, 178 – 179u; Guy Christian / Hemis.fr 13o, 77mr, 92ur, 101mro, 161ur, 187ol; Hughes Hervé / Hemis.fr 22mr; Leroy Francis / Hemis.fr 50mru, 51mlu; Lourdel Lionel / Hemis.fr 85or, 89ul; Mattes Ren / Hemis.fr 74ml, 196 –197o; Preau Louis-Marie / Hemis.fr 88ul; Rieger Bertrand / Hemis.fr 116u, 182um; Sonnet Sylvain / Hemis.fr 8mlu, 102mlu, 103ol, 103or; Historical image collection by Bildagentur-online 55mro; Historimages Collection / Yolanda Perera Sanchez 54ol; Peter Horree 53mru; IanDagnall Computing 184or; imageBROKER.com GmbH & Co. KG / Günter Lenz 35ml; imageBROKER.com GmbH & Co. KG / J. Pfeiffer 39mr; imageBROKER.com GmbH & Co. KG / Martin Moxter 120 –121u; INTERFOTO / History 52o, 56ol; INTERFOTO / Personalities 54mlu, 54mru; Brian Jannsen 37mro; JAUBERT French Collection 10mo, 12 –13um; Joncheray / Andia 46ul; Julian Elliott Photography 163or; Michael Juno 50ml; John Kellerman 20mr, 37mr, 109mro; David Kleyn 37mro; Lebrecht Music & Arts 194mro; Hervé Lenain 6 – 7, 8ml, 11mr, 16m, 20mru, 31ol, 32 – 33o, 49mro, 64 – 65, 66 – 67, 88o, 100 –101u, 111mo, 130 –131, 132ml, 141o, 146 –147u, 162 –163u, 165, 182 –183o, 197ml, 199ur, 201o; David Lyons 98o; Carlo Maggio 57ul; Martrou / Andia 10mlu; MB_Photo 37or, 38 – 39o, 112u, 133ol; Tuul and Bruno Morandi 4, 24ul, 70o, 75um, 76 – 77m, 145or, 157ur; Juan Carlos Muoz 42ul; nobleIMAGES / David Noble 112mlu; Old Books Images 53mlo; olrat 194u; Forget Patrick 45mru, 184u; Cyrille Pawloski 192o; Photo12 / Archives Snark 52mru; Daniele Schneider / Photononstop 122 –123o; Photononstop / Alain Le Bot 22mru; Prisma Archivo 54 – 55o; Prisma by Dukas Presseagentur GmbH / Harrison Neil 56mr, 131mu; Sergi Reboredo 28ul; robertharding / Julian Elliott 28 – 29o, 159ol; robertharding / Peter Richardson 34ul; Forget Patrick / Sagaphoto.com 18o, 57mro, 150 –151; Allard Schager 181u; Peter Schickert 44 – 45o, 122ml; Seriousreindeer 186ul; SGR Photography 196ur; Jonathon Short 51ml; Michal Sikorski 170o; Svintage Archive 85um; Stephen Taylor 180ol; The History Collection 74um; Claude Thibault 118um; Thierrymas94 129mro; Tomka 142 –143o; Trinity Mirror / Mirrorpix 56 – 57o; Universal Images Group North America LLC / marka / touring club italiano 56mu; Arch White 106o; Stefan van der Wijst 171ul; Andrew Wilson 13ur; Jan Wlodarczyk 11o; WorldPix 195o.

**AWL Images:** Neil Farrin 158 –159u, 159mu.

**Bridgeman Images:** 136mru; © NPL - DeA Picture Library 136um; Photo © Leonard de Selva 84mu.

**Dreamstime.com:** Igor Abramovych 110ul; Jérome Aufort 51ol; Barmalini 30mlo; Flaviu Boerescu 61mlu; Julian Dewert 8mlo; Erix2005 26ol; Freesurf69 90 – 91u; Hlphoto 145ur; Sofiya

Hunchyk 83ol; Kittysnaps 85mlu; Engin Korkmaz 22ul; Mistervlad 20ul; Olrat 26mlo; Satur Pérez 22o; Saiko3p 34–35om, 37ur, 58–59; Victoria Simmonds 33mru; Stevanzz 41ur; StockPhoto-Astur 87u; Trudywsimmons 175mro; Hilda Weges 111ol; Yasingport 73o.

**Getty Images:** AFP Photo / Alain Jocard / Stringer 51mr; AFP Photo / Frank Perry / Staff 50mro; Loic Venance / AFP 48mlo; Stone / Julian Elliott Photography 2–3; The Image Bank / Stevens Fremont 29mlo; The Image Bank Unreleased / Hans Georg Roth 53ol.

**Getty Images / iStock:** Leonid Andronov 114–115u; Campwillowlake 116mo; DigitalVision Vectors / powerofforever 74mlu; E+ / nicola-margaret 46–47o; FotoGablitz 134–135u; Freeartist 78–79o; lucentius 148–149o.

**Le Sanglier Hirsute:** 39mru.

**Premiers Plans:** © Sandrine Jousseaume 50mlo.

**Shutterstock.com:** Antoine2K 8–9u; BearFotos 103mlo; Yuriy Brykaylo 26–27mo; Sergey Dzyuba 128o; Bensliman Hassan 24mr; ilolab 154–155o; Kate_gps 111or; Kiev.Victor 204–205; Jerome Labouyrie 51mru; Mistervlad 138ol; Jens Mommens 50mr; Pecold 156mlu; PhotoFires 72–73u; Valery Rokhin 17ul, 124–125; Tania__Wild 156ul; tokar 185or.

## Umschlag

*Vorderseite und Buchrücken:* **Dreamstime.com:** Stevanzz.
*Rückseite:* **Alamy Stock Photo:** Patrick Forget / Sagaphoto.com ml; Herv Lenain or; Tuul und Bruno Morandi m.

Alle anderen Bilder © Dorling Kindersley

Dieser Reiseführer wird regelmäßig aktualisiert. Angaben wie Telefonnummern, Öffnungszeiten, Adressen, Preise und Fahrpläne können sich jedoch ändern. Der Verlag kann für fehlerhafte oder veraltete Angaben nicht haftbar gemacht werden. Für Hinweise, Verbesserungsvorschläge und Korrekturen ist der Verlag dankbar. Bitte richten Sie Ihr Schreiben an:

Dorling Kindersley Verlag GmbH
Redaktion Reiseführer
Arnulfstraße 124 • 80636 München
reise@dk.com

www.dk-verlag.de

**DK London** (aktualisierte Neuauflage)

**Mitwirkende** Sara Black, Hannah Bolus, Patrick Delaforce, Thierry Guidet, Jane Tresidder, Mary Anne Evans, Caroline Mills

**Lektorat** Georgina Dee, Simona Velikova, Charlie Baker, Anuroop Sanwalia, Anjasi N.N, Nandini Desiraju, Zoë Rutland, Dipika Dasgupta, Shikha Kulkarni, Beverly Smart, Hollie Teague, Hilary Bird

**Gestaltung und Bildredaktion** Maxine Pedliham, Priyanka Thakur, Vinita Venugopal, Ankita Sharma, Manpreet Kaur, Vagisha Pushp, Nishwan Rasool, Tanveer Zaidi

**Herstellung** Jason Little, Samantha Cross

**Kartografie** Suresh Kumar, Ashif, Subhashree Bharati

**Illustrationen** Joanna Cameron, Roger Hutchins, Robbie Polley, Pat Thorne, John Woodcock



**Aktualisierte Neuauflage 2024 / 2025**



**Verlagsleitung** Monika Schlitzer
**Programmleitung** Heike Faßbender
**Redaktionsleitung** Stefanie Franz
**Herstellungskoordination** Antonia Wiesmeier

**Übersetzung** Barbara Rusch, München; Gerhard Bruschke, München
**Redaktion** Gerhard Bruschke, München
**Schlussredaktion** Philip Anton, Köln
**Umschlaggestaltung** Ute Berretz, München
**Satz und Produktion** DK Verlag, München
**Druck** TBB, a.s., Slowakei

ISBN 978-3-7342-0793-8

6 7 8 9 26 25 24

Straßenkarte Loire-Tal
Golf von Biskaya
BRETAGNE
ILLE-ET-VILAINE
MANCHE
CALVADOS
MAYENNE
LOIRE-ATLANTIQUE
MAINE-ET-LOIRE
VENDÉE
CHARENTE-MARITIME
DEUX SÈVRE
Rennes
Nantes
Angers
Laval
Saint-Nazaire
La Rochelle
Niort
Cholet
Caen
St-Malo
La Roche-sur-Yon
0 Kilometer 50
N